中国百年百大考古发现

中国文物报社
中国考古学会　编

文物出版社

图书在版编目（CIP）数据

中国百年百大考古发现 / 中国文物报社，中国考古学会编. -- 北京：文物出版社，2023.8

ISBN 978-7-5010-8129-5

Ⅰ.①中… Ⅱ.①中… ②中… Ⅲ.①考古发现—中国 Ⅳ.①K87

中国国家版本馆CIP数据核字(2023)第125111号

中国百年百大考古发现

编　　者：中国文物报社
　　　　　中国考古学会

装帧设计：秦　彧
责任编辑：秦　彧　彭家宇
责任印制：张　丽

出版发行：文物出版社
社　　址：北京市东城区东直门内北小街2号楼
邮　　编：100007
网　　址：http://www.wenwu.com
经　　销：新华书店
印　　刷：北京荣宝艺品印刷有限公司
开　　本：787mm×1092mm　1/16
印　　张：26.5
版　　次：2023年8月第1版
印　　次：2023年8月第1次印刷
书　　号：ISBN 978-7-5010-8129-5
定　　价：198.00元

《中国百年百大考古发现》编委会

编委会主任：

王　巍　陈星灿　柳士发　李　让

编委（按姓氏拼音排序）：

赓续百年荣光 奋进时代征程
——《中国百年百大考古发现》序言

习近平总书记指出，考古工作是一项重要文化事业，也是一项具有重大社会政治意义的工作。要努力建设中国特色、中国风格、中国气派的考古学，更好认识源远流长、博大精深的中华文明，为弘扬中华优秀传统文化、增强文化自信提供坚强支撑。

1921 年 10 月，河南省渑池县仰韶遗址发掘，揭开了中国现代考古学的序幕。中华人民共和国成立后，我们党高度重视考古工作，事业体系逐步健全，专业队伍不断壮大，重要发现层出不穷，学术研究和技术发展水平持续提高，国际学术话语权明显提升。

党的十八大以来，党中央把历史文化遗产保护利用工作摆到更加突出的位置，中国考古迎来蓬勃发展的黄金时期，中华文明探源工程接续推进，"考古中国"重大项目全面展开，8800 余项考古发掘项目有序实施，浙江良渚、山西陶寺、陕西石峁、河南二里头、河南殷墟、四川三星堆等考古工作取得重大发现，边疆考古、水下考古稳步推进，科技考古、涉外考古、公众考古快速发展，实证百万年人类史、一万年文化史、五千多年文明史，为丰富全社会历史文化滋养提供有力支撑。经过几代考古人接续奋斗，我国考古工作取得了重大成就，延伸了历史轴线，增强了历史信度，丰富了历史内涵，活化了历史场景。广大考古工作者风餐露宿、青灯黄卷，展现了深厚的爱国情怀、坚定的学术志向、顽强的工作作风。

2021 年适逢仰韶文化发现和中国现代考古学诞生 100 周年，习近平总书记致以贺信，充分肯定了我国考古工作取得的重大成就、发挥的重要作用，对新时代做好考古工作、发展考古事业提出明确要求。在国家文物局指导下，中国考古学会、中国文物报社联合主办了"百年百大考古发现"遴选推介活动，评选出具有重要学术价值、在国内外产生重大影响的 100 个考古发现项目。这些项目反映了中国考古学在人类起源、农业起源、文明起源、统一多民族国家形成与发展、中外文明交流互鉴等方面的重要成果，蕴含着中华民族的文化基因，记录、印证、丰富了悠久灿烂的中国历史，代表了中国考古百年历程的最高成就。百大考古发现犹如点点星辰，闪烁着中华文明的耀眼光芒。

在《中国百年百大考古发现》即将出版之际，我们回首中国考古百年历程，更知考古工作之重要，更感职责使命之光荣。希望广大考古工作者深入贯彻习近平总书记关于文物考古工作重要论述和指示批示精神，增强历史使命感和责任感，发扬严谨求实、艰苦奋斗、敬业奉献的优良传统，继续探索未知，揭示本源，努力建设中国特色、中国风格、中国气派的考古学，更好认识源远流长、博大精深的中华文明。一是深化考古研究。持续推进"古代文明理论"、中华文明探源工程、"考古中国"重大项目，把中国文明历史研究引向深入，科学展现中华文明起源和发展的历史脉络、中华文明取得的灿烂成就、中华文明对人类文明的重大贡献。二是强化科技支撑。密切考古学和历史学、人文科学和自然科学联合攻关，加快培养领军人才、创新人才、复合型人才，加强多学科协同，强化新技术新装备应用，推动世界一流考古机构建设，提高考古工作现代化水平，加强历史文化遗产保护。三是优化阐释传播。坚持把马克思主义基本原理同中国具体实际相结合、同中华优秀传统文化相结合，不断推进马克思主义中国化时代化，推动中华优秀传统文化创造性转化、创新性发展。坚持守正创新，充分运用新理念、新媒体，挖掘文物和文化遗产的多重价值，传播更多承载中华文化、中国精神的价值符号和文化产品，推动全党全社会增强历史自觉、坚定文化自信，为全面建设社会主义现代化国家、实现中华民族伟大复兴而团结奋斗。立足中国大地，讲好中华文明故事，向世界展现可信、可爱、可敬的中国形象，推动构建人类命运共同体，创造人类文明新形态。

文化和旅游部副部长、国家文物局局长　李群

目　录

百年百大考古发现概述

党的十八大以来，以习近平同志为核心的党中央对文物考古工作高度重视，多次针对文物考古工作作出重要指示批示。习近平总书记"9·28"重要讲话、致仰韶文化发现和中国现代考古学诞生100周年贺信、"5·27"重要讲话精神为新时代中国考古学的学科发展指明了前进方向，是新时代中国考古事业发展的根本遵循和行动指南。当今中国，正处于实现"两个一百年"奋斗目标的历史交汇期，正进行坚持和发展中国特色社会主义的伟大实践，正肩负增强文化自信、铸就社会主义文化新辉煌的重要使命，因此，做好考古工作，具有重要的现实意义和深远的历史意义。在习近平总书记的高度重视和亲切关怀下，中国考古事业发展进入了蓬勃发展的新阶段。

为贯彻落实习近平总书记关于考古工作的系列重要指示批示精神，努力构建中国特色、中国风格、中国气派的考古学学科体系、学术体系、话语体系，2021年值中国现代考古学诞生100周年之际，在国家文物局的指导下，中国考古学会与中国文物报社联合主办了"百年百大考古发现"遴选推介活动，评选中国现代考古学诞生100周年以来，具有重要学术价值和意义、在国内外产生了重大影响、在中国考古学发展史上具有重要的地位和作用的100个考古发现。入选项目一经公布，在全社会引起强烈反响，为促进社会公众更加全面地了解百年来中国考古学取得的重要考古发现和重大研究成果、增强文化自信起到了重要作用，为建设社会主义现代化强国，实现中华民族伟大复兴提供精神动力。

2022年召开的中国共产党第二十次全国代表大会，是我们党进入全面建设社会主义现代化国家、向第二个百年奋斗目标进军新征程的重要时刻召开的一次十分重要的大会。值此重要历史时刻，中国考古学会与中国文物报社在遴选"百年百大考古发现"的基础上，联合编辑大型学术画册《中国百年百大考古发现》，向党的二十大献礼。

纵观入选的百项重大考古发现，按时代区分为旧石器时代、新石器时代、夏商周时期、秦汉时期、三国至隋唐时期和宋辽金元明清时期。从地域分布来看，"百年百大考古发现"涵盖全国31个省、自治区、直辖市（包括香港特别行政区、中国台湾地区）。入选的项目既涵盖聚落、城址、陵寝、墓葬等传统考古类型，也有洞穴遗址、矿冶遗址、窑址、沉船遗址等新类型。这些项目充分反映了中国考古学在人类起源、农业起源、中华文明起源形成和发展、中国早期国家诞生、统一多民族国家形成与发展等重要学术研究的成果，都在各自领域解决了重大的学术问题，实现了新突破。

一 旧石器时代

入选百年百大考古发现的旧石器时代遗址包括北京周口店遗址、河北阳原泥河湾遗址群、山西襄汾丁村遗址、辽宁营口金牛山遗址、宁夏灵武水洞沟遗址，共5项，贯穿了从距今170万年前到1万年前的旧石器时代早期、中期、晚期阶段，代表了中国旧石器时代考古的发展序列、人类行为特点，是在中国考古百年来旧石器时代考古中具有里程碑意义的发现。

　　周口店遗址是中国最早进行科学发掘的旧石器时代遗址，也是第一个出土猿人头盖骨的地方。九十多年来，一直作为中国旧石器时代考古的圣地。周口店猿人头盖骨的发现引领了旧石器时代考古研究的进展，是东亚地区首次科学发掘获得猿人化石，激起考古人探索、寻找中华大地上最早出现人类的年代和文化的热情。此后相继发现的元谋人、蓝田人、丁村人、金牛山人、山顶洞人等数十处旧石器时代人骨化石的遗址和数以百计的古人类生活的遗址，证明了距今 200 万年前，中华大地就有古人类生活，东亚地区是较早出现古人类的区域之一。北京周口店发现用火遗迹表明，距今 50 万年前的人类已经能够用火，在世界上是比较早的，是古人类具有重大意义的进步。

　　山西丁村和辽宁金牛山遗址是中国旧石器时代中期的代表性遗址，反映了从北京猿人早期阶段所形成的生活行为和石器制作工艺特点在旧石器时代中期得到延续，对于构建中国旧石器文化的发展序列起到了关键作用。丁村遗址作为中国人第一次独立主持发掘研究的旧石器遗址，开创的研究方法与研究方向，对中国旧石器考古学的发展起到了重大作用和持久影响，极大地推动了我国旧石器考古事业的发展。

　　在宁夏水洞沟、新疆通天洞、河南郑州西施等少数遗址发现了欧亚草原流行的独特石器工艺技术制作的石器，表明确有外来的人群进入了现今中国境内，但他们并未取代原有人群及其文化传统，而是实现了共存融合。中华大地的旧石器时代考古资料证明，中华大地古人类及其文化是"连续进化，偶有杂交"，以元谋猿人、蓝田猿人和北京猿人为代表的古人类是现代中国人的祖先。

二　新石器时代

　　入选百年百大考古发现的新石器时代考古发现共有 33 项，涉及河北、山西、内蒙古、辽宁、上海、浙江、安徽、福建、江西、山东、河南、湖北、湖南、广西、重庆、西藏、陕西、甘肃、青海等 19 个省、自治区、直辖市和香港特别行政区，反映了距今 13000 至 3800 年前文化的发展和社会的变化，同时也揭示了中华文明起源与形成的过程。

　　距今 10000 年前后，农业的产生使中华大地上出现了小型的定居村落，为文明的产生奠定了基础。距今 13000 至 10000 年前的湖南道县玉蟾岩遗址、江西万年仙人洞和吊桶环遗址、广西桂林甑皮岩遗址，出土了稻的植硅体，而在北京门头沟东胡林遗址出土了距今 10000 至 9000 年前的炭化粟和黍。这些遗址的发现揭示了中国从旧石器时代晚期向新石器时代过渡以及新石器时代早期的文化面貌，农作物栽培、石器磨制和陶器制作技术，构成了万年农业的重要证据。距今万年前后稻、粟、黍的驯化是中华先民对人类文明做出的重大贡献。

　　距今 8000 年前后，中华大地上的各个社会开始分化，开启了文明起源的进程。河北磁山文化、河南裴李岗文化、内蒙古兴隆洼文化、浙江河姆渡文化出土了较多的农业生产工具。其中，磁山遗址中多个窖穴出土相当数量的炭化粟，河姆渡遗址出土了相当数量的炭化稻，皆反映了距今 8000 到 7000 年前后长江中下游和黄河中下游史前农业已经取得了显著发展，并逐渐形成"南稻北粟"的农业分布格局。兴隆洼遗址出土的玉块、玉坠等玉质装饰品，以及在河南舞阳贾湖遗址出土了绿松石的装饰品，表明史前先民已经掌握了琢玉工艺技术，也说明已经出现了"以玉为美"的观念。

　　距今 7000 至 5000 年前后，社会发展的节奏加速，中华大地上的文化与社会发展共性增强，各地区人口显著增加，中心性聚落和原始信仰区域中心相继出现。距今 7000 至 5000 年前的仰韶文化是中国第一个被发现和命名的考古学文化，是延续时间最长的考古学文化。渑池仰韶村的发掘，是我国第一次进行的科学意义上的考古发掘。之后中国考古学家通过发掘山西夏县西阴村、山东章丘城子崖、河南安阳后冈等遗址，认识到史前时期存在彩陶文化、黑陶文化、灰陶文化等三种文化遗存。梁思永先生通过后冈"三叠层"的发现，解决了这三种文化的相对年代。西安半坡遗址是中华人民共和国成立后第一个较全面揭露的新石器时代村落遗址。姜寨则是首次全面发掘、完整的史前村落。这两处遗址的发掘对于了解距今 6500 到 6000 年仰韶文化早期的氏族社会提供了宝贵的材料，使中国新石器时代考古学比较早地开始了对史前时期社会的探讨。

在黄河中游地区仰韶文化存在的距今 7000 至 5000 年期间，长江流域的文化和社会发展也进入到加速度的时期。重庆巫山大溪遗址、湖南澧县城头山遗址、上海青浦崧泽遗址、安徽含山凌家滩遗址、湖北荆门屈家岭遗址就是这一时期长江流域史前文化的突出代表。在澧县城头山遗址，发现了迄今年代最早的城址，而屈家岭遗址和崧泽遗址的发现都表明，在距今 5500 年前后，长江中下游地区的社会分化出现明显加速度。贫富分化严重，已经到达文明社会的门槛。

在西辽河流域，兴起了红山文化晚期的牛河梁遗址群，大型祭坛、随葬精美玉器的大型积石墓和女神庙构成了牛河梁遗址的突出特点，显示出浓厚的原始宗教色彩。出土的陶器可以看出来自黄河中游地区仰韶文化彩陶的影响。玉龙、玉鸟、玉龟、玉人和相距 1500 千米之外的安徽含山凌家滩遗址大型墓葬中出土的玉龙、玉龟、玉鹰、玉人等相似，说明当时在中华大地中东部存在一个社会上层的文化交流网络，构成了后来早期中国的基础。

在黄河下游的海岱地区，在距今 5000 年前后，呈现出文明化进程加速的情况。山东泰安大汶口遗址和章丘城子崖遗址代表了海岱地区文明化进程的关键节点。大汶口遗址的墓葬出现了明显的贫富分化。进入距今 4500 年之后的龙山时代，社会分化愈加严重。陶质酒器、木质棺椁等发源于海岱地区的文化因素被中原地区所吸收。

浙江余杭反山和瑶山发现随葬玉琮、玉璧、玉钺等精美玉器的良渚文化高级墓葬，体现了良渚社会悬殊的贫富贵贱的分化；良渚古城高度发达的水利系统和大量炭化稻谷堆积，揭示了其已具备早期国家的要素，良渚文化已经进入了文明社会。2019 年，良渚古城进入世界文化遗产名录，实证了中华五千多年文明。

距今 4300 至 4100 年，长江中下游地区的文明衰落，中原地区的文明发展达到新的高度。在陶寺遗址可以看到来自其他地区的先进文化因素，说明黄河中游地区的势力集团广泛吸收周围区域文明的先进因素，通过结盟等手段壮大自己的力量，在各区域之间的竞争当中脱颖而出。自此，中华文明开始从多元走向一体，为后来的夏商周王国文明的形成与发展奠定了基础。

三　夏商周时期

夏商周时期是中华文明多元一体发展的重要时期，也是中国国家形态从原始逐渐走向成熟的关键阶段，是中国青铜文明达到顶峰的阶段。夏商周考古便是对这一时期的古代文化遗存进行发掘、整理、阐释的学科。

入选百年百大考古发现的夏商周时期考古发现共有 25 项，涉及江西、河南、湖北、四川、新疆、北京、河北、山西、山东、陕西、甘肃11个省、自治区、直辖市和中国台湾地区，囊括了从中华文明起源的核心区域到边疆民族地区的重要夏商周时期遗址，充分展现了100年来中国考古学在这一时期的田野发掘与研究中取得的辉煌成就。

夏商时期入选项目共计10项，除偃师二里头遗址、偃师商城遗址、郑州商城遗址、安阳殷墟遗址等体现中原王朝发展的重要夏商时期都邑性遗址外，也包含有广汉三星堆遗址、新干大洋洲商墓等反映长江流域夏商时期的重要遗址，展现了足以与中原地区比肩的高度发达的青铜文化，是中华文明多元一体的重要例证。

二里头遗址作为"中华文明探源工程"重点遗址，近年来的发掘发现了宫城和位于宫城以南的大型铜器和绿松石制作作坊。而井字形的路网和城市布局以及宫城内大型建筑基址的发现，均体现出当时存在中轴线理念。这种左右对称，前后几进院落的宫室制度是后世的都城宫室营建设计的源头。在商朝建立后，偃师商城、郑州商城、安阳殷墟等都邑遗址均继承了二里头遗址体现的都邑布局原则。此外，安阳殷墟遗址不仅是中国青铜文明发展顶峰时期的重要见证，也是中国夏商周时期考古的重要发源地和研究中心，百年来的考古工作逐渐还原了晚商都城的盛况。

与安阳殷墟大体同时的新干大洋洲商墓和广汉三星堆遗址出土的商王朝系统的青铜礼器，种类和形制方面则与殷墟出土的同类青铜礼器大同小异，反映了商王朝代表的中原文化对周边方国的强烈影响，但在其他出土遗存方面又有明显的地方文化特色，彰显了中华文明多元一体的特征。如在新干大墓当中，许多青铜容器多见以虎形作为装饰，体现了当地方国的文化风格。三星堆遗址祭祀坑出土的大量铜人像、面具、大型神树以及金面具等，均不见或少见于殷墟及其他地区，显示出古蜀文明的自身特色。近年三星堆祭祀区新发现的3到8号坑的发掘，充分利用了包括大棚、恒温恒湿的工作方舱在内各种新的发掘、记录和文物保护和研究的技术手段，并配合中央广播电视总台做了大型直播，引起社会的广泛关注。30多家单位参加的合作发掘与多学科结合的综合研究，充分体现了新时期中国考古学的发展方向。

此外，湖北黄陂盘龙城遗址、大冶铜绿山遗址表现了夏商时期中原王朝对南方的铜矿资源的重视与经略情况，体现了中国青铜时代中原与南方之间的碰撞与交流。新疆若羌小河墓地和台湾卑南遗址的入选则展现了夏商时期中国边疆民族地区青铜文化的独特性、多元性和复杂性，对于阐明中华民族、中华文明多元一体的形成过程有着重要意义。

两周时期入选项目共有15项，除平山战国中山王墓、三门峡虢国墓地、随州曾侯墓群、张家川马家塬遗址是性质较为单纯的墓葬（群）遗存外，其余均为两周时期大型都邑性城址。在入选遗址中既有宝鸡周原遗址、西安丰镐遗址、洛阳东周王城遗址等周天子的都邑，也有像房山琉璃河遗址、临汾曲村-天马遗址、临淄齐故城遗址、凤翔秦雍城遗址等诸侯国的封地，充分展现了两周时期"封建亲戚，以藩屏周"的时代特色。

其中宝鸡周原遗址继20世纪70年代发现大型宫殿基址和青铜器窖藏后，2000年再次开始大规模发掘，新发现城内的道路水系网、宗庙宫殿、城墙等重要遗迹，为我们了解西周王朝的崛起和发展提供了重要的实物证据。房山琉璃河遗址是西周时期燕国都城和始封地，是中国考古学首次同时发现西周时期诸侯国都城和诸侯墓并存的遗址，实证了西周"封土授民"的重要历史事实。湖北随州发现的曾侯墓葬群弥补了曾国史迹罕见于文献的缺憾，完善了从西周晚期到战国时期的曾侯世系，并揭示了西周早期曾国的历史。而出土文物达上万件的曾侯乙墓，则是迄今所见随葬品最为丰富的周代诸侯墓，展现了东周时期中国南方杰出的手工业水平和礼乐文化。

另外，东周时期都城洛阳王城和列国的几座重要的都城，如山东临淄齐国故城和曲阜鲁国故城、河北易县燕下都、陕西凤翔秦雍城，反映了战国时期各诸侯国势力不断增强的历史情况，以及与之相对应的东周以来不断发展的城市文化。而平山战国中山王墓、张家川马家塬遗址则反映出东周时期民族大融合的背景下，中原礼乐文化与北方草原文化之间的交流与互鉴。成都金沙遗址是继三星堆遗址之后兴起的古蜀文明发展的新阶段，很多方面继承了三星堆文化，又具有自身特点，极大地拓展了古蜀文明的内涵与外延，其独特而多元的文化面貌是构成中华文明多元一体格局的重要有机组成部分。

四 秦汉时期

秦汉时期，中国形成了统一的中央集权的大帝国，国势强盛，社会安定，经济发达，文化艺术繁荣，与周围少数民族关系密切，国际交往频繁。这一时期历史书写系统逐渐完善，各种遗迹和遗物十分丰富，这使得秦汉考古不仅有广泛的研究课题，而且有充实的内容，使其在中国历史考古学研究中占有重要的地位。

入选百年百大考古发现项目的秦汉时期考古发现共有 16 项，涉及北京、河北、吉林、江苏、江西、山东、湖北、湖南、广东、广西、云南、陕西、新疆等 13 个省、自治区、直辖市，涵盖了都城遗址、一般城址和乡邑、村落遗址，秦汉帝陵陪葬坑及陵寝建筑遗址，诸侯王墓和一般墓葬及其出土的各类遗物等。这些考古发现充分揭示了秦汉时期政治、经济、思想、文化的新特点，为深入探讨这一时期社会发展进程提供了实证资料。

都城是古代国家政治统治、经济管理、军事指挥和文化礼仪活动中心，也是国家政治文化、精神文化的象征与物化载体。以陕西秦咸阳城遗址、汉长安城遗址为代表的都城考古是秦汉考古学的重要内容。秦咸阳城遗址作为中国历史上第一个统一、专制的封建王朝的政治、经济、军事和文化中心，是秦帝国巅峰的见证。咸阳城经历了中国文明体制从王国到帝国的转变，对中国古代都城制度产生了巨大的影响。汉长安城遗址经过六十余年的考古工作，取得了丰硕成果，揭露出汉长安城布局上所表现出的崇"方"思想、"择中"观念、规整的城门配置制度、棋盘式道路网、"面朝后市"和"左祖右社"的格局在中国古代都城布局中产生了深远影响。

中华人民共和国成立以来，秦汉墓葬的发掘与研究，其数量之众多，学术意义之深远，社会影响之重大，在中国考古学上都是非常突出的。位于南昌市墩墩山上的海昏侯刘贺墓，是我国目前发现的面积最大、保存最好、内涵最丰富的汉代侯国墓葬，具有重大研究和展示利用价值。此外，诸如北京大葆台汉墓、河北满城汉墓、湖南长沙马王堆汉墓等墓葬的发掘和整理，从制度层面探索出了秦汉时期墓葬的时代特征与发展轨迹，不仅为遗址的保护、研究、展示提供了科学资料，也取得了显著的社会效益和较大的社会影响。

秦汉时期文化交流与传播在丝绸之路沿线国家和民族政权之间频繁发生。塔克拉玛干沙漠南缘现存规模最大的聚落遗址群尼雅遗址系汉代"精绝国"故地，历次考古调查发现了大量房屋建筑遗迹、墓葬、水利设施、城址等，发掘出土了大量的佉卢文文书、汉文文书、雕刻精美的建筑构件、钱币、丝绸以及艺术品等珍贵文物，对于研究汉晋中央政府对西域的治理，进一步揭示中华文化向西传播和古代东西方文化交流具有极其重要的意义。

五 三国至隋唐时期

三国至隋唐时期是中国从分裂再度走向中央集权统一的时期，也是中国历史大发展、大变革、民族大融合的时期，在中国历史上处于承上启下的重要地位。入选百年百大考古发现项目的三国至隋唐时期考古发现共有9项，涉及河北、黑龙江、河南、陕西、甘肃、青海、新疆7个省、自治区，涵盖了都城和宫殿、佛教石窟和窖藏、墓葬等类型的遗存，内容丰富，不仅展现了这一时期异彩纷呈的物质文明和自由开放、兼容并蓄的社会文化，同时实证了中国统一多民族国家逐步形成、中华民族共同体意识日益牢固的历史过程。

以汉魏洛阳城、邺城、渤海国上京龙泉府、隋唐洛阳城、唐大明宫为代表的都城和宫殿遗址，是三国至隋唐时期物质文明的重要载体。围绕这一时期都城和宫殿遗址进行长期而系统的考古发掘与研究，对于了解当时的物质文化遗存，探究当时的都城布局形制、建设思想、规划理念，并进而揭示历史文化面貌具有重要的意义。

洛阳城始建于西周，建都史近600年，沿用长达1600余年，是历代定都时间最长的遗址。该城不仅深刻地反映了当时的社会形态、社会制度，更是涵盖了丰富的历史文化信息，对研究中国文化发展演进、国家的形成发展具有极其重要的历史价值。作为中国中古时期最具代表性的都城，洛阳城的形制布局、设计理念融合了多元文化的特征，在中国古代都城和城市建设史上具有承前启后的地位，为以后中国历代都城所沿袭，并对当时日本和朝鲜半岛的城市发展产生了重要的影响，对研究中国古代建筑史、城市发展史，特别是都城规划设计的演变具有极其重要的科学价值。

邺城始建于东汉末年，并在三国至北朝时期先后为曹魏、后赵、冉魏、前燕、东魏和北齐六朝国都。曹魏建造的邺北城是中国历史上第一个单一宫城制度的都城，其中轴对称城市格局、明确的功能分区布局，具有划时代的意义。

渤海国是中国中古时期东北地区以靺鞨族为主体建立的地方少数民族政权，上京城是渤海国建都时间最长、最重要的都城，见证了肃慎、靺鞨族系融入中华民族的历史进程，是中华民族多元一体的历史见证。

唐大明宫作为我国规模最大的宫殿群，以其对称有序、恢宏大气的宫殿建筑和精致华丽的皇家园林成为我国古代建筑史上的巅峰之作，为隋唐长安城遗址乃至中国古代都城宫殿史的研究提供了不可替代的实证资料。

墓葬是一个地区一定时期社会生活的缩影，其埋葬制度与出土遗物是当时社会制度与社会风貌的集中体现。磁县北朝墓群是与东魏北齐邺城相对应的皇家陵墓群，共计确认123座墓葬，并明确了东魏北齐皇陵区兆域的规划，加深了对于这一时期丧葬礼法制度的认识。其中重点发掘的河北湾漳北朝壁画墓，其保存的精美壁画对研究北齐时期礼仪、服饰、雕塑艺术具有重要价值。

而以青海都兰热水墓群和新疆阿斯塔那古墓群为代表的边疆地区墓葬，则生动展示了唐、吐谷浑、吐蕃、北方草原民族、西域民族等多个民族或地区葬俗的融合与交流，深刻反映了隋唐时期各族居民深度交往、交流、交融及对中华文化的认同，是对中华民族共同体意识的物化体现，也是对中华文明"多元"与"统一"概念的完美诠释。都兰热水墓群发现的吐蕃统治时期的吐谷浑王陵，对于研究唐（吐蕃）时期热水地区的葬制葬俗及唐帝国与少数民族关系史、丝绸之路交通史、物质文化交流史等相关问题具有重要价值。阿斯塔那古墓群作为新疆地区发掘晋唐墓葬数量和出土文物最多的遗存，为新疆晋唐时期墓葬研究建立了年代标尺，对于完善新疆地区历史时期考古学文化序列、丰富新疆地方史研究乃至中国中古史和中西经济、文化交流研究都具有重要学术价值。

作为人类精神文明的重要成就，三国至隋唐时期，南亚及中亚地区的佛教文化全面影响中国文化，重塑了中国的诸多文化形态。围绕以敦煌莫高窟、法门寺地宫为代表的石窟寺、寺庙遗址与建筑、佛教造像等佛教遗迹开展的考古研究，科学严谨地揭示了佛教文化在我国统一多民族国家形成与发展历史过程中的意义，对于深入探索历史时期区域间物质文化与精神文化交流具有重要价值。敦煌莫高窟是世界上现存规模最大、连续修建时间最长、内容最丰富的佛教艺术宝库。而随着莫高窟藏经洞的发现，其所藏的大量古代文献引起了国内外学者的重视，逐渐形成了以敦煌藏经洞文献、敦煌石窟本体、西北出土古代简牍和敦煌史地为研究对象的国际"显学"——敦煌学。扶风法门寺遗址发现了世界上规模最大、等级最高的唐代佛塔地宫，出土了目前唯一被佛教界认定的佛祖真身舍利，同时出土了近千件（套）做工精美的皇室供奉金银器、秘色瓷、丝绸和琉璃器，这些珍贵文物为佛教考古和唐代文化研究提供了极为珍贵的实物资料。

六 宋辽金元明清时期

宋辽金元明清时期是多元一体的中华民族不断融合和形成的重要时期，中华民族不断发展和壮大，并奠定了现今中华民族国家的版图。作为历史考古学最晚近的一段，宋辽金元明清考古因涵盖宋、辽、金、元、明、清等朝代以及西夏、于阗、回鹘、大理、西辽、黑汗王朝、古格王朝，加之海上对外贸易的兴盛，故这一时期的中国考古具有世界意义。入选百年百大考古发现项目的宋辽金元明清时期考古发现共有 12 项，涉及内蒙古、黑龙江、浙江、山东、河南、广东、贵州、宁夏、北京、江西、四川 11 个省、自治区、直辖市。

考古发现的内蒙古辽上京、内蒙古元大都、黑龙江金上京会宁府等少数民族政权都城遗址，在规划上继承了中原汉地都城的传统布局，同时一定程度上彰显了民族特色，体现了各民族政权对于中华文化的认同，为统一多民族国家的形成与发展提供了重要佐证。

陵墓考古是中国考古学的重要内容之一。20 世纪 50 年代发掘的北京明定陵是迄今唯一一座经过发掘的明代帝王陵，为考古发掘积累了宝贵的经验，对于研究明代陵寝制度和工艺美术史具有重要的意义。宁夏发掘的西夏陵及出土文物揭示了西夏王朝在社会制度、宗教信仰、丧葬习俗以及诸多文化与技术方面的独特内涵，是西夏文明与周边政权和民族长期交流与影响的见证。

除王陵以外，这一时期的墓葬呈现出鲜明的地域特色，且世俗化倾向明显。白沙宋墓是北宋中原及北方地区仿木结构砖雕壁画墓中的典范之作，在墓葬形制、仿木结构和彩画制作、壁画的题材和内容等方面具有极高的学术和艺术价值，多角度再现了宋代的社会生活图景。贵州播州杨氏土司墓群的发掘进一步深化对播州土司文化的认识，了解中央王朝对西南边疆文化的影响提供了重要资料，同时对于了解羁縻土司制度和西南边疆与中央王朝关系的历史变迁具有重要学术意义。

陶瓷考古研究是手工业考古中最为重要的内容，考古发现的丰富的宋辽金元明清制瓷业遗存，为这一时期商品经济的极大发展提供了佐证。通过对南宋临安官窑、景德镇御窑厂等古代瓷窑遗址进行考古发掘，为研究官营窑址的生产布局与功能分区、产品种类与特征、工艺发展与创新、生产管理体制等问题提供了重要的资料，同时极大地推进了官窑瓷器和朝贡贸易的研究。

　　水下考古学是陆地田野考古向水域的延伸，它以人类水下文化遗产为研究对象，对淹没于江河湖海下面的古代遗迹和遗物进行调查、勘测和发掘，运用考古学的学科特点和研究方法作为认识问题的手段并使其发挥应有的作用。中国自主的水下考古学起步虽晚，但是历经考古人三十余年的不断探索，取得一系列重大水下考古发现。入选百年百大考古发现项目的水下考古发现共有 2 项，包括广东"南海 I 号"沉船和四川江口明末战场遗址。20 世纪 80 年代广东"南海 I 号"沉船的发现，直接推动了中国水下考古事业的启动，为中国培养了第一代水下考古人。同时"南海 I 号"作为重要的水下文化遗产，在探索我国古代造船技术、海外航运、对外贸易以及不同文明之间的物质文化交流等研究领域都有着极为重要的意义。位于岷江河道内的江口明末战场遗址是百年来最为重要的明清时期考古发现之一，根据文献记载并结合出水实物，确认该遗址是张献忠大西军与杨展南明军于 1646 年发生江口之战的古代战场遗址，实证了张献忠江口沉银的传说。该遗址发掘首次使用的围堰技术，为今后同类型遗址的考古发掘提供了宝贵经验和可借鉴的工作模式。

　　百年中国考古，展现了中华文明取得的灿烂成就，展现了屹立于东方的中华民族的形成与发展过程，展现了中华文明所具有的非凡凝聚力和向心力以及开放包容的博大胸怀。这一系列重大考古发现背后，离不开一代代考古人筚路蓝缕、青灯黄卷，为中国考古事业发展而百年如一日的付出。当下中国考古学正处在最好的发展时期和社会环境之中，站在新百年的起点，新时代的考古人应该秉承先辈的光荣传统，继续发扬严谨求实的学风，兢兢业业地做好考古工作，奋力谱写中国特色、中国风格、中国气派的考古学新篇章！

中国考古学会

2022 年 9 月 21 日

北京周口店遗址

旧石器时代

历年主要发掘单位：中国地质调查所、北京协和医学院、新生代研究室、中国科学院古脊椎动物与古人类研究所等

历任发掘领队及主持发掘者、主要参与发掘人员：丁文江、翁文灏、李捷、布林、杨钟健、裴文中、卞美年、贾兰坡、刘宪亭、赵资奎、李炎贤、顾玉珉、吴汝康、袁振新、高星、张双权等

周口店第一地点（北京猿人遗址）位于华北平原与西山山脉的交汇地带。1926 年，北京猿人遗址发现的 2 枚人类牙齿化石被命名为直立人北京种，简称"北京人（Peking Man）"。1929 年春由裴文中主持发掘，12 月 2 日下午裴文中发现北京猿人第 1 头盖骨。1936 年在贾兰坡主持第 1 地点发掘工作期间，于 11 月 15 日发现 2 具完整猿人头盖骨，11 月 26 日又找到第三具猿人头盖骨。20 世纪 20 年代至今，这一遗址先后历经了数次较大规模的考古发掘。

周口店遗址有系统编号的地点共 27 个，其中 8 个在龙骨山一个很小范围内。在第 1 地

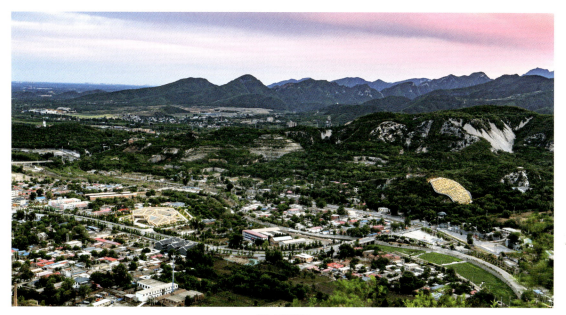

周口店遗址

周口店国家考古遗址公园

周口店国家考古遗址公园正门

点发掘出代表 40 个个体的直立人阶段的头骨和肢骨化石，在第 4 地点出土 1 枚早期智人的牙齿化石，在田园洞、山顶洞出土代表 9～10 个个体的晚期智人头骨和体骨化石。同时在第 1、4、13、15、22 地点和山顶洞出土十几万件石制品和大量的更新世动物化石。在第 1 地点保留人类早期有控制用火的证据，在山顶洞则出土目前我国最早的墓葬和装饰品。

直立人中材料最丰富的要数在北京周口店发现的北京猿人。从龙骨山石灰岩溶洞里发掘出了 100 多件猿人化石，代表大约 40 个猿人，其中最引人注目的是 6 个头盖骨。从这些头盖骨推算，成年北京猿人脑子的平均重量为 1088 克，比现代人要小一些。北京猿人的脑颅像一个上小下大的扁圆形馒头，最宽处在下面，位置接近外耳门，前额扁塌，向后倾斜，整个脑颅的高度比现代人低得多。从顶面观察，北京猿人脑颅连接面颅的部分缩狭，而现代人此处比较宽。北京猿人脑颅骨壁比现代人大约厚 1 倍，在眼眶上方有很粗厚的眉脊，后面有一条横的枕骨圆枕，头顶正中还有一条由前向后延伸的矢状脊。这 3 条骨脊使已经比较厚的脑颅更加坚固。有人猜测，也许因为北京猿人在生活中碰破或者被打破头骨的机会比较多，头骨厚的人有更多的生存机会。北京猿人颞骨鳞部比现代人低，上缘呈直线形，

1927年发掘周口店遗址第1地点

1929年发掘第1个"北京人"头盖骨化石现场

1930年发掘山顶洞近景

1936年11月15～26日贾兰坡接连发现3个"北京人"头盖骨，这是11月26日发现第3个"北京人"头盖骨场景

1966年第一地点发掘现场

乳突小，有角圆枕，6 个头盖骨中 4 个有印加骨。北京猿人嘴巴周围、鼻子以下的部分比现代人向前突出，但是下巴下部却向后退缩，没有颏隆凸。北京猿人的牙齿比较大，牙根很粗，臼齿齿冠咬合面纹路复杂，髓腔大。总之，北京猿人的头骨还保留着不少类似猿的特征，因此常被称为猿人。

北京猿人遗址还出土了 96 种哺乳动物、62 种鸟类以及蛇、青蛙等动物的化石。这些动物中一部分是穴居动物，如蝙蝠、老鼠等，它们可能是猿人的"邻居"；一部分可能是北京猿人的食物，是被他们带进洞的，如鹿、牛、马、兔等；还有一部分可能是猿人的死敌，如剑齿虎和鬣狗。鬣狗也是穴居动物，可能占据这个山洞的时间与猿人不同。

在北京猿人遗址还发现了几万件石器和制造石器时产生的碎石。考古学家根据这些石器的形状和进行的模拟实验推测各种石器可能的用途，将它们分类为刮削器、砍砸器、石锤、石钻、尖状器、雕刻器等。

周口店遗址的科学价值是巨大的。因为北京猿人的发现，在此之前发现的爪哇人的分类属性的争议得以尘埃落定，直立人这一在古人类演化中最重要的阶段得以确立，这是人类演化史研究取得的重大突破。北京猿人在周口店生存了近 50 万年（距今 70 万～20 万），这是直立人留下的最漫长、最完整的记录，因此周口店的材料成为复原直立人体质演化过程、生存行为特点、技术文化面貌（包括石器技术、用火能力、狩猎的能力与方式、栖身处所等）和环境背景的资料骨架。在第 4 地点、15 地点和山顶洞还出土了距今十几万年和距今 3 万多年的人类化石和文化遗物，这对直立人向晚期智人（现代人类）的过渡和现代东亚人类的起源（此问题为目前学术界激烈争论的课题）的研究是不可或缺的材料。此外，周口店保留着

中国北方中更新世的标准剖面，对第四纪地层和环境的对比和研究极其重要。

周口店是我国古人类学、旧石器时代考古学和第四纪地质学的发源地；至今仍是这些学科领域在中国乃至世界的一处最重要的资源宝

"北京人"第Ⅲ号头盖骨

"北京人"第Ⅴ号头盖骨

山顶洞人头骨

库和研究基地。在同时期古人类遗址中它的材料最丰富、最系统和最有科研价值。在世界范围内，尤其是东亚地区，直立人和智人的演化与生存模式在很大程度上是在周口店的基础上建立起来的。人类起源、演化和文化发展的进一步研究仍然离不开周口店。

1961 年 3 月 4 日，周口店遗址被公布为第一批全国重点文物保护单位。1987 年 12 月，周口店遗址被联合国教科文组织列入《世界遗产名录》。

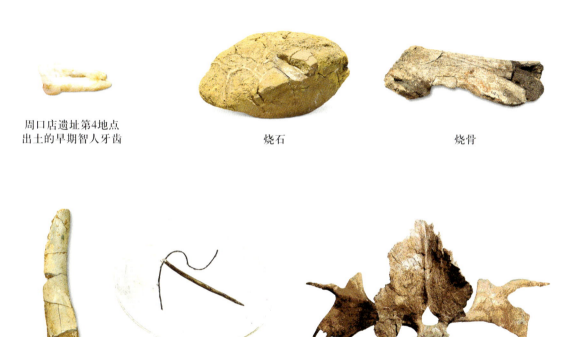

周口店遗址第4地点
出土的早期智人牙齿　　　　　　烧石　　　　　　　烧骨

烧骨　　　　　骨针　　　　肿骨大角鹿头骨与鹿角

朴树籽　　　　　　　　　　鱼化石

河北阳原泥河湾遗址群

旧石器时代

历年主要发掘单位：河北省文物考古研究院、中国科学院古脊椎动物与古人类研究所、北京大学、中国社会科学院考古研究所、河北师范大学、河北大学等

历任发掘领队及主持发掘者、主要参与发掘人员：贾兰坡、王择义、盖培、卫奇、尤玉柱、谢飞、高星、王幼平、石金鸣、李珺、侯亚梅、裴树文、梅惠杰、刘连强、张晓峥等

泥河湾遗址群位于河北阳原县东部桑干河畔，是华北地区最重要的旧石器时代遗址。自1921年发现以来，已发现早更新世中期至晚更新世之末的遗址300余处。经过100年，尤其是最近30年的辛勤耕耘，马圈沟、小长梁、东谷坨、许家窑-侯家窑、虎头梁等数百处古人类活

小长梁遗址远景

1976年侯家窑遗址发掘现场

2003年马圈沟遗址发掘现场

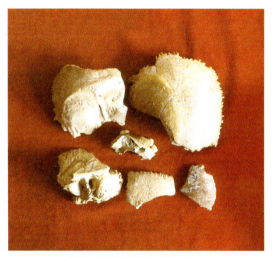

侯家窑遗址发现古人类化石

马圈沟遗址第Ⅲ文化层石制品组合

动遗址，记录了东亚人类近 200 万年来的连续演化历史，被誉为"东方人类的故乡"。

泥河湾遗址群遗址数量多，分布范围广，延续时间长，文化延续性强，考古工作时间长，重要发现多，在第四纪地质、环境、古动物、旧石器时代考古以及人类起源演化等方面都具有重要学术意义。

泥河湾遗址群提供了东北亚地区最早人类的生存证据。在马圈沟遗址剖面上，目前已发现 17 个文化层，最早的第Ⅶ文化层的古地磁测年结果为 176 万年，最顶部的年代在 125 万年

前后。第Ⅲ文化层的古地磁测年数据为 166 万年，而生物地层学研究显示，其年代应该早于距今 180 万年。综合地质地层学、生物地层学和古地磁年代学的研究成果，马圈沟遗址最下部文化层的年代应该在 200 万年前后。丰富且人工特征明确的文化遗物和遗迹，地层序列可靠，时代古老，是东亚地区材料最丰富、最可靠的最早人类的生存证据。

发现了珍贵的早期智人化石。泥河湾盆地的古人类化石发现于盆地西端的侯家窑遗址，1976、1977、1979 年的发掘陆续都有古人类化

2002年二道梁遗址揭露用火遗迹

1995～1998年虎头梁遗址群马鞍山遗址火塘

二道梁遗址石制品组合

石发现。三次发掘共获得古人类化石20件，包括上颌骨、下颌支、顶骨、枕骨、颞骨、臼齿等，是中国古人类化石最丰富的遗址之一，古人类化石形态具有原始和进步镶嵌的特点，为研究中国北方早期现代人的起源和演化、古老型智人行为能力等提供了关键材料。

提供了研究华北地区旧石器向新石器时代过渡的重要材料。盆地中部虎头梁一带发现了范围广、分布密集2万～1万年前后的遗址，

为研究旧石器时代向新石器时代的过渡提供了典型材料。特别是于家沟遗址剖面，时代自更新世末至全新世，下部层位以成熟的楔形石核剥离细石叶，另有超过万年的原始夹砂陶片、单面局部磨光的石矛头和大量装饰品；上部文化层以锥、柱形细石核生产细石叶，陶器、磨制石器和骨器发达，为探讨旧石器时代向新石器时代的过渡提供了科学可靠的地层和文化依据，对旧-新石器时代过渡、农业起源、制陶业起源等重大学术课题的研究具有重要意义。

构建起近乎完整的旧石器时代文化序列。依据相关测年数据，马圈沟遗址剖面保存了176万～125万年之间17个文化层，小长梁、大长梁遗址距今136万年，麻地沟遗址距今距今125万年，飞梁遗址距今120万年，东谷坨、岑家湾遗址距今110万年，霍家地遗址距今100万年，马梁-后沟遗址群保存了80多万年至35万年前的9个文化层，东坡遗址32.1万年，摩天岭遗址31.5万年，雀儿沟遗址26万年，侯家窑遗址20万～16万年，板井子遗址8.6万年，西白马营遗址4.5万年，油房遗址5万～2万年前后，马鞍山遗址1.6万年前后，

于家沟陶片出土状态

于家沟遗址 1.6 万～0.5 万年，还有众多其他阶段的遗址填充其间，基本构建起近 200 万年的时空框架。

丰富的石器工业类型。小石器工业是盆地内主要的石器工业类型，自 170 多万年前出现，延续至 3 万年前后。其后，盆地东部油房遗址在 2.9 万～2.7 万年前后出现典型的石叶技术产品，2.2 万年前后的二道梁遗址发现船形细石核

为主的细石叶工业遗存，1.6 万年前后虎头梁遗址群发现楔形细石核为主的细石叶工业遗存，并扩散形成地域广大的分布区，在一万年前后参与完成旧石器向新石器时代的过渡。丰富的石制品、类型多样的石器工业为研究华北地区石器技术的演变和古代人类的技术交流提供了基础资料。

埋藏文化遗物的地层为研究第四纪以来的环境变化、人与自然关系提供丰富材料。泥河湾遗址群埋藏在自早更新世以来的泥河湾层、河流阶地、黄土堆积中，这套完整的地层除保存了古人类的信息，还蕴藏着丰富的软体动物化石、脊椎动物化石、微体动植物化石等，保存着古人类生存环境及地质背景的科学信息和资源，能够提供 200 多万年以来的古代地理环境、气候环境、植被环境、动物环境等科学信息，为探讨与人类生活息息相关的地理、气候、植被及资源环境等问题的研究提供了资料，对解决现今人与自然、人与环境的关系都有重要的科学价值。

于家沟遗址文化遗物组合

山西襄汾丁村遗址

旧石器时代

历年主要发掘单位：中国科学院古脊椎动物与古人类研究所、山西省文物局、襄汾县文教局、山西省考古研究所、丁村文化工作站等

历任发掘领队及主持发掘者、主要参与发掘人员：王择义、贾兰坡、裴文中、张德光、王建、陶富海、王益人等

丁村遗址位于山西省襄汾县丁村一带的汾河河畔，是中华人民共和国成立以后在北京周口店以外地区发现的首个大型旧石器时代遗址，也是我国正式发掘的第一个露天旧石器遗址。

丁村遗址发现于1953年，60多年来，在考古工作者持续不断的努力下，发现了距今50万年至2万多年的旧石器时代早、中、晚期石器地点及遗址一百余处，获得了数量丰富的石制品、动物化石、古人类化石等，并发现了地震裂缝、石器制造场等遗迹现象。石制品以角页岩为主要原料，类型包括石核、石片、工具等。动物化石多出于"丁村组"地层中，共有27种，类型可见偶蹄目、食肉目、长鼻目等。古人类化石主要发现自54:100地点、54:102地

丁村遗址54:100和79:01地点远景

1976年丁村遗址54:100地点抢险发掘

九龙洞遗址石制品打制现场翻模

老虎坡遗址人工遗迹俯视

点和石沟遗址，包括牙齿化石4枚、顶骨化石1件和枕骨化石1件，化石既呈现出一定的进步性，又带有一些原始性状。

丁村遗址内涵丰富，自旧石器时代早期延续至旧石器时代晚期，以旧石器时代中期最为典型，是我国旧石器时代中期的典型代表。丁村遗址的石器工业在旧石器时代早期和中期以角页岩为主要原料，另有少量石灰岩、砂岩、闪长岩等，至晚期出现了燧石等优质原料。石器工业特征鲜明，早期和中期以锤击法为主要

九龙洞遗址石器打制现场

剥片方法，石核类型多样，包含大石片生产和普通石片生产两个体系。工具既包含风格硕大的三棱大尖状器、大尖状器、斧形器、石球等重型工具，也有一定数量的刮削器、尖状器、锯齿刃器等轻型工具。晚期出现了细石器工业类型。细石核类型可见锥状石核、楔状石核、船型石核，工具可见端刮器、刮削器、雕刻器、石镞等。

丁村遗址的发现，对于构建中国旧石器文化的发展序列起到了关键作用。1965 年，裴文中先生在《中国的旧石器时代——附中石器时代》一文中，将丁村遗址作为旧石器时代中期的代表，并延续至今，丁村遗址成为中国旧石器时代文化序列中的一个关键节点和重要链接点。丁村遗址开创的研究方法与研究方向，对

中国旧石器考古学的发展起到了重大作用和持久影响。《山西襄汾县丁村旧石器时代遗址发掘报告》中对石器类型学进行了创新性研究，对石器进行了符合本土材料特点的分类和命名，划分出石核石器和石片石器，同时又对大类之下的小类进行了详细的划分，形成了一种全新的范式，推动了我国北方地区石器工业类型的划分与研究。此外，该报告还开创了我国旧石器考古"四条腿走路"的多学科研究模式。此两类范式很长一段时间内都是我国旧石器研究的参考范式。丁村遗址作为中国人第一次独立主持发掘研究的旧石器遗址，吸引了诸多人员的参与，培养了一大批旧石器人才，间接推动了我国旧石器考古事业的发展。1961 年丁村遗址被公布为第一批全国重点文物保护单位。

人类幼儿顶骨化石

三棱大尖状器

人类牙齿化石

三棱大尖状器

斧状器

石刀

人类枕骨化石

巨型单台面石核

石球

盘状石核

辽宁营口金牛山遗址

旧石器时代

历年主要发掘单位：辽宁省博物馆、中国科学院古脊椎动物与古人类研究所、北京大学考古系、辽宁省文物考古研究所、营口市文化局

历任发掘领队及主持发掘者、主要参与发掘人员：崔德文、张镇洪、吕遵谔、孙守道、郭大顺、李霞；杨庆昌、傅仁义、张森水、黄蕴平、王幼平、顾玉才、惠忠元、杨洪琦、庞维国等

金牛山遗址全景

1973年，辽宁省开展文物普查工作时确定了金牛山遗址3个含有化石的第四纪堆积地点（即后来编号为A、B、C的3个地点）。1974年5月，由辽宁省博物馆主持，营口市、营口县文化局参加的"金牛山联合发掘队"，开始对金牛山A点和C点进行正式发掘，中国科学院古脊椎动物与古人类研究所张森水先生指导工作。1975年8月，金牛山联合发掘队对金牛山遗址A点和C点组织第二次发掘。1976

年8月，金牛山联合发掘队对金牛山遗址A点进行了第三次发掘。1978年6月，营口市博物馆进行了第四次发掘。1984年，北京大学考古系吕遵谔率队对金牛山遗址进行发掘，发现金牛山人化石及其生活面。同年，被中国学者评为世界十大科技进展，公布于《科学画报》。1985年，对金牛山A点西壁进行简单清理并采样。北京大学考古系碳14实验室进行不平衡铀系法年代测定，把含人类化石的第6层的年代

初步定为距今 24 万～31 万年，平均为 28 万年左右。

A 点是金牛山遗址中保存最好、文化内涵最丰富、发掘持续时间最长的地点。保存有洞顶，北壁被破坏，南壁保存完整，西壁剖面厚约 16 米，共分为 11 层，9 层之下仅经过局部勘探，未进行发掘。其中第 8 层文化遗物最为丰富。该层中发现较为完整的头骨、脊椎、肋骨、尺骨、髋骨及足骨等共计 55 件，属于同一个体。依照人类学和考古学的惯例，命名为金牛山人。根据髋骨、头骨形态及测量分析、牙齿萌出和磨耗的情况判断，金牛山人是一个 20～22 岁的青年女性个体。人骨表现出进步性和原始性混合的特征，属于古老型智人。铀系测年为距今约 26 万年。

石制品近 200 件，原料有脉石英、硅质灰岩和石英岩 3 种，其中脉石英数量最多。石核和工具的数量不多，石片稍多，超过 6 成是断块。石器剥片以锤击法为主，较少应用砸击技术。工具的修理技术也较简单，很少见到连续均匀的修理痕迹，绝大部分都是权宜型工具。工具组合包括刮削器、尖状器和砍砸器等，且以刮削器为主。

与人类化石同层出土的还有灰堆 9 个，内有大量烧骨，以啮齿类和哺乳动物肢骨片为主。部分灰堆形状规整，底部、中间和顶部还发现了许多烧石，从对灰堆进行的实验考古来看，当时的金牛山人已经具备了管理火的能力。其具体做法为：底部先用较大石块垒砌出一个近椭圆形的石圈，仅在一端留缺口，石圈内散放一些小石块，周缘的石块是为控制篝火的范围而垒起的，底部的石块之间的间隙较大，便于空气渗透，可以起到助燃的作用，顶部和中间的石块则是多次封火留下来的。由此可推知金牛山人采用这种用石块封火的办法保

1988 年西壁剖面

金牛山人骨出土现场

动物遗存出土现场

存火种。每个灰堆中或周围都发现了烧骨、石制品和大量敲骨吸髓产生的碎骨片，因而每一个灰堆出现的层面应是当时古人类在洞内生存的一个活动面。9 个灰堆分布在不同的发掘层

发掘第九层

发掘西壁第八层

发掘西壁第四层

面说明，金牛山人间歇性在洞中居住，使用火烧烤食物和取暖，用石块封火，保存火种。灰堆堆积不厚和灰堆面积不大，推测当时的原始人群数量不多，固定在一个地方连续居住的时间不是很长。

发现数以万计的动物化石，计有软体动物、鱼、龟、鸟、哺乳动物。其中哺乳动物主要有肿骨大角鹿、居氏大河狸、梅氏犀、硕猕猴、李氏野猪等，多为中更新世典型动物。金牛山动物群与周口店北京人肿骨鹿动物群非常相似，推知当时应属于暖温带疏林草原环境。

C 点也是一洞穴堆积，位于山的西北坡，1974、1975、1984 和 2011 年进行了发掘，可分 6 层。在 4 层及以下发现有石制品、用火遗迹和大量哺乳动物化石。与 A 点下部层位包含物面貌相当，应属于中更新世晚期，在上部地层中，发现了两件磨制的骨器。动物化石有赤鹿、披毛犀等，时代偏晚，已进入晚更新世。

金牛山人所具有的诸多东亚古人类连续性进化的体质特征，似乎不可能或至少不完全由非洲、欧洲古人群扩散替代而来。金牛山人和其他该阶段东亚古人类化石体质特征表明该地区中-晚更新世古人类演化样式非常复杂，并存在人群间交流的可能。同时金牛山人具有很多非常进步的体质特征，对于东亚早期现代人的形成发挥了重要的影响。

金牛山遗址发现的古人类化石以及丰富的旧石器文化遗存，为探讨早期人类适应东亚大陆北部地区更新世环境，不断发展演化的历史进程提供了非常重要的新证据。尤其是将该遗址用火遗迹、动物骨骼及碎片与石制品的空间分布等发现综合起来并结合人类化石的体质特征的进步性来考虑，为我们认识中更新世晚期东亚地区古人类与旧石器文化发展历程及其区域性特点等课题开启了非常重要的新窗口。

金牛山人头骨正面观

金牛山人头骨侧面观

金牛山人

金牛山人髋骨

棕熊头骨

龟壳

人工敲击骨片

石核

石片

刮削器

宁夏灵武水洞沟遗址

旧石器时代

历年主要发掘单位： 宁夏博物馆、原宁夏地质局区域调查队、宁夏回族自治区文物考古研究所、中国科学院古脊椎动物与古人类研究所等

历任发掘领队及主持发掘者、主要参与发掘人员： 德日进、桑志华、贾兰坡、裴文中、李炎贤、张森水、胡寿永、计宏祥、盖培、科列班诺娃、钟侃、高星、王惠民、彭菲、郭家龙等

水洞沟遗址位于宁夏回族自治区银川市灵武市黄河以东。1923 年，德日进和桑志华发现水洞沟遗址，是中国最早发现和进行系统发掘的旧石器时代晚期文化遗址。

该遗址不仅标志着我国旧石器时代文化研究的开端，也是我国旧石器时代最有代表性的遗址之一，被我国"黄土之父"刘东生先生誉为"中国旧石器考古文艺复兴"的标志。水洞沟遗址共发现 12 个地点。水洞沟遗址第 1 地点出土的石叶和勒瓦娄哇技术的石制品组合，揭示出东、西方人群迁徙和文化迁徙的证据，对现代人起源和扩散有重要的启示和意义。同时，水洞沟遗址其他地点的文化面貌显示出水洞沟先民在族群归属、社会结构、迁徙融合、文化技术和生存策略等诸多方面的复杂性和多元性，表达了强大的适应生存能力和特定的行为方式，为我国古人类本土连续演化，交流与融合外来人群，提供了生动的遗址案例，成为探索华夏民族和中华文明远古根系的线索之一。

水洞沟第 1 地点远景

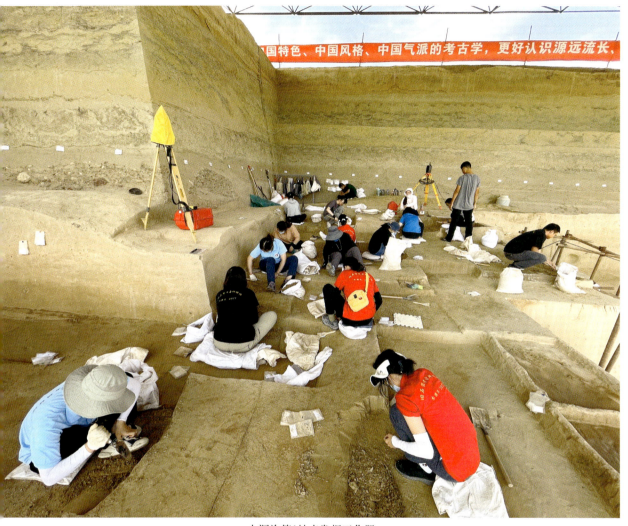

水洞沟第1地点发掘工作照

火塘

尖状器

水洞沟第1地点出土石叶　　水洞沟第1地点出土端刮器

水洞沟第1地点出土石核

水洞沟第1地点出土小石锛　　水洞沟第1地点出土石磨棒　　水洞沟第1地点出土串珠

水洞沟第1地点出土
贝类装饰品

水洞沟第12地点
出土骨针

水洞沟第12地点出土石核

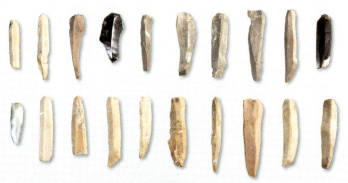

水洞沟第12地点出土石杵　　水洞沟第12地点出土细石叶

河北武安磁山遗址

新石器时代

历年主要发掘单位：河北省文物考古研究院、邯郸市文物保护研究所、武安市文物保管所等

历任发掘领队及主持发掘者、主要参与发掘人员：孙德海、乔登云、高建强、段宏振、张治强、罗平、刘勇、王爱学、王立军、薛玉川、翟中华等

磁山遗址位于河北省邯郸市武安市西南约16千米，地处太行山东麓的山前地带，分布于南洺河北岸的滨河台地上，遗址平面呈不规则形，东西最长约420、南北最宽约400米，总面积约122500平方米。

1972年冬兴修水利时发现了磁山遗址。1973年7～8月，省、市文物部门先后两次对遗址进行调查，将其列入文物保护单位。同年12月中上旬，原邯郸市文物保管所对遗址进行了为期十天的试掘，开挖3米×3米探方两个，发现窖穴2座，出土文物30余件。

1976～1978年，开展正式发掘。本次发掘111个探方（探沟），发掘面积2579平方米，发现房址2座、灰坑484个，出土陶器、石器、骨角器近2000件。1985～1988年，为配合原磁山二街砖厂烧砖用土开展抢救性发掘，后

磁山遗址远景

1985年磁山遗址发掘坑位全景

1986年磁山遗址组合物T30第1、3组

1986年磁山遗址组合物遗迹全景

1986年磁山遗址组合物T35第2组

1987年磁山遗址发掘组合物遗迹（T2H3）

1998年磁山遗址T107组合物遗迹

转为主动性发掘。共计发掘探方（沟）116个，发掘面积2913平方米，发现磁山文化灰坑、窖穴359个，灰沟1条，组合物42组；出土陶器、石器、骨角器等2300余件。1994～1995、1997～1998年，开展第三次发掘，共计探沟、探方87个，总面积1913平方米，发现磁山文化灰坑、窖穴244个，房址6座，组合物3组，以及几处河卵石、石片、石块、残石器较集中的遗迹；发现与磁山文化有区别的新石器时代陶窑1座；出土陶器、石器、骨角器近600件。

磁山遗址应为一处生活居住遗址，发现的遗存包括遗迹、遗物两类。遗迹包括：灰坑、沟、窖穴、房址、组合物、石块和陶片堆积等几类。长方形、直壁窖穴具有磁山文化的典型特征，部分窖穴底部有粮食堆积，经鉴定有粟和黍。这一发现将原来所知的粟、黍人工培育、种植的时间大大提前，对农业起源的研究具有重要意义，磁山遗址也因此被确立为"世界粟的发祥地"。组合物为磁山文化特有的遗迹现象，一般由集中摆放的磨盘、磨棒、盂、支架、小口壶、三足钵、深腹罐、石斧、石铲等组成，主要由基本生活用具和生产工具组成，其性质可能与祭祀活动相关。房址为圆形、半地穴式结构。遗物按照质地可分为：陶器、石器和骨蚌器（包括角、牙制品）三类；按照用途可分为：生产工具、生活用具和装饰品等几种，以生产和生活用具居多。陶器类型包括：盂、支脚、深腹罐、圈足罐、三足钵、圈足钵、钵、小口壶、碗、盘、盆、豆、杯、勺、漏斗形器、器盖、纺轮、弹丸、饰品等近20个种类。直壁筒形盂和鸟头形支脚、三足钵、深腹罐、小口长颈壶为磁山文化典型器物，在陶器中所占比例也最大。石器类型包括：磨盘、磨棒、石斧、石铲、石镰、石凿等。鞋底状四足石磨盘和石磨棒、舌状石铲、石斧为磁山文化典型器物，

也是主要器类。动物骨骼数量众多，1981年周本雄进行了鉴定，其动物种属有：家鸡、家猪、家犬、野猪、花面狸、金钱豹、梅花鹿、四不象、鹿、鳖类、鱼类、河蚌等20余种。认为磁山遗址的家鸡将家鸡在中国驯化的年代可以提前到公元前5400年以前，是"世界上已知记录最早者"，对家禽、家畜驯养起源的研究具有重要意义。

磁山遗址的发现改变了过去所谓"彩色陶器"和"单色陶器"的文化面貌，确认了一支早于仰韶文化的考古学文化，将新石器时代遗存的年代上溯至8000年左右，填补了我国新石器时代早期研究的空白，使我国新石器时代形成"磁山文化、仰韶文化、龙山文化"比较完整的系列和链条，拉开了我国新石器时代早期文化考古的序幕。

磁山遗址动植物遗存丰富，为系统认识新石器时代早期人类的生计模式提供了基础资料。磁山遗址文化遗存丰富，历次发掘发现丰富的遗迹与遗物，为系统研究太行山东麓新石器时代早期的文化内涵和性质提供了基础资料。丰富的文化遗存为对比研究提供材料基础，学者们对其文化命名、文化源流、经济类型、物质与精神文化等方面及与其年代相近、地域相邻的裴李岗文化关系展开长期而热烈的学术讨论，在一定程度上推动了我国新石器时代早期文化的研究，促进研究理论与方法的提升，推动了学科的发展。

家猪、家鸡、家犬骨骼

磁山遗址器物组合

陶盂与支脚

储火罐

三足钵

四足石磨盘

深腹罐

双耳壶

山西夏县西阴村遗址

新石器时代

历年主要发掘单位：山西省考古研究院等
历任发掘领队及主持发掘者、主要参与发掘人员：李济、袁复礼、范文谦、田建文等

西阴村遗址

山西夏县西阴村隶属尉郭乡，位于青龙河北岸，遗址坐落在村西北俗称"灰土岭"的一块高地上，东西长600、南北宽500米，总面积30万平方米，包含有西阴文化、仰韶晚期、庙底沟二期文化、龙山文化和商文化，以西阴文化和庙底沟二期文化为主。

1926年3月24日中国考古学家李济和地质学家袁复礼调查发现该遗址。1926年10月15日至12月初，李济、袁复礼发掘西阴村遗址，开2米×2米8个探方，由于发掘到南部断崖边，南边4个探方南北2～4米，所以发掘面积约40平方米。西阴村遗址是中国学者独立主持发掘的第一个遗址，它体现着中国考古学在当时所能达到的最高成就，除发现了大

量与仰韶村同期的彩陶外，还出土了半个经切割的丝质蚕茧。"这个发现替我们开辟了一条关于在中国北部史前研究的新途径。中国有历史就有关于蚕业的记载；它是中国文化的一个指数，较之安特生所说的陶鼎与陶鬲尤为可靠。"梁思永 1930 年发表《山西西阴村史前遗址的新石器时代的陶器》也是中国学者早期以考古学方法研究古代遗址的经典之作。

1994 年 10 月 12 日至 11 月 28 日，山西省考古研究所进行了第二次发掘工作，发掘面积 576 平方米，发现了西阴文化、西王村 Ⅲ 期文化、庙底沟二期文化、二里冈文化的遗存，以西阴文化和庙底沟二期文化为主。

西阴村遗存代表着中国新石器时代仰韶文化的一个时间段。杨建芳 1962 年提出仰韶文化"西阴村类型"的概念。1963 年严文明将西阴村遗存分为半坡类型（东庄类型）、庙底沟类型、秦王寨类型（特征相近）三类。1993 年张忠培"对那些考古学先驱已做出的成绩，进行必要的肯定"而命名为"西阴文化"，从早期中国考古学者的田野考古及研究的实践，到西阴村遗存的自身特点，在中国现代考古学中，西阴村遗存都占有极其重要的地位。

1926年西阴村出土蚕茧

彩陶钵

彩陶钵

彩陶钵

彩陶盆

冠耳盆

葫芦口双耳瓶

夹砂罐

夹砂罐

红陶瓮

陶釜

陶釜

山西襄汾陶寺遗址

 新石器时代

历年主要发掘单位：中国社会科学院考古研究所、山西省考古研究院、临汾市文物局

历任发掘领队及主持发掘者、主要参与发掘人员：张彦煌、高天麟、高炜、张岱海、李健民、解希恭、梁星彭、严志斌、何努、高江涛、王晓毅、田建文等

陶寺遗址位于山西省临汾市襄汾县县城东北约7千米处，分布于陶寺村、东坡沟、沟西村、中梁村、宋村四个自然村，以陶寺村命名。遗址面积约400万平方米。从1978年开始，中国社会科学院考古研究所联合山西省考古研究院、临汾市文物局等单位经过40多年的考古发掘与研究，初步揭示出陶寺遗址是中国史前"都城要素最完备"城址。城址兴建与使用的主体年代距今4300～3900年，面积达280万余平方米。城址内东北部是面积近13万平方米的宫城和宫殿群所在的核心区。宫城西南近处为下层贵族居住区，宫城南部近处是仓储区。

陶寺遗址远景

宫城南东门址平面示意图

1号宫殿基址发掘现场

城址南部是陶寺文化早期墓地所在，并单独围出一个小城作为特殊的宗教祭祀区，发现有"观象台"遗迹和中期墓地。城址西南部为手工业作坊区，西北部为普通居住区。陶寺遗址发现了迄今世界最早的观象台遗址。

陶寺遗址早期在宫殿区外围是一处规模较小的城。城墙呈长方形，东西长约470、南北宽约270米，面积近13万平方米。方向大体北偏西45°，即315°，与陶寺文化中期

始建的陶寺大城方向基本一致。南墙西段及西南拐角被大南沟破坏掉。城墙迄今仅余其基础部分，基本未见墙体。该城墙东墙Q10与南墙Q16之间存在缺口，位于该城东南角，称为"东南角门"。该城南墙Q16东段是其南东门址。城内钻探出多座大型夯土建筑基址，应该为高等贵族居住区，性质类似后世"宫城"。宫城外的西南部已探出面积较大的房址多座，多为正方形或长方形，推测为下层贵族居住区。另外，在宫城外东南，钻探发现一些较为集中的窖穴，面积近1000平方米，已发掘了6座，很可能是仓储区，其在陶寺文化早期已经存在。宫城东南近600米处是陶寺文化早期的大型墓地。

陶寺遗址中期是陶寺聚落最繁盛的时期，兴建起了一座面积达280万平方米的大城。目前城址内发现有中期大城、中期小城、仓储区、墓地、大型建筑基址ⅡFJT1、1号宫殿基址等重要遗存。早期的13万平方米的城址，成为真正意义上的宫城，形成内有宫城外有大城的内外双城。目前，在宫城内已较为完整的揭露出一处面积近6500平方米的夯筑建筑基址，即1号宫殿基址，基址之上发现明确主殿D1一座，面积达540余平方米，另外还有多处大型房址F37、F39、F40等。1号宫殿基址是迄今史前时期面积最大的夯土建筑基址。陶寺文化中期大城南墙有两道，内侧为Q6，外侧为Q5。Q5南段再向南延长，并与Q6

1号宫殿基址

1号宫殿基址主殿D1

陶寺文化早期大墓M2001

蟠龙纹陶盘

蟠龙纹陶盘

相接，将这一区域封闭，形成呈刀形约10万平方米的中期小城。此外，仓储区在陶寺文化中期仍继续使用。中期小城的西北部发现中期墓地，又发现大型建筑ⅡFJT1，其建筑规模宏大，形制奇特，结构复杂，推测为兼观象授时与祭祀功能为一体的多功能建筑。陶寺大城西南部钻探发现有一定规划布局的制石、制陶、制骨等手工业生产遗存，应为手工业作坊区，面积至少 10 万平方米，并发现有一处呈"回"字形大型夯土基址，可能与手工业生产管理机构有关。

陶寺文化晚期，宫城及宫殿区逐渐毁坏，陶寺城址逐渐衰落。陶寺大城已经废弃，大型建筑ⅡFJT1 被平毁，陶寺遗址成为一般的聚落址。

陶寺的普通居住址多为小型房址，周围分布着道路、水井、陶窑和较密集的灰坑。普通房址分平地面建筑、半地穴式建筑和窑洞三种，以后两种居多。半地穴式房基平面多作圆角方形，少数呈圆形。长、宽 2～3 米。室内地面涂草拌泥，经压实或焙烧，多数再涂一层白灰面，并用白灰涂墙裙。居住面中央有柱洞和灶坑。窑洞式房址四壁向上弧形内收形成穹隆顶，高约 2 米，平面形制、结构等多与半地穴式房址相仿。水井为圆形，深 13 米以上，近底部有用圆木搭垒起来的护壁木构。陶窑一般为"横穴式"，窑室直径在 0.7～1 米，有多股平行火道或叶脉状火道。此外，还发现大块装饰戳印纹白灰墙皮和大块带蓝彩的白灰墙皮、红硬似砖的夯土台基表面残块、建筑材料陶瓦残片。其中陶瓦 100 余片，是我国发现早期陶瓦的重要板瓦之一。

陶寺城址已经基本上存在严格的功能区划，有了居住区、仓储区、手工业作坊区、宗教祭祀活动区、墓葬区等，甚至居住区又细分为高等贵族居住区、下层贵族居住区和一般平民居住区，有了明显的等级分化。同时，既有大型宫殿类夯土建筑，又有半地穴式的简陋房屋。墓地内墓葬等级分化更加明显，墓葬形成了金字塔式的等级结构，且存在着多个层次等级，而并非简单的大、中、小的差别，这反映了社会等级分化已经达到相当严重的程度。因此，陶寺遗址表现出阶层分化严重、王权形成、

官僚机构已具雏形、战争频发，陶寺社会明显地进入了早期国家阶段，进入了文明社会，陶寺遗址是其都城所在。

陶寺文化与社会具有以下四个较为明显的特点。第一，它不是一个平等的社会，出现了严重的社会等级分化。比如前面提到的墓葬大、中、小的差别，实际上是墓主人社会地位高低的巨大差别；比如在居住上，王住在高大恢宏的宫殿，而普通人则住在 10 多平方米的小房子里，更有低下者住在半地穴或窑洞式的房子内。第二，陶寺文化与社会出现了"王"这一最高统治者，意味着王权为主的国家出现。陶寺文化早期的 5 座大墓如 M3015 等和中期的 M22 都应该是王级大墓。第三，陶寺社会礼制初步形成，并成为社会制度的精髓传继后世；第四，陶寺所建立的这个国家是初级的国家阶段，已经不再是部落社会。

同时，陶寺文化和社会具有以下特质：一是，重礼，礼制初步形成。二是，务实，把大量的人力、物力用来兴建城池，保护居民；建设观象台指导农业生产、发展经济，而不是浪费大量人力财力于虚无飘缈的"神"的祭祀和非生产活动；三是，融合，或言海纳百川，把周围文化和社会中先进的因素吸收并重新改进，兼收并蓄，无以成江海。如吸收东方的玉礼器，将长江下游良渚玉琮用于"通神"的神徽纹饰抹去，而用于世俗的佩戴，还有吸收北方地区的实用器陶鬲，吸收西北地区的铜器等等。

陶寺遗址出土了圭表，圭表测影确立地中，"圭尺"代表着"地中"，而陶寺一带或笼统而言的晋南地区应该至少是龙山晚期人们意识形态上的"地中"所在。陶寺已经进入了"国家"时期，这个"地中之国"，比二里头遗址所代表的国家早 300 多年，陶寺所在的地方是"最初的中国"。遗址出土了龙盘、文字扁壶、鼍鼓、石磬、玉兽面以及中国最早的

"铜器群"等许多文物"重器"。这些重要发现表明陶寺文化时期早期国家已经出现，礼制初步形成，是中国夏、商、周三代辉煌文明的主要源头。因此，陶寺是中华早期文明的典型代表遗址，是实证中华5000多年文明的重要支点。

刻划纹白灰墙皮

朱书扁壶（H3403：13鼓面）

朱书扁壶（H3403：13）

肥足鬲

石厨刀

玉兽面

圭尺

土鼓

鼍鼓

铜蟾蜍

铜铃

内蒙古敖汉旗兴隆洼遗址

🐾 新石器时代

历年主要发掘单位：中国社会科学院考古研究所、内蒙古自治区文物考古研究院、敖汉博物馆等

历任发掘领队及主持发掘者、主要参与发掘人员：杨虎、朱延平、刘国祥；宋新潮、丛德新、谷飞、朱永刚、王立新、李新伟、贾笑冰、董新林、刘冰、邵国田、田彦国、王泽等

兴隆洼遗址位于内蒙古自治区赤峰市敖汉旗兴隆洼镇（原宝国吐乡）兴隆洼村东南1.3千米处的丘陵西缘，是一处新石器时代中期聚落遗址，也是兴隆洼文化的命名地。

从1983到2000年，兴隆洼遗址先后经过八次考古发掘，揭露总面积3万余平方米。其中一期聚落的年代距今约8200～8000年，共有94座半地穴式房址，分成11排，布局规整

1992年发掘现场

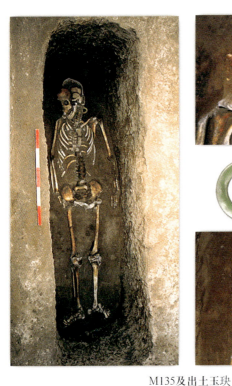

F229出土玉玦位置图

M135及出土玉玦

人猪合葬墓M118

有序，最大的两座房址面积各约 140 平方米，并排位于聚落的中心部位，聚落的外围环绕一道椭圆形的壕沟，西北侧留有出入口。这是国内第一个全部揭露出房址、灰坑、环壕等生活遗迹的史前聚落，对于了解当时的聚落与社会形态具有重要意义。

兴隆洼遗址所在岗地高出附近地面约 20 米，东高西低，西南坡主要分布有兴隆洼文化遗存，编为 A 区；东北坡至西坡主要为红山文化遗存，编为 B 区，两区紧密相连。A 区是一个保存比较完整的兴隆洼文化聚落，在地表见到的灰土带，呈椭圆形，东北—西南长 183、东南—西北宽 166 米，为聚落址的围沟，沟宽约 1.5 ~ 2、深 0.55 ~ 1 米。在围沟所环绕的范围内，地表暴露有约百处灰土圈，灰土圈是半地穴房址被耕土扰乱部分，大体呈西北—东南方向排列，约计十一、二排，每排约十个。

兴隆洼聚落内的房址成排分布，外围环绕有椭圆形壕沟，是较完整的原始村落；发现的少量居室墓葬是中国史前时期极为特殊的埋葬方式，其中有人猪合葬现象。在兴隆洼遗址 118 号居室墓内，墓主人右侧葬有一雌一雄两头整猪，占据了墓底近一半位置，具有祈求猎物繁盛或图腾崇拜的意义。考虑到多数房址埋入墓葬后被继续居住的情况，聚落内的少数成员可能因为生前等级、地位、身份或死因特殊，死后被埋在室内，成为生者祭祀、崇拜的对象。

1992 年首次在兴隆洼遗址 F170 的居室墓葬 M117 中发现成对的环状玉玦，此后又在多座墓葬中发现玦、匕形器等典型玉器，这是中国目前所知年代最早的真玉器，将我国雕琢、使用玉器的历史上溯至距今 8000 年前后的新石器时代中期，对于研究东亚玉文化的起源与发展具有重要意义。在兴隆洼遗址发掘的基础上，提出了"兴隆洼文化"的命名，对于建立和完善辽西地区新石器时代考古学文化序列具有重要意义，也为其后的赵宝沟文化、红山文化找到了直接源头。

2012 年 9 月，敖汉旱作农业系统被联合国粮农组织批准为全球重要农业文化遗产。以种植粟、黍为主的旱作农业系统在距今 8000 年左右的兴隆洼文化时期已经形成，西辽河流域也成为世界范围内种植和食用小米历史最悠久的地区，是世界范围内小米的独立起源地之一。有学者认为，日本和欧洲发现的小米均来自中国北部，与兴隆洼文化关系密切，凸显了其在世界旱作农业和食物全球化发展过程中的特殊地位与作用。

1993 年发掘现场

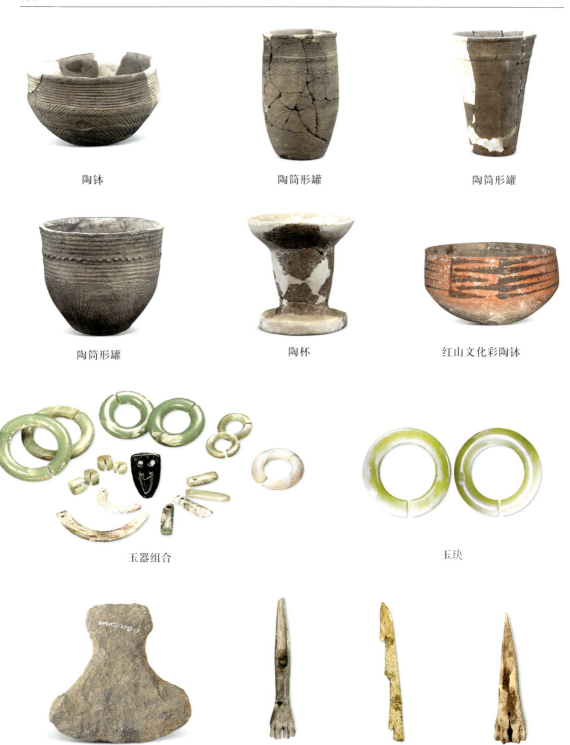

陶钵　　　　　　　　陶筒形罐　　　　　　　　陶筒形罐

陶筒形罐　　　　　　　陶杯　　　　　　　　红山文化彩陶钵

玉器组合　　　　　　　　　　　玉玦

石铲　　　　　骨匕形器　　　　骨镖　　　　　骨锥

辽宁朝阳牛河梁遗址

新石器时代

历年主要发掘单位：辽宁省文物考古研究院、中国社会科学院考古研究所、牛河梁遗址博物馆

历任发掘领队及主持发掘者、主要参与发掘人员：孙守道、郭大顺、方殿春、朱达、樊圣英、贾笑冰、魏凡、张星德、张克举、李世凯、华玉冰、李新全、梁振晶、吕学明、郭明

牛河梁遗址位于辽宁省朝阳市的建平县与凌源市交界处，1981年调查时发掘了第二地点的一座墓葬，1988年牛河梁遗址发现的十六个地点统一被列入全国重点文物保护单位。经过多年的考古工作，在牛河梁遗址发现了多种类型的遗迹和重要遗物，牛河梁遗址是由多个密切相关、功能互补的遗址点构成的遗址群，主要遗迹类型可分为以下几类：

第一地点"女神庙"是牛河梁遗址最早识别出的遗迹之一，由两个半地穴式建筑组成，

第五地点全景

1984年女神庙发掘

第十六地点全景

总面积约 75 平方米，试掘发现了大量烧结程度不同的泥塑人像、动物像残块，是当时我国境内发现年代最早的塑像，极大丰富了对史前考古学文化的认识。

祭坛见于牛河梁遗址第二地点，编号N2Z3，是由安山岩石柱砌筑三层同心圆，内侧垫土形成逐渐高起的三重圆台，在最内侧石柱内侧放置无底筒形陶器。其结构特征与后世的天坛较为相似，是后世祭天圆坛的"祖型"，也是红山人对于天文认识的重要体现。

积石冢则是对牛河梁遗址发现的以墓葬为主的石构遗迹的一种普遍的称呼，从墓葬规模、随葬品种类和数量等多个指标的分析都可以发现牛河梁遗址已经出现了明显的社会分化，而社会中出现的规范化的特征则指示着这种垂直的社会分化已经具有制度化的意义，红山古国

牛河梁全景图

已经形成。除了其所反映的社会发展的意义之外，牛河梁遗址发掘出土的大量精美玉器不仅向我们展示了红山人高超的玉器制作技术，而且也是红山文化晚期社会玉礼制文明的见证。

在牛河梁遗址共存的"女神庙"、高等级墓地（冢）和祭坛共同形成了"坛庙冢"的独特结构，被称为"中华五千年文明的曙光"。

第十三地点是一座独立的圆形土石混合结构建筑址，包括内侧为直径约40米的夯土，其外为直径约60米的三重石砌围墙，顶部受到破坏，残存高度约8米。采用的石材与砌筑特征与积石冢基本一致，但未发现墓葬，其功能当与作为墓地的积石冢存在差别。十三地点位于牛河梁遗址区的西南侧，向西南即为地势平坦开阔的凌源县城，是进入牛河梁遗址核心区域的关键节点，地理位置十分重要。

山台（第一地点2号建筑址）是牛河梁遗址中又一另具特征的遗存，总面积约4万平方米，其中包括由多道石墙所划定的多组山台，山台存在始建时间的差异，也可能存在功能上的互补。地表踏查和高精度滤波扫描显示山台

壁画

彩陶罐与盖钵

可以细分为 9 座，借助山势由外侧石墙、内侧垫土形成一个个高起的平台。虽然目前尚未发现明确的台上建筑，但从山台在牛河梁遗址中的独特性可以推测其应为区域内较为特殊的社会公共活动中心，在牛河梁遗址中具有重要地位。由石块和垫土堆砌而成的山台可能是重要活动的场所或大型地上建筑的基础。物探也在区域内发现异常特征，T3 的发掘发现了山台垫土砌筑的过程中礼仪活动的痕迹。T3 不同层位垫土中发现的陶片可拼合的现象表明，在构筑 T3 的过程中，极有可能是将完整陶器分解后，埋藏在台址的不同位置或不同层位而起到了奠基或其他作用，应该是某种祭祀活动的体现。在这些陶器中，也存在固定的组合方式，由体形较大的红陶器、个体较小的灰黑陶器和圆陶片组成。考虑到圆陶片有可能是木觚的底部，那么这样一套组合就有可能与酒礼相关，即为"裸礼"用器。

从品字形山台的确认到 9 个山台的新认知，考古发掘不断为认识五千多年前的红山文化社会提供更为丰富的证据。

围绕牛河梁遗址的考古发现，涌现了一大批的成果，包括牛河梁遗址的分期与特征、社会分化、社会组织方式等一系列与社会发展演变相关的学术成果，广泛涉及文明起源、社会性质、文化特征、文化交流方式等多项内容。牛河梁遗址持续的考古工作形成了对牛河梁遗址的初步认识，以牛河梁遗址发现的几类主要遗迹"坛庙冢"成为红山"古国"的重要标志，而其中展现的"礼制"的特征则是红山文化为中华五千年文明史做出的重要贡献。

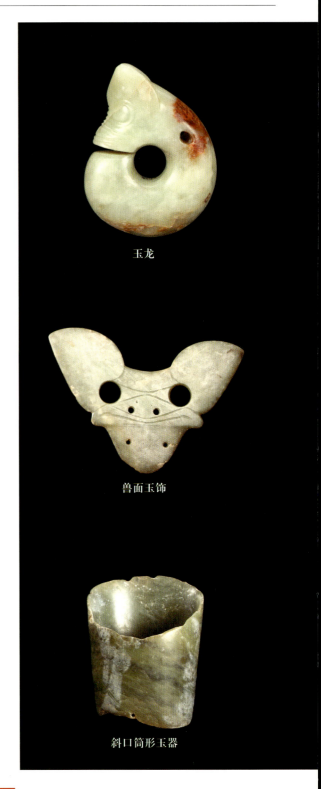

玉龙

兽面玉饰

斜口筒形玉器

玉璧

双联玉璧

勾云形玉器

玉镯

玉凤

双兽首三孔玉饰

玉人

龙凤玉佩

上海青浦崧泽遗址

新石器时代

历年主要发掘单位：上海市文物保管委员会、上海市文物管理委员会、上海博物馆
历任发掘领队及主持发掘者：黄宣佩、周丽娟、宋建、陈杰

崧泽遗址位于上海市青浦区赵巷镇崧泽村北，遗址南临淀浦河，北接沪青平公路，现存遗址面积约40万平方米。

1957年，上海市文物保管委员会考古调查时，在假山墩上及其附近采集到数片新石器时代夹砂红陶和泥质灰陶片。1958年又发现鹿角、陶片和几件石器，从而确认该处存在古文化遗址。

1960年11～12月，上海市文物保管委员会对崧泽村东、西部及假山墩进行了试掘，试掘面积约44平方米。大致了解崧泽遗址的基本内涵，在试掘范围内，普遍存在几何纹印纹硬陶和原始瓷为特征的遗存，而以夹砂红陶、泥质红陶和泥质灰黑陶为特征的新石器时代文化遗存仅发现于假山墩上。

1961年5～6月，上海市文物保管委员会和上海博物馆联合对假山墩北部进行了第一次有计划的考古发掘，发掘面积约457平方米。除发现春秋战国时期的文化堆积外，在地层上明确崧泽遗址新石器时代堆积可分为马家浜文化和崧泽文化两层。重点清理了崧泽文化墓葬50座和疑似窑场烧土面4处、马家浜文化灰坑9个。马家浜文化遗存的发现，将上海地区历史提前到了6000年前。马家浜文化时期稻谷颗

崧泽遗址20世纪60年代假山墩全景

1974～1976年崧泽遗址墓葬清理工作照

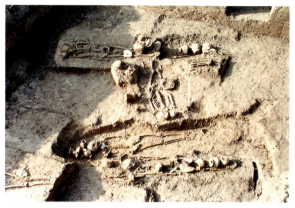

1994～1995年崧泽遗址清理墓葬

1987年崧泽遗址发掘马家浜文化水井

2004年崧泽遗址发掘现场

粒的发现是中国最早一批有确凿地层依据的人工驯化稻材料。

1974～1976年，上海市文物保管委员会配合基本建设，对学校周围（即假山墩西北和东北）进行第二次考古发掘，发掘面积202平方米。此次发掘主要收获是又发现了46座崧泽文化墓葬，以及1处崧泽文化石器制作场地。经过两次的考古发掘，"崧泽文化"的命名得到了坚实的考古学材料支撑，并得到广泛认同。

1987年配合油墩港建设，上海市文物管理委员会对工程涉及区域进行抢救性试掘。发掘面积235平方米。此次发掘发现了马家浜文化、

崧泽文化、马桥文化、春秋战国、宋代等时期文化堆积。此次发掘发现的马家浜文化水井是当时发现时代最早的水井遗迹，马桥文化遗存的发现完善了崧泽遗址的文化序列。

1994～1995年，配合崧泽遗址博物馆的筹建，上海市文物管理委员会对假山墩北侧进行抢救性发掘，发掘面积93平方米。此次发掘除丰富了马家浜文化的地层堆积外，又清理了36座崧泽文化墓葬，并发现崧泽文化墓葬"燎祭"土堆1处。

2004年，上海博物馆对假山墩及墩北农田进行抢救性发掘，发掘面积407平方米。此次

崧泽遗址马家浜文化时期房址

发掘除明确下层堆积为马家浜文化堆积和清理12座崧泽文化墓葬外，最大收获是新发现马家浜文化房址3座、墓葬17座、高地祭祀遗迹1处、灰坑25个和特殊遗迹2个。其中，马家浜文化墓葬和房址均属上海地区首次发现该时期遗迹，填补了上海地区该时期考古发现的空白。马家浜文化祭祀遗迹可能是太湖流域最早的"燎祭"遗存。

2011年8～9月，上海博物馆配合城镇建设，对崧泽遗址外围进行考古勘探。勘探面积658万平方米，试掘探沟面积1061平方米。在油墩港西侧，与淀浦河交汇处，发现以崧泽文化和周代等时期为主体的文化堆积，从而基本确认了崧泽遗址西南部边界。

2014年，上海博物馆配合高压电网工程建设，对工程涉及遗址区域进行抢救性发掘，发掘面积863平方米。此次发掘发现了崧泽文化、良渚文化、春秋战国、唐宋等各个时期的文化堆积。其最重要的收获是第一次发现了良渚文化地层、人工台地等遗存，填补了崧泽遗址历次发掘只发现良渚文化遗物，未发现良渚文化地层和遗迹的空白。

2018年11～12月，上海博物馆对崧泽

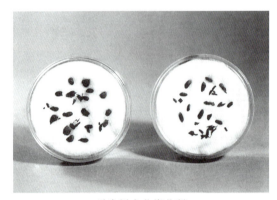

马家浜文化炭化稻

遗址进行全面考古勘探及复核工作。勘探面积58.9万平方米。基本确认崧泽遗址地下文物埋藏的分布范围、堆积状况及性质等，为崧泽遗址保护规划的编制提供了科学的考古学材料。

崧泽遗址是长江下游地区新石器时代古文化遗址，是"崧泽文化"的命名之地，崧泽文化是第一个以上海地名命名的新石器时代考古学文化。崧泽文化是长江下游地区新石器时代文化发展序列的重要一环，对研究马家浜文化的去向、良渚文化的来源等问题提供了科学资料，对研究中国文明起源、长江下游地区原始文化和上海史前史具有重要意义。

马家浜文化宽檐陶釜

马家浜文化家猪陶塑

崧泽文化半璧形玉璜

崧泽文化玉镯

崧泽文化玉玦

崧泽文化釜形陶鼎

崧泽文化带盖竹编纹陶罐

崧泽文化剔刺纹镂孔陶豆

崧泽文化红黄彩绘碗形陶豆

崧泽文化带镦石斧

浙江浦江上山遗址

🔴 新石器时代

🔴 历年主要发掘单位：浙江省文物考古研究所、浦江县博物馆
发掘领队及主持发掘者、主要参与发掘人员：蒋乐平、郑建明、张农、李佑生、
王书逊、张海真、芮顺淦、盛丹平、张智强、朱江平、张国萍

上山遗址位于浙江省浦江县黄宅镇渠南、渠北和三友村之间的两个比邻小土丘，遗址面积约20000多平方米。2000年浙江省文物考古研究所进行浦阳江流域的新石器时代遗址考古调查时被发现。2001、2004、2005、2006年进行了四期发掘，发掘面积2000平方米。遗址的新石器时代内涵分为下层、中层、上层三个阶段的遗存堆积。

主体遗存是遗址下层。通过对夹炭陶片和木炭标本的碳-14年代测定表明，其年代约距今11000～8600年，是浙江迄今发现的年代最早的新石器时代遗址。

遗迹现象主要表现为不同形式的灰坑、灰沟、柱洞及由柱洞构成的建筑遗迹。从部分灰坑出土陶器的保存情况看，当时存在着有意识向坑中放置陶器的现象。由于坑的形状大多不是长方形，又没有骨骸保存，推定为墓葬证据不足。早期出现沟槽结构的建筑残址；晚期有

上山遗址俯视全景图

主发掘区

发掘场景

一处编号为F1遗迹，由三列平行柱洞构成，每列长约14米，10至11个柱洞，列间距3、总宽6米，柱洞间的对应程度较好，柱洞深约90、直径40～50厘米。推定是一种木构建筑遗存。

遗物以陶器、石器为主，还发现少量骨器。陶器可复原器约80多件。器形以大敞口平底盆为主，无耳或安装单侧桥形耳。除大口盆外，还发现平底盘、双耳罐、卷（折）沿罐、圈足盆、钵形器及圜底器等。总体上陶器器形比较单调，特别是难以确认一般新石器时代遗址最常见的炊器形态，陶片中也不见烟炱痕迹。

装饰方法多为素面红衣，多角沿、沿部的锯齿状刻划纹的装饰方式、圈足上的镂空、乳丁足等因素都有发现。陶胎多呈外红内黑的"夹心饼干"状，羼和大量的有机质，最引人注目的是稻壳、稻叶、稻茎。在成型方法上，发现有泥片贴筑、泥条拼接等标本。

石器以石片石器、砾石石器为主，磨制石器稀少。遗址出土的石制品数千件，经二次加工或有使用痕迹的石片、石核石器有侧刃或端刃的刮削器、盘状器、尖状器等，砾石石器分穿孔石器、石球、磨盘、磨块（棒），另外还

地层剖面采样

器物坑

陶胎中的稻遗存

红陶衣下的稻壳遗存

有少量的砍砸器、尖状器。从工艺特征上看，石片打击方法以锤击法为主，也可能有砸击法。二次修理主要用锤击法，包括了向破裂面、向背面、交互或错向修理。此外，少量石片有比较宽而浅的石片疤，是否是用间接打击法修理的痕迹，有待进一步研究。石料有凝灰岩、流纹岩、燧石、霏细岩、石英岩等，其原料选择似乎有一定的模式，反映上山史前居民对于不同岩石及其特性有相当的了解，有意识地选择不同的石材制作不同的石器。

遗址下层可分为早晚两期，早期以夹炭大口盆、双耳罐为典型器，晚期以出现夹细砂大平底盘、贴颈双耳罐为标志。

通过浮选，遗址中发现少量稻米残粒，但更有研究价值的夹炭陶羼和料中的稻遗存。其中稻壳碎片的比例不小，这是古稻脱壳利用的证据；残剩的稻谷小穗轴有两种类型，一种与现代野生稻相似的野生稻类型，另一种和现代栽培粳稻相似的栽培类型，反映了早期栽培稻原始性的一面。尽管采集和狩猎仍然是上山文化类型不可忽略的经济方式，但原始的稻作农业在遗址下层已经出现。这一珍贵资料对研究稻作农业的起源问题具有重要的学术意义。

叠压在遗址下层之上的是相当于跨湖桥文化阶段的中层和相当于马家浜文化阶段的上层，

这一地层关系为碳-14测定数据提供了强大的支持，证明上山遗址下层所代表文化类型是长江下游及附近地区迄今发现的年代最早的新石器时代遗存。在2006年11月召开的"中国第四届环境考古学大会暨上山遗址学术研讨会"上，这种遗存类型被考古界命名为上山文化。

自上山遗址发现和上山文化命名以来，浙江省文物考古研究所在钱塘江及其支流的上游和南侧灵江上游的河谷盆地陆续发现上山文化遗址19处，这里成为迄今发现的东亚地区分布最为密集的早期新石器时代遗址群。研究工作也深入进行，特别是稻作遗存方面的研究，部分石片石器作为收割工具和石磨盘作为稻谷脱粒工具的研究成果最引人注目，其他上山文化遗址不断补充的稻作证据也丰富了上山遗址的内涵。

上山文化遗址群是东亚地区人类从山地洞穴走出来、在河谷旷野实现农业定居并获得成功的最早实证，在钱塘江南域的广大区域，看到的东亚农业革命带来的崭新气象。上山文化是迄今发现的世界稻作农业发生、发展的最早区域。上山文化是万年中华文化的重要符号。上山遗址的发现与上山文化的命名，是稻作农业起源及长江下游及东南沿海地区早期新石器时代文化探索的重大突破。

炭化稻米

石磨盘与石磨棒

石镰

穿孔石器

陶器组合

圈足盘

陶钵

陶罐

大口盆

带把大口盆

陶罐

浙江余姚河姆渡文化遗址群

 新石器时代

历年主要发掘单位：浙江省文物管理委员会、浙江省博物馆、浙江省文物考古研究所

历任发掘领队及主持发掘者、主要参与发掘人员：罗春华、许全耀、刘军、牟永抗、姚仲源、梅福根、劳伯敏、胡继根、李永加、王海明、孙国平

河姆渡遗址位于浙江省余姚东部姚江边的河姆渡村附近。1973 年，浙江余姚河姆渡遗址发现和第一次发掘，1976 年被命名为"河姆渡文化"。

河姆渡遗址地处中国东南沿海地区，目前最近距杭州湾和东海海岸 30 ～ 40 千米。主体位于宁绍地区东部姚江流域四明山脉北麓低丘与低海拔平原的过渡地带，总面积 40000 多平方米。遗址周围现代水稻田海拔仅 2 米左右，地下水位很高且常年比较稳定，并呈近中性或弱碱性。所以，遗址地下文化堆积大多处在海平面上下的埋藏深度，为有机质遗存创造了非常有利的保存环境。因此，当年发掘过程中出土的稻谷壳、橡子、树叶，还有不少动物骨头之类的先民生活遗物多呈现出令人难以置信的鲜活色泽和完好形态。

1979 年下半年通过专题调查，发现数十处河姆渡文化遗址，基本明确宁绍地区东部，即以余姚、慈溪、鄞州、镇海、奉化、象山、上虞等地，为河姆渡文化主要分布区，往北以杭

河姆渡遗址建筑遗迹发掘场景

田螺山遗址保护棚内发掘区全景　　　　　　　　1977年河姆渡遗址发掘场景

州湾为界，往东可包括舟山群岛的大部分区域，往南的延伸范围当时难以确定，大致为宁波三江平原的南界，往西可到绍兴东部的曹娥江以东的上虞部分区域和余姚西部地区。

　　河姆渡文化遗址的典型聚落形态是，地处浙东沿海山麓坡地或平地，多以地理小单元中的小型或孤立山丘为依托，并临近河湖沼泽，村落地势低洼，规模多在 3～5 平方米，始终以干栏式木构建筑为居住的主要房屋类型，村落中已出现日常居住建筑和礼仪性建筑的功能性分化，村落周围有的以木构栅栏或水道围护，村落外围直接开辟大小不一的水稻田，外出交通方式以借助于舟楫的水路交通为主。

　　从田螺山遗址早中晚期的建筑遗存中发

田螺山遗址西侧河姆渡文化晚期稻田发掘场景

田螺山遗址柱坑内的多层垫板

田螺山遗址出土橡子储藏坑

田螺山遗址古稻田遗迹

田螺山遗址橡子坑中残存橡子出土色泽

河姆渡遗址双鸟朝阳纹象牙蝶形器

河姆渡遗址猪纹陶钵

现，干栏式建筑早期以密集排桩作为承重和围护手段，中期演进为以挖坑、直接立柱（以方体木柱为主）为营建技术的初期柱网式承重手段，晚期演进为主要以挖坑、先垫一层或多层木板再立柱的营建技术的稳定柱网式承重手段。建筑单元形态从早期的长排房到晚期出现小型化和多样化的趋势。建筑组合上也从早期的单一型到出现日常居住房屋与礼仪性中心大房子功能分化组合的趋势。

根据稻谷形态、小穗轴形态所反映的落粒性以及水稻植硅体边缘纹样等研究手段，认为河姆渡文化时期的稻作农业正处于驯化的关键阶段或中间阶段，稻米形态总体上仍保留较瘦长的特征；根据田螺山遗址古稻田发掘结果来看，当时河姆渡古村落的稻田耕种以利用天然的低洼的水岸湿地略加开垦、整理和围护为主，田块较大而平整；稻谷亩产量通常在150斤左右。

经济形态（生业模式）总体上处在采集、渔猎和农业三者并驾齐驱的状态，稻作农业的重要性虽处于上升趋势中，但仍然未达到稳定居于优势产业的水平，且仍明显受制于环境的波动而呈现兴衰不定的状态，另外，水稻以外的作物种植，如菱角、芡实的生长可能已出现一定的人工干预，家畜饲养也处于较弱的阶段。

河姆渡、田螺山以及最近发掘的下王渡等具有较丰富的晚期陶器遗存的遗址情况来看，以各类型陶釜作为主流炊器的传统一直保存较好，干栏式建筑风格也非常稳定，因此，以这些遗址不同阶段遗存为代表的文化类型，均明确属于统一的河姆渡文化。其延续时间接近2000年的超长稳定性，主要是因为其所处的小地理环境的偏远性和相对独立性，东边为大海，南边为山地丘陵，西边为曹娥江，北边为杭州湾。

2013年在田螺山遗址西侧不到2千米处发现了与河姆渡文化来源有密切关系的浙江省首个史前沿海贝丘遗址——井头山遗址，成为

田螺山遗址石斧

河姆渡遗址玉玦

河姆渡遗址朱漆木碗

河姆渡遗址玉玦

继河姆渡遗址之后浙江和中国沿海地区考古的又一具有里程碑意义的遗址。井头山遗址经过2019～2020年的发掘出土了异常丰富的、清晰的反映8000多年前的中国最早海洋文化的遗迹和遗物。

河姆渡文化证明距今六七千年前的长江流域乃至整个南方地区也具有与黄河流域同时期史前文化相同、相近的社会文化发展水平，无论是农业技术、建筑技术、手工业技术等生产力水平、还是精神文化艺术等方面。表明当时的稻作农业水平已经处在中国稻作农业史上比较成熟的阶段，已成为当时社会的一个重要生产手段；而稻米形态仍具有一定的野生性状，处在由野生向驯化缓慢转变的关键阶段，一直是中外稻作农业史研究的最为关注的对象。河姆渡文化的干栏式木构建筑技术是中国传统建筑文化的最重要源头，特别是成熟的榫卯技术是决定中国土木建筑传统发展方向的关键因素。河姆渡文化的独特发展过程为研究全新世气候与海平面变化、中国东南沿海环境与古文化的互动关系提供了极为重要的依据和视角。河姆渡文化的多方面内涵特征表明它是西太平洋地区闽台地区史前文化，乃至南岛语族文化、西太平洋地区史前文化的一个重要源头。通过近期井头山遗址的发现和考古发掘，可以确认河姆渡文化来源于宁波本地，并具有明显的海洋文化渊源，河姆渡文化的出现、发展和消亡与全新世早中期中国沿海地区自然环境的变迁具有密切的关系。更重要的是，井头山遗址的发现、发掘和初步研究表明，中国沿海地区至少从新石器时代早中期开始已发展起来与广大内陆地区相似生产力水平的海洋文化。

田螺山遗址双鸟木质羽冠

田螺山刻纹陶盉拓片

田螺山遗址象纹刻板

河姆渡遗址带捆绑藤条的骨耜

浙江余杭良渚遗址

新石器时代

历年主要发掘单位：浙江省文物考古研究所、杭州良渚遗址管理区管理委员会

历任发掘领队及主持发掘者、主要参与发掘人员：施昕更、牟永抗、王明达、刘斌、王宁远、芮国耀、赵晔、丁品、方向明、楼航、闫凯凯、陈明辉、王永磊、朱雪菲、姬翔

良渚遗址又称良渚遗址群或良渚古城遗址，良渚遗址是整个良渚文化的核心，是良渚文明的都城。位于浙江省杭州市余杭区瓶窑镇、良渚镇，地处一处面积达 1000 平方千米的 C 形盆地北部，古城南北分别峙立着大遮山和大雄山两座天目山余脉，西部散布着一系列低矮山丘，向东则是敞开的平原，自然环境优越。

1936 年浙江西湖博物馆施昕更在余杭良渚镇一带进行调查时发现，1959 年夏鼐正式提出了"良渚文化"命名。良渚遗址贯穿了良渚文化始终，距今 5300～4300 年。良渚古城遗址于 1996 年公布为全国重点文物保护单位，2019 年 7 月 6 日入选世界文化遗产。

良渚古城城址区可分四重。最中心为面积约 30 万平方米的莫角山台基。莫角山及其周边的高台地，海拔高度多在 8 米以上，为宫庙区、

良渚古城莫角山航拍

秋坞、石坞、蜜蜂垄水坝及现存的部分水库航拍

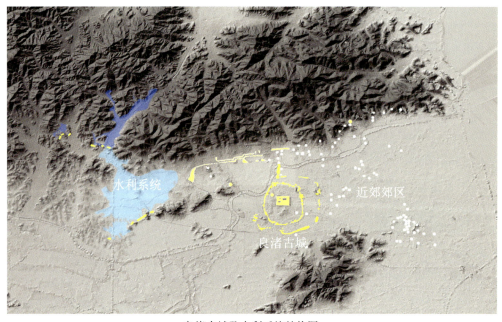

良渚古城及水利系统结构图

王陵及贵族墓地区等高等级功能区，是城址的核心区，可作为第二重，面积约 110 万平方米。此外内城城墙以内其余台地主要为手工业作坊区，内城城墙包含的面积为 300 万平方米，作为古城的第三重结构。最外围是由众多环绕内城的台地组成的面积近 800 万平方米的外城。堆筑高度也由内而外逐次降低，显示出明显的等级差异。古城北部和西北部还分布着规模宏大的水利系统，围合而成面积广阔的库区。在古城以东则是面积超过 40 平方千米的郊区。良渚古城城址、库区和外围郊区的占地面积达到 100 平方千米，规模极为宏大。

（一）莫角山土台

位于古城的正中心，是一处人工营建的长方形土台，呈长方形覆斗状，台底东西长约 630、南北宽约 450 米，面积近 30 万平方米，人工堆筑厚度 2 ～ 16.5 米，土方量达 228 万立方米。在莫角山土台上分布有大莫角山、小莫角山、乌龟山等三个小型土台，应为主要的建筑基址。大莫角山是莫角山上最重要的建筑基址，其上发现 7 座房基土台。小莫角山上存在 4 个分属于两个不同阶段的良渚文化房址，部分房址保存较好、规模较大。乌龟山土台因历年来的人为破坏，台基顶部未发现良渚文化的房基等遗迹。莫角山上除三座建筑台基之外，还发现有大面积的"沙土广场"、成排分布的房屋台基以及石头盲沟组成的排水系统等大型遗迹。其中沙土广场分布于莫角山中部，面积约 7 万余平方米，是莫角山上举行重要仪式的场所。以往笼统地称莫角山为宫殿区，参照世界早期文明的相关成果，莫角山作为仪式中心可能性会更大些，其中大莫角山、小莫角山和乌龟山可能是仪式中心内的三处神庙建筑基址。

（二）城址核心区

城址核心区面积约 110 万平方米。莫角山土台以南是面积达 24 万平方米的皇坟山遗址，堆筑厚度达 8 ～ 10 米，皇坟山的最高处为八亩山台基，堆筑厚度达 16.5 米。这座台基与大莫角山台基南北相对，面积相当，推测是另一处重要的宫殿台基或神庙建筑基址。在皇坟山与莫角山之间，有人工堆筑的台地相通，由此可知，古城中部为由莫角山和皇坟山等构成的宫庙群。

莫角山南部、皇坟山和桑树头之间分布有池中寺台地和毛坞垄台地。池中寺台地面积约 1.2 万平方米，发现大面积的炭化稻谷堆积，内含近 20 万公斤的炭化稻谷，说明池中寺或其周边分布有大面积的粮仓建筑。此外，通过对池中寺台地外围的勘探，确认在池中寺东部，皇坟山和毛坞垄、莫角山宫殿区之间存在一条人工营建的堤道。该堤道既是沟通皇坟山、池中寺、毛坞垄和莫角山的通道，同时通过堤道的拦蓄，在莫角山、皇坟山和池中寺之间形成一处面积约 3.4 万平方米的大型蓄水池，推测是城内宫庙区的重要水源地。

2019 年对莫角山宫殿区北部的高北山台地进行长探沟发掘，发现台地上分布有东西成排的 3 座房屋台基，每座房屋台基面积约 100 平方米，同时在高北山台地北侧及东侧发现大面积夯筑的沙土广场。莫角山北部的高北山、毛竹山等台地可能是较低一级的行政和仪式建筑基址。

莫角山、池中寺和皇坟山以西在建城前就是地势较高的南北向土岗，良渚先民依托土岗堆土加高后，自北向南埋设了反山、姜家山和桑树头等王陵及贵族墓地。如此，形成了宫庙在城址中部，高等级墓地在城址西部的格局。

反山墓地清理出土 11 座随葬大量玉器的良渚文化高等级墓葬，其中 9 座属良渚文化早期，M12 出土玉器种类、数量最为丰富，墓主可能是良渚王国的一位王者。反山墓地目前仍是等级最高的良渚文化墓地。

瑶山祭坛及权贵墓地

反山墓葬整体照

反山墓地发掘工作场景

反山M12

2016年小莫角山

北城墙

反山墓地以南为姜家山遗址，是一处依托自然山体人工堆筑的大型土台，经勘探，台地平面大致呈长方形，面积约 50000 平方米，姜家山遗址西坡发现一处高等级贵族墓地，大部分墓葬与反山墓地偏晚阶段年代相当。其中姜家山最高等级的男性墓 M1，出土器物 65 件（组），以单件计 175 件，出土玉琮、玉璧等玉器。

姜家山墓地以南为桑树头遗址，早年曾有村民在此发现玉璧等玉器，可能也为一处良渚文化贵族墓地。

（三）内城

良渚古城略呈圆角长方形，正南北方向，古城南北长 1910、东西宽 1770 米，总面积近 300 万平方米。利用凤山、雉山两座自然山丘为西南角与东北角，城墙总长约 6 千米，宽约 20 ～ 150 米，保存最好的地段高约 4 米。城墙底部普遍铺垫了一层厚约 20 ～ 40 厘米的石块作为基础，可起到加固基础的作用，墙体则以取自山上的黄土夯筑。除南城墙无外城河外，其余三面城墙均有内外城河。目前共勘探发现 8 座水城门，四面城墙各有 2 座，南城墙中部还设计了一座陆城门。除了沿着城墙的城河之外，在城内共发现古河道 51 条，构成完整的纵横交错的水路交通系统。2018 ～ 2019 年，对城内外的台地进行了长探沟发掘和试掘，在城内外发现十余处作坊遗址，发现制作玉器、石器相关的成品半成品和加工玉石器的磨石、燧石，说明城内外的手工业生产活动相当发达。

（四）外城

在良渚古城的外围，分布着扁担山-和尚地、里山-郑村、卞家山-迎乡塘及东杨家村、西杨家村等长条形高地，均为人工堆筑而成，宽约 30 ～ 60、人工堆筑高约 1 ～ 3 米，这些长条形遗址断续相接，构成多个围绕古城城墙分布的框形结构，基本形成外城的形态，合围面积近

8 平方千米。在这些遗址和城墙之间还分布着美人地、钟家村、周村等居住地。外城的存在显示当时在古城外围一定范围内是经过规划的居住区、墓地和手工业作坊区，是良渚古城的整体组成部分，部分台地始建于良渚早期，但大部分建筑和使用年代为良渚文化晚期。

（五）水利系统

近年来经过调查和试掘，已确认在良渚古城的西北部和北部存在一个更大范围的治水体系，已发现十一条堤坝遗址，主要修筑于两山之间的谷口位置，可分为南北两组坝群，分别为塘山、狮子山、鲤鱼山、官山、梧桐弄等组成的南边的低水坝群，及由岗公岭、老虎岭、周家畈、秋坞、石坞、蜜蜂垄组成的北边的高水坝群，分别构成前后两道防护体系。整个水利系统将在良渚古城北部和西北部形成面积约 13 平方千米的储水面，蓄水量将达到 4600 余万立方米。其中古城北部沿山分布的塘山长堤，总长达 5 千米，宽 20 ～ 50、相对高约 2 ～ 7 米，距大遮山山脚约 100 ～ 200 米，坝顶海拔约 12 ～ 20 米，塘山中段的坝体具有双层结构，双层坝体中间形成东西向渠道，北坝略高，海拔 15 ～ 20 米，南坝略低，海拔约 12 ～ 15 米，渠道底部海拔 7 ～ 8 米。古城西部的狮子山、鲤鱼山、官山、梧桐弄等水坝长 35 ～ 360 米，宽约 100 米，坝顶海拔约 10 米，堆筑厚约 10 米，处于塘山向西南的延伸线上。岗公岭等高水坝位于古城西北部约 8 ～ 11 千米处，坝体长约 50 ～ 200、宽约 100 米，堆筑高约 10 ～ 15 米，可形成两组库区，其中岗公岭、老虎岭、周家畈坝顶海拔约 25 ～ 30 米，秋坞、石坞、蜜蜂垄坝顶海拔为 35 ～ 40 米。岗公岭等坝体的堆筑方式与莫角山较为接近，下部为青灰土，上部为纯净的黄色黏土。整个水坝系统人工堆筑土方量达 288 万立方米，仅塘山长堤堆筑土方量就达 198 万立方米。

整个水坝系统通过自然山体将多段坝体组合而成，从堆筑结构的角度看，塘山底部铺石，上部堆土的模式和良渚古城城墙是一致的。岗公岭、蜜蜂垄等大型坝体，采用内芯以淤泥堆筑、外部包裹黄土的模式，和莫角山土台的堆筑如出一辙。工艺的角度看，岗公岭、秋坞、梧桐弄、狮子山等都使用草裹淤泥工艺堆筑。从大的角度观察，推测这个系统可能兼有防洪、运输、用水、灌溉等诸方面的用途。

（六）祭坛墓地

良渚古城的外围还分布着瑶山、汇观山等祭坛遗址和权贵墓地。瑶山是一座海拔约35米的自然山丘，位于良渚古城东北约5千米。1987年在瑶山的顶上第一次发现了良渚文化的祭坛，祭坛的西边和北边是覆斗状的石头护坡，祭坛顶部平整，在顶上以挖沟填筑的方式，做出规则的回字形灰土框，由内而外形成红土台、灰土框和砾石台面三重结构，祭坛上共清理打破祭坛的13座良渚大墓，分两排埋在祭坛的南侧。汇观山位于良渚古城西边约2千米，是一座海拔约22米的自然小山，发掘出一座形制与瑶山十分相似的祭坛，在祭坛的西南部发现清理了4座良渚文化大墓。对瑶山、汇观山两处人工营建的祭坛的性质，经过观察研究，推测其功能是观象测年，可通过观测确定一个回归年的周期。

（七）郊区聚落

良渚古城8平方千米城址区之外、100平方千米城市系统范围以内还分布着广阔的郊区。郊区聚落主要分布在古城的东部、北部和南部，根据测绘信息，可知良渚古城的郊区聚落（塘山以东、大遮山大雄山之间）总面积超过40平方千米，是遗址分布最为密集的区域。近年来良渚古城城内核心区勘探结束之后，继续对古城以东的郊区聚落进行了大规模全覆盖式勘探，发现郊区聚落的遗址分布密度远远超出原

反山出土玉琮王（M12∶98）上的神徽

反山出土玉琮王（M12∶98）

先调查的认识。同时，在原先调查认为没有遗址或遗址分布较稀疏的地方也陆续发现了更多遗址。

无论从其宏大的规模，还是从城市体系的复杂性及其建筑的工程量等而言，良渚古城都不亚于同时期的古埃及、苏美尔和哈拉帕文明；高等级的墓葬与玉礼器的发现也证实良渚时期甚至已经出现了统一的神灵信仰和森严的社会等级分化。良渚遗址是同时期东亚地区规模最大的都邑性遗址，规模宏大、要素齐全，被誉为中华第一城和东亚最早的国家社会，并于2019年7月6日列入世界遗产名录，成为我国第55处世界遗产，填补了我国无新石器时代和早期文明时代世界文化遗产的缺憾。

反山出土玉权杖瑁（M12：103）

反山出土玉钺王（M12：100）及配伍的端饰

反山M20出土部分玉璧

葡萄畈出土的兽面纹

卞家山出土彩绘漆器

卞家山出土漆觚细部（G1②：237）

良渚博物院藏刻符圈足罐

安徽含山凌家滩遗址

新石器时代

历年主要发掘单位：安徽省文物考古研究所、含山县文物管理所、含山县凌家滩遗址管理处

历任发掘领队及主持发掘者、主要参与发掘人员：张敬国、吴卫红、张小雷、蒋楠、靳永年、贾庆元、胡欣民、何长风、祁述义、刘锋、程京安、杨竹英、郑宏、石建城、徐红霞、刘松林、方晓晓等

凌家滩遗址位于安徽省马鞍山市含山县铜闸镇长岗村，西北距巢湖、东距长江均 25 千米。遗址北望太湖山，南临裕溪河，坐落于太湖山向南延伸的十里长岗的南端及两侧平地上，海拔 6～25 米。是一处距今 5800～5300 年的新石器时代中心聚落遗址，总面积约 140 万平方米。

遗址于 1985 年发现，先后于 1987、1998、2000、2007、2013～2017、2020、2021 年共历经 12 次发掘，总发掘面积约 6000 平方米。发现祭坛 1 处、墓葬 70 座、环壕 2 条、大型红烧土遗迹 1 处；出土文物 3000 多件，其中玉石器等珍贵文物 1200 多件。

遗址布局有着明显的规划，根据目前的考古工作情况可以认为：遗址主要生活区、大型墓葬区各自独立，有内、外两条壕沟。内壕与

凌家滩遗址全景

2014年内壕沟北段解剖全景

裕溪河形成一个封闭的空间，平面呈梯形，全长 2000 余米，宽 8～30 米，内壕以内是主要的生活区，面积近 50 万平方米，属于典型的沿河而居的形态。在内壕中部岗地的东南角，分布着一片面积达 3000 平方米的大型红烧土遗迹。外壕仅有西段和北段西部。内壕以北为大型墓葬区，处在岗地的最高点，以一处略呈方形的祭坛为核心，祭坛用黄土、石子、石块分层建成。在祭坛之上和周边，分布着数十座墓葬，其中级别较高的大墓主要分布于祭坛南侧一线，随葬品以玉石器为主，比较有代表性的玉器有人、龟、版、鹰、龙等。尤其以 07M23 为代表，出土玉器 210 余件、石器 90 余件、陶器 20 余件，堪称"王者之墓"，应该是当时的最高权贵或巫师一类的人物。凌家滩手工业、农业比较发达，玉石器制造已出现切割、琢磨、钻孔、抛光等一整套技术，基本具备了后世玉器制造的绝大多数技术。水稻生产也较为发达。

2013年石头圩生活区发掘区现场

07M23腰部三个玉龟形器

凌家滩是中国史前制玉的第一个高峰，与红山、良渚并列为中国史前三大玉器中心，而其年代略早于良渚文化，且对环太湖地区良渚文化玉器系统的形成产生过重要影响，出土的玉龙、玉鹰、玉人等玉器代表了当时中国制玉技术的最高水准，带有八角星图案的玉版包含的文化意义极其重要，体现了远古文化非同一般的发达。

　　凌家滩是整个长江中下游地区同时期最大的超大型聚落。凌家滩的考古实践也是中国

文明起源探索和考古学发展的一个缩影，经过 30 余年的考古工作和研究，可知凌家滩遗址有着明显的规划和布局，以环壕为代表的大型防卫工程，彰显了一定的社会组织能力。大型祭坛和集中埋葬的显贵墓葬和平民墓葬，体现了社会明显的等级划分和天人沟通等宗教的需求。

　　凌家滩是探索多元一体中华文明起源和形成的重要节点。由于凌家滩遗址所显现的高度发达

07M23墓主身体上方放一组玉石钺等

07M23棺底铺玉石器（铺于棺底之上）的石锛排列

景象在同时期史前文化中具有明显的超前性，孕育的若干文明因素也不可否认，2009 年以来，凌家滩作为区域中心性遗址，先后被纳入中华文明探源研究课题中，并将其作为中华文明起源和早期发展重要的时间、文化节点，旨在通过对凌家滩及所在裕溪河流域的聚落形态研究，结合玉石器的综合研究，探讨凌家滩聚落产生、发展、衰亡的过程和原因，从更为宏观的角度审视其在中华文明形成中的作用。凌家滩文化所反映的不仅仅是它发达的玉器文化，它的重要性更应该是对中国文明产生的促进作用。凌家滩文化和相近时代的其他文化已为中国文明起源打下了良好的基础，孕育了中国古代文明的多种特征，而凌家滩文化更由于其年代较早和内涵丰富，成为促进中国文明诞生的先行者之一，在中华文明起源和形成过程中具有标志性地位，是中华五千多年文明的重要起源地之一。

玉鹰

站姿玉人

蹲（坐）玉人

玉龙

双虎首玉璜

玉石猪

兔形玉饰

双联玉环

玉版

玉龟

玉钺

玉勺

福建闽侯昙石山遗址

🖐 新石器时代

🔖 历年主要发掘单位：华东文物工作队、福建文管会、厦门大学、福建省博物馆（福建博物院）、福建省昙石山遗址博物馆等

历任发掘领队及主持发掘者、主要参与发掘人员：尹焕章、宋伯胤、林钊、曾凡、吕荣芳、叶文程、陈存洗、陈龙、林恭务等

昙石山遗址位于闽江北岸闽侯县甘蔗街道昙石村旁的小山上，1954年村民修堤取土时发现。

昙石山遗址是中华人民共和国成立后福建省发现最早，开展研究最多，积累资料最为丰富，也是唯一经过多次考古发掘的一处史前人类文化遗址，现存遗址面积2万余平方米。截至2009年先后进行10次正式科学的考古发掘，发掘面积达2000余平方米，先后发现了壕沟、灰坑、祭祀坑、陶窑、灶、柱洞等大批生产和生活遗迹，还发现了200多座墓葬，出土了包括石器、骨器、角器、牙器、贝器、陶器、玉器和原始瓷器在内的种类丰富、数量可观的文化遗物，具有很高的考古研究价值。2001年被国务院核定公布为第五批全国重点文物保护单位。

经过半个多世纪的考古发掘，该遗址共出土各种陶器、石器、骨角器、贝器、玉器等重要文物数千件，此外，还有大量新石器时代至商周时期的墓葬、灰坑、陶窑、灶等重要遗迹以及陶片、贝壳及动物遗骸标本等，综合这些文化遗迹和遗物等考古资料，反映出该遗址具有丰富的文化内涵和鲜明的地域海洋性文化特色。1963年，考古学家将以昙石山遗址为代表的福建地区新石器时代文化命名为"昙石山文化"，这也是我国东南沿海地区最早被命名、最具代表性的新石器时代晚期考古学文化之一，在群星璀璨的中国新石器时代考古学文化中占有重

1954年第一次考古发掘

1960年第三次考古发掘

1963年第五次考古发掘

1996年第八次考古发掘

2004年第九次考古发掘

2009年第十次考古发掘

要一席、与西安半坡文化、浙江河姆渡文化、良渚文化等一样被载入史册，影响广泛而深远。随着考古研究的不断深入，越来越多的证据表明：昙石山就是先秦闽族的发源地，是孕育和诞生福建古文明的摇篮，福建海洋文化从这里开始，华夏文明的曙光就是从这里照亮了"八闽"大地。从此，福建文明的历史由三千年跨越到了五千年，先前不为人知的"闽族文化"也因此被逐步揭开。昙石山遗址的发现对研究史前海峡两岸文化交流、史前航海术、闽台古文化渊源以及南岛语族的起源等都尤为关键，具有重要的历史、科学、艺术和社会价值。

陶塔式壶

陶釜

玉玦

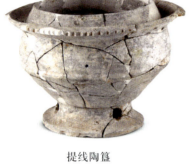

提线陶簋

有肩石斧

彩陶罐

贝铲

骨镞

绿釉双耳罐

贝刀

江西万年仙人洞、吊桶环遗址

新石器时代

历年主要发掘单位：江西省文物管理委员会、江西省博物馆、中美农业考古队（由北京大学考古系、江西省文物考古研究所、美国安德沃考古基金会组成）等

历任发掘领队及主持发掘者、主要参与发掘人员：刘玲、李家和、陈文华、彭适凡、严文明、马尼士、李水城、张弛、夏正楷、刘诗中、周广明、唐舒龙、王炳万、赵志军、Geoffrey Cunnar 等

1962 年调查发现，同年江西省文物管理委员会进行第一次发掘，发掘面积 28 平方米，获得人工制品 300 余件，并发现烧火堆 12 处，人头骨 3 个，股骨 4 根，以及大量的动物骨骼等。1964 年，江西省博物馆考古队进行第二次发掘，发掘面积 41 平方米，获文化遗物 600 余件，烧火堆 10 处，灰坑 3 个，人类头骨 1 个，动物骨骼约 6000 块。1993 年，由中国北京大学考古系、江西省文物考古研究所、美国安德沃考古基金会组成中美农业考古队，先后进行三次田野发掘（1993、1995、1999 年）。其中，前两次发掘均由中美双方人员共同进行，第三次由中方单独实施。这三次发掘出土遗物十分丰富，人工制品中的陶片 496 件、石器 543 件、骨器 204

仙人洞遗址

仙人洞遗址早期陶片出土状况

仙人洞遗址西区地层稻作植硅石分布示意图

中方队长严文明教授（左二）在工地指导发掘

仙人洞遗址西区发掘时取样

件、蚌器 67 件，自然遗物中兽骨 94890 件、蚌壳 227 件、螺壳 1019 件，另有人骨 8 件。

　　仙人洞和吊桶环遗址是一处罕见的世界级洞穴遗址，年代距今约 20000 ～ 9000 年，揭示了人类由旧石器时代末期向新石器时代早期过渡的这一重要历史历程，在探索中国乃至世界文明起源问题上有着不可忽视的重要地位。考古发掘揭示了从旧石器时代晚期至新石器时代早期完整而清晰的地层堆积，这是目前所见中国旧石器时代末期向新石器时代早期过渡地层关系最为清晰的地点。发现了世界上最早的陶器和栽培稻植硅体，揭示了人类社会由旧石器时代的攫取经济过渡到了以原始农业和畜牧业生产经济为主的新石器时代。这是人类历史上第一次革命——"新石器革命"。2001 年 6 月被国务院公布为全国重点文物保护单位。

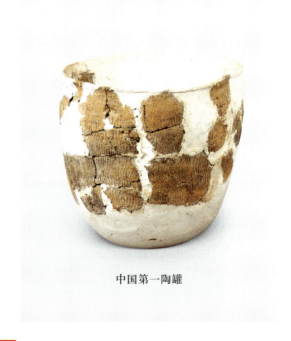

中国第一陶罐

磨制钻孔石器组合图

仙人洞出土的石磨盘 　　骨鱼镖　　骨针　　骨针

单孔蚌器　　　　双孔蚌器　　　　鹿角铲

山东泰安大汶口遗址

新石器时代

历年主要发掘单位：山东省文物管理处、山东博物馆、山东省文物考古研究所（院）、济南市博物馆、泰安市岱岳区文化和旅游局等

历任发掘领队及主持发掘者、主要参与发掘人员：杨子范、殷汝章、刘锡曾、陈晶、于中航、张学海、郑笑梅、张江凯、吴诗池、孙波、高明奎、崔圣宽、朱超、梅圆圆、吕凯等

大汶口遗址位于山东省泰安市岱岳区大汶口镇南端的卫驾庄和宁阳县堡头村之间，平面略呈圆角长方形，大汶河从中部自东向西穿过，将遗址分为南北两部分，北岸面积约25万平方米，南岸约20万平方米。总体地势北高南低，北岸高出南岸约2米。遗址延续时间较长，历经整个大汶口文化发展的全部阶段，文化内涵特别丰富，还包括北辛文化晚期、龙山文化中期两个阶段的文化遗存。

1959年在汶河南岸宁阳堡头村村西进行首次发掘，发现一处大汶口中晚期完整墓地，清理133座墓葬，出土了极为丰富的具有代表性的随葬器物。这批墓葬的规模大小、随葬品的多寡和质量水平相当悬殊，从总的数量来考察，少的只有一两件简陋的器物，随葬品多的五六十件，甚至多达180余件，而且品种复杂，制作

2012年文明探源会议现场参观

1959年发掘区

1978年发掘区

1959年清理大汶口晚期大型墓M10

玉钺

红陶兽形鬶

2016年清理大汶口早期房址F11

石磨盘与石磨棒

精致，往往采用贵重质料，其中不乏高规格的陶器、玉器、象牙器等具有礼器性质的随葬品。例如 M10，死者不仅随葬 80 余件陶器，其中包括精美的黑陶和白陶，而且配有象牙梳、象牙雕筒、玉质的臂环、指环，以及成串大理石、绿松石支撑的头饰和颈饰。1974 年在卫驾庄南紧靠汶河北岸一带进行了第二次发掘，出土一批年代较《大汶口》报告早的房基、灰坑、墓葬等遗迹，以及丰富的陶、石、骨牙器等遗物，进一步丰富了遗址中的早期大汶口文化和更早一些的文化遗存，为探索大汶口文化的渊源及谱系的研究提供了一批新资料。1978 年春、秋两季进行了第三次发掘，发掘工作是在泰兖公路汶河桥北端引桥的东西两侧进行的，与 1974 年发掘区的诸探方相连接。

2009 年，为配合大汶口遗址保护规划的制定，山东省文物考古研究所对大汶口遗址进行了全面的考古勘探，基本摸清了大汶口遗址的规模和文化堆积的分布状况，对于聚落布局也有了初步认识：遗址位于大汶河两岸，沿河两岸的西部和中部偏西墓葬较多，可能属于墓地；河南岸墓地的西南两侧和北岸中西部区域都有成片的居址分布，其中个别区域有大量红烧土集中；还有一些成片的洼地，应该属于聚落中的水面。整体看来，北岸遗存多属北辛文化晚期、大汶口文化早期，南岸则为大汶口中晚期。结合 2013 年进行的地质调查可知，遗址这样的隔河而峙的形态，是人类选址的结果，并不是河流分割了遗址。

2012 ～ 2017 年，为配合大汶口国家考古遗址公园的建设，山东省文物考古研究所连续六年对大汶口遗址进行考古发掘，发掘位置选取汶河北岸、泰曲公路东侧的红烧土分布密集区，发掘面积近 3400 平方米，揭露出一片较完整的大汶口文化早期阶段的居住区，这片居址位于最上层，基本上属于一次集体性的建筑行

为。房址分布密集而规律，处于西南角 F11 面积约 30 平方米，建筑考究，与其他小房址形成明显反差，这种反差与早年发掘的墓葬反映出的反差恰成呼应，证明大汶口遗址代表了海岱地区社会复杂化的最早开端。

2015 年冬、2017 年春，对大汶口遗址周边区域开展了区域系统调查工作，遗址周边约 120 平方千米的范围内发现大汶口文化遗址 1 处、龙山文化遗址 2 处、岳石文化遗址 1 处、西周遗址 1 处、东周至汉代遗址 10 处。调查结果显示大汶口遗址作为中心聚落，周围可能存在一定范围的遗址空白区。

2018 年，对大汶口遗址大汶河两岸地区进行环境考古调查，遗址西侧约 300 米处发现一处含有大汶口文化层的剖面，勘探后得知该小型遗址被淤砂所埋，面积不到 2 万平方米，并未与大汶口遗址主体堆积相连，文化层堆积较薄，人类活动迹象不明显。根据对采集样品的土壤微形态观察结合调查收获得到以下几点认识：一是大汶口文化时期聚落在雨季容易受洪水威胁；二是大汶口文化时期人类曾开发过大汶口遗址公园西侧的剖面所在区域；三是大汶口文化时期食物生产与觅食行为并存的生计方式，是人类适应聚落周围环境的结果。

大汶口遗址是大汶口文化的命名地。大汶口遗址的发掘成果为研究史前社会复杂化和文明起源问题开辟了道路并提供重要依据。1959 年发掘的大汶口文化中晚期墓地，规模极大的墓葬和异常丰富的随葬品引起轰动，墓地中表现出的强烈贫富分化差距，当时便引起了学界对史前社会性质的广泛讨论，开辟了我国探索文明起源的道路。此后发掘又补充了大汶口文化早期墓葬的材料，特别是近些年对大汶口早期居址的揭露，进一步丰富了对大汶口文化社会复杂化的认知。大汶口遗址表现出的社会分化迹象从早期便已显现，墓葬之间存在明显差

异，尤其还出现了个别随葬品丰富的大型墓葬，居址区也显示出不平等的迹象。到中晚期社会分化明显加剧，随葬品丰厚的大型墓葬中通常出有玉石钺、玉石饰件、骨牙雕筒、象牙器、白陶、彩陶等象征权力和地位的高等级物品。

大汶口遗址前后延续的文化发展序列实证了海岱地区史前文化谱系的清晰脉络。大汶口遗址内涵丰富，延续时间长久，文化序列完整。1959年的首次发掘为山东龙山文化的本地来源找到线索，此后的发掘不仅从地层关系和出土遗物上找到了大汶口文化承袭自北辛文化的明确证据，并且将大汶口文化早、中、晚三期的文化面貌进行完整补充，为构建并完善海岱地区史前考古学文化谱系提供了重要的材料支撑。

彩陶豆　　　　　　　　　　　彩陶壶

彩陶背壶　　　　　　　　　　彩陶鼓

陶鼎　　　　　　　　　　　　彩陶釜

山东章丘城子崖遗址

 新石器时代

历年主要发掘单位：山东古迹研究会、山东省文物考古研究所（院）、北京大学考古文博学院等

遗址发现者、历任发掘领队及主持发掘者、主要参与发掘人员：傅斯年、李济、吴金鼎、梁思永、董作宾、郭宝钧、王献唐、张学海、赵辉、孙波、朱超、佟佩华、何德亮、靳桂云、魏成敏、孙淮生等

城子崖遗址是龙山文化发现和命名地，1928 年 4 月，吴金鼎在山东省历城县龙山镇发现了城子崖遗址。遗址自发现至今经历了三个阶段的发掘。

20 世纪 30 年代第一阶段的发掘是由中国考古学家独自发现、独立组织，采用一套科学的记录方法，带有明确学术目的进行的考古发掘，1934 年出版的《城子崖》报告作为"中国考古报告集第一种"，揭示出一个全新的考古学文化——龙山文化，对认识中国新石器时期考古学文化面貌有重大推动作用。这次发掘不但替中国文化原始问题的探讨找了一个新的端绪，田野考古的工作也因此得了一个可循的轨道。

1989 年夏，山东省文物考古研究所对城子崖遗址进行网格式普探，探得遗址下层普遍存在龙山文化堆积，堆积范围也比较明确。1990

1990年城子崖西城墙发掘现场

龙山文化南城垣剖面

岳石文化早期城墙剖面

岳石文化早期城墙夯窝

1990年岳石文化西城垣内侧夹板痕迹

岳石文化晚期城垣顶部内侧"包夯"结构

岳石文化晚期城址北门址全景

岳石文化晚期城墙夯窝

年年初发掘正式开始，首先对编号为 C1～C4 的老探沟进行了复掘，并于老探沟东侧 1 米处开挖新探沟进行对比，发掘揭示了原先所说的黑陶期城址实际上是岳石文化城址，而且又在岳石城下新发现了龙山文化夯土城墙，修正了 20 世纪 30 年代黑陶期城址年代为龙山文化的判断。这次工作主要是对各期城墙结构、形制及工艺技术有了全面了解，除了龙山城墙之外，在对岳石文化城墙解剖后发现了基槽和版筑痕迹，这使人们首次对岳石文化筑城技术有了深刻认识。同时，在西墙中部岳石文化城墙内侧又发现了春秋城墙。这样，遗址多个方位都有龙山文化、岳石文化、周代城垣互相叠压的现象，确认了城子崖遗址是由龙山文化、岳石文化和周代三期址重叠而成。龙山文化城址具有早期城市的雏形，说明它已经成为一个权力、经济、文化的中心，具备早期方国的特征。

2010 年 12 月～2011 年 1 月，山东省文物考古研究院以城子崖为中心，在 100 平方千米范围进行了考古调查，发现后李文化、大汶口文化、龙山文化、岳石文化、商、西周、东周、汉、唐宋等 9 个阶段遗址 49 处，其中与课题相关的发现中，大汶口文化遗址 6 处，龙山文化遗址 11 处，岳石文化遗址 8 处，商代遗址 4 处。过去依据早年普查资料，认为围绕城子崖遗址的核心区域存在一定范围的遗址空白区。经调查，所谓龙山文化阶段城子崖遗址核心区域"空壳化"的论断不能成立。从龙山文化到岳石文化阶段，城子崖所在地区聚落数量差别远小于桐林遗址、鲁东南沿海等地区，反映了本地区在这个转折时期虽然经历了一些变动，但社会过渡体现了更强的稳定性。从岳石文化到商代聚落数量变化幅度还是相当大的，可能反映本地区首次融入中原王朝体系的过程并不顺利，经历了相当程度上的震荡。

2013 年 10 月～2019 年 3 月进行了新一轮的考古发掘，对城子崖遗址各个时期文化堆积情况有了新的认识。龙山文化早期为环壕聚落，环壕在遗址北部围出来一块约 3 万平方米的封闭区域，环壕内部正是龙山文化早期堆积最为丰富的区域。中期开始在遗址边缘修筑城墙，城墙为夯筑而成。龙山文化堆积主要集中于城内北半部，发现有墓葬、灰坑、窖穴、房基垫土和基槽柱洞、井、沟等。岳石文化时期发现早晚两期城圈，其中早期城圈打破龙山城墙和城壕，晚期城圈位于龙山城墙内侧，与外侧城圈相隔约十米。两期城圈在筑城技术上前后传承性较强，均发现明显的定期维护痕迹，但城墙形态发生了明显的变化，晚期城垣在结构上更加复杂与成熟，城垣与壕沟的结合方式由城壕相连变为城壕分离，这个变化代表着城址防御模式的进步。

城子崖是目前岳石文化唯一能确定大型城址存在的遗址，早晚两期城址的确定，更加突出了城子崖遗址在岳石文化阶段的重要性，特别是岳石晚期"一门三道"城门结构的出现，是社会结构分化后礼仪制度在城址结构上的政治表现，为研究岳石文化社会结构、组织形式及礼制发展提供了新的视角。城子崖岳石文化城址的发现，填补了我国城市考古的空白，为研究中国文明的起源、中国城市发展及夷夏关系提供了重要材料。

岳石文化双孔石刀

龙山文化鸟首形足陶鼎

龙山文化白陶鬶

龙山文化磨光黑陶圈足盘

龙山文化黑陶壶

龙山文化灰陶双系瓮

龙山文化黑陶大器盖

岳石文化陶鼎

岳石文化深腹罐

岳石文化卜骨

河南舞阳贾湖遗址

🔖 新石器时代

📕 **历年主要发掘单位：** 河南省文物考古研究院、中国科学技术大学科技史与科技考古系、舞阳县博物馆

历任发掘领队及主持发掘者、主要参与发掘人员：郭天锁、裴明相、张居中、陈嘉翔、王良启、杨振威、贾州杰、宋豫秦、张国硕、王胜利、魏兴涛、潘伟斌、秦颖、蓝万里、杨玉璋等

贾湖遗址位于河南省舞阳县北舞渡镇西南1.5千米的贾湖村，发现于20世纪60年代初，保护区面积5.5万平方米，是一处规模较大、保存完整、文化积淀丰富的新石器时代中期重要遗址。

贾湖遗址经过八次发掘，共发掘面积3000余平方米，发现居住址遗迹包括62座房址、445座灰坑、13座陶窑、零星的灶坑以及若干处小坑和柱洞等；在3个地方发现壕沟遗迹，整体面貌还有待进一步的考古工作揭示；兽坑遗迹包括专门的葬兽坑14个，这些兽坑或位于墓地之中和墓地的边缘地带，或位于居址之中和房基旁边，疑与祭祀活动有关；墓葬遗迹包括墓葬542座、瓮棺葬32座。出土陶石骨角牙各类器物6000余件，文化内涵丰富。贾湖遗址出土了迄今所知世界上最早的可吹奏管

2013年发掘区

乐器——骨笛，已具备四声、五声、六声和七声音阶，并出现了平均律和纯律的萌芽。它的发现对研究中国音乐的起源、重新认识中国音乐发展史和新石器时代的音乐状况具有重要意义。贾湖遗址出土的叉形骨器、骨笛、内装石子的龟甲、契刻符号等，为研究当时原始宗教的自然崇拜、巫术仪式和卜祝以及汉字起源等诸多方面提供了重要的实物依据。贾湖遗址的出土器物反映了贾湖人在制陶、制石、制骨和酿酒等工艺技术方面已达到比较成熟和完善的程度，在我国科技史研究上具有重要价值。其中出土最早的陶鼎及明器鼎罐壶的组合，可能是东亚礼制的萌芽；个别墓葬出土的绿松石瞑目，为我国玉敛葬俗的滥觞；陶器壁残留物的分析表明了贾湖当时存在有经发酵而成的酒精饮料，成分包括稻米、蜂蜜、葡萄属、山楂等，可以称为迄今我国发现最早的酒。贾湖遗址发现的丰富的原始稻作遗存表明，早在9000年前淮河上游地区的贾湖先民，已经开始了古稻的栽培。这对稻作农业起源研究具有重要理论意义。贾湖遗址出土我国最早的家猪遗存，同时还出现了最早的殉狗现象，是东亚地区最早的家畜驯养行为。对于遗址中出土的鱼类骨骼的研究表明，贾湖先民消费的鱼，年龄相对集中，结合渔网坠工具的出土，当时贾湖遗址存在对鱼类集中捕捞的行为，可能是水产养殖业的初期形态。

贾湖遗址是距今约9000～7500年的新石器时代中期聚落遗址，是河南省新石器时代中期文化遗存中保存最好、面积最大、文化面貌最为丰富的遗址，具有中心聚落性质，对研究当时的聚落形态、考古学文化发展序列、农业尤其是稻作起源、家畜起源、世界音乐史、汉字起源等学术课题具有重要价值。

贾湖遗址是淮河流域迄今所知文化内涵极为丰富的新石器时代中期文化遗存，提供了连

房址2013F5

灰坑2013H18

墓葬2013M59

接黄河中游至长江中游之间新石器文化关系的一个连接点。遗址的发掘为研究当时社会的经济、技术、文化、艺术和社会发展状况提供了不可多得的实物资料。贾湖先民创造的灿烂文化，是东亚地区万年以来第一座历史丰碑和文化高峰，与同时期西亚两河流域的远古文化相映生辉。

石磨盘与石磨棒

绿松石饰品

盆形鼎　　　　　三足钵　　　　　圆腹壶

折肩壶　　　　　带流壶　　　　　罐形壶

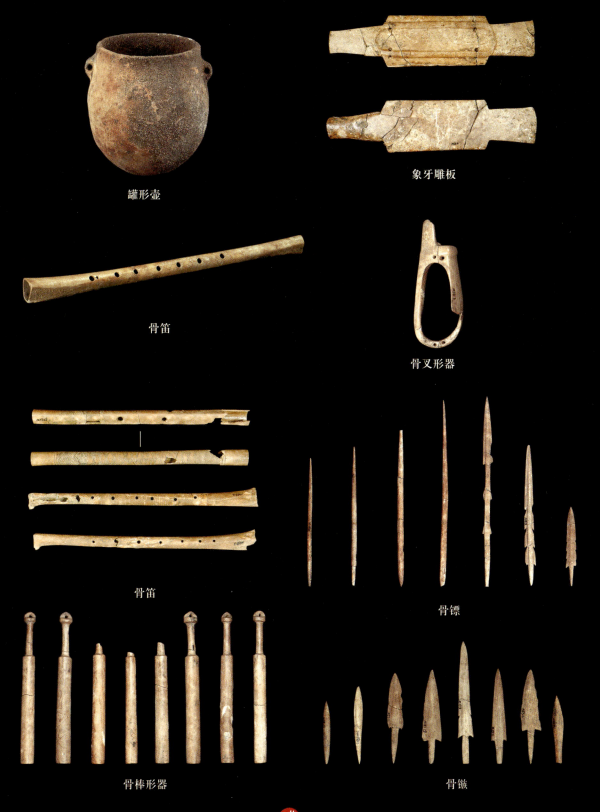

罐形壶

象牙雕板

骨笛

骨叉形器

骨笛

骨镖

骨棒形器

骨镞

河南新郑裴李岗遗址

新石器时代

历年主要发掘单位：开封地区文物管理委员会、新郑县文物管理委员会、郑州大学历史系、中国社会科学院考古研究所、郑州市文物考古研究院、新郑市文化广电旅游体育局等

历任发掘领队及主持发掘者、主要参与发掘人员：崔耕、赵世纲、李友谋、薛文灿、郑乃武、任万明、王吉怀、陈星灿、李永强、顾万发、黄富成、胡亚毅等

裴李岗遗址位于河南省新郑市西 7.5 千米裴李岗村西南，面积约 6 万平方米，在遗址西、南侧双洎河自北向南折东流。裴李岗文化因最先在新郑裴李岗被发现与发掘而得以命名。

1977、1978、1979 年连续进行了三次考古发掘，2018 年以来开启第四次发掘。总发掘面积达 4000 余平方米，发现裴李岗文化遗迹有灰坑、窑址、墓葬、灰沟等，出土了数量众多的石器、陶器、骨器，另有少量石片石器、兽骨、红烧土、烘烤木骨泥墙残块、梅核、酸枣核、核桃壳等物。遗址东部聚落遗存较丰富，文化层厚 1～2 米；中、西部为公共墓地，埋葬密集，均为长方形土坑竖穴墓；西部旧石器晚期遗存丰富。

裴李岗文化灰坑分布较分散，从其灰坑的结构看，以不规则的圆形坑为主，椭圆形次之，圆角长方形坑极少。坑口大于坑底，斜直壁，底近平。陶窑发现 1 座，由窑室、火道、烟道孔等部分组成。墓葬已发掘 116 座，均在公共墓地内。墓坑排列有序，均为南北向的长方形竖穴土坑墓，无葬具。由于使用时间长，墓葬埋藏深浅不一，打破关系较复杂，上部分布密集，下部较稀疏。墓一般长 2、最长 2.7、最短者仅 1.2 米。宽 0.48～0.80、最宽 2.10 米。墓坑深 0.20～0.50、最深 1.35 米。除 1 座双人一

裴李岗遗址

裴李岗遗址远景

次葬外，其余均为单人仰身直肢葬。人骨保存不佳，除4座无随葬品外，其余均有随葬品，一般2～5件，最多的达24件，最少的只有1件。随葬品以陶器为主，常见的有小口双耳壶、三足钵、侈沿束颈深腹罐，也见有鼎、碗、钵、圈足壶、三足壶。石器主要有铲、镰、石磨盘和石磨棒。另外，少数墓内有石斧，个别墓内有绿松石、石珠和骨笄。

出土遗物有生产工具，以石质为主，还有少数骨质和陶质工具。石质工具以磨制为主，琢制次之，打制较少。在磨制石器中有部分磨制较精，如镰和部分石铲，有的仅磨刃部，器身留有打制的疤痕和岩皮。琢制主要用于石磨盘。打制石器主要是用燧石、石英石打制而成，有的用间接打制法，打制石器主要是石片，形制较小。主要器形有石铲、斧、镰、刀、凿、矛、磨盘和磨棒、弹丸和打制的尖状器与刮削器和砺石等。生活用具主要是陶器，以泥质红陶为主，夹砂红陶次之，还有为数极少的灰陶。据裴李岗T305内出土的陶片统计，泥质红陶占陶片总数的67.89％，夹砂红褐陶占29.36％，灰陶仅占2.75％。泥质陶其质细腻，陶土经过选择和陶洗。夹砂陶在陶土中主要羼有云母及砂粒。制法均手制，陶胎厚薄不均，在小口双耳壶的内壁上还留有泥片贴塑的痕迹。有的小器形直接用手捏成。陶器表面经打磨。多为素面，有纹饰的较少，主要有篦点纹、篦纹、指甲纹、划纹、乳丁纹。据裴李岗遗址T305出土陶器纹饰统计，篦点纹占4.59％，弧线篦点纹占2.76％，指甲纹占0.92％，划纹和乳丁纹各占1.38％，其余为素面。陶质疏松，特别是夹砂陶出土时用手搓捻即成粉末。晾干后稍硬，其烧成温度在600℃～700℃。主要器形有敞口三足钵、小口双耳壶、侈沿罐、小口筒形深腹罐、鼎、钵、平底碗、圈足碗、盘、盆、勺等。其他遗物有动物骨骼，如猪、羊、鹿和其他小动物，还有梅核、酸枣核、核桃壳等。装饰品和艺术品有骨笄、绿松石珠，以及陶塑的猪、狗、羊头等，造型质朴，形象逼真而生动，显示出裴李岗人的艺术情趣。

新郑裴李岗遗址是裴李岗文化的标志性符号，是追溯中华农耕文明起源与发展的一个文化样本。遗址中出土的磨制石器、生产工具、家畜骨骼、陶窑、制陶业的广泛发展、密集的墓葬、陪葬品的分布、艺术品的出现、烘烤的木骨泥墙等迹象，显示出这一时期人类社会日渐复杂化的特征。这对于探索我国中原地区旧石器晚期、新石器早中期及至仰韶文化人类社会组织的发展与演变关系等提供了连续发展的文化线索。

陶鼎　　　　　　　　　　陶壶　　　　　　　　　　陶罐

陶塑　　　　　　　　　　陶铲　　　　　　　　　　石斧

石铲　　　　　　石凿　　　　　　石磨棒　　　　　　　　石镰

河南渑池仰韶村遗址

新石器时代

历年主要发掘单位：农商部地质调查所、中国社会科学院考古研究所、河南省文物考古研究院、渑池县文化馆、三门峡市文物考古研究所、渑池县文旅局、郑州大学历史学院、河南大学历史文化学院、河南师范大学历史文化学院等

历任发掘领队及主持发掘者、主要参与发掘人员：安特生、袁复礼、夏鼐、安志敏、丁清贤、赵会军、李世伟、魏兴涛等

1921年仰韶村遗址进行第一次考古发掘，标志着中国现代考古学的诞生，发现并命名了仰韶文化，证实中国存在非常发达的远古文化，被誉为"中国考古圣地"，在中国考古学史上占据着极其重要的地位。

仰韶村遗址第二次、三次考古发掘所取得的成果对于仰韶文化的认识和研究具有重要推动作用。2020年8月至2021年12月，仰韶村遗址第四次考古发掘发现遗迹较多，出土一大批文化遗物。人工开挖大型仰韶文化壕沟及类

似"水泥"混凝土地坪、涂朱墙壁等房屋建筑遗存均为仰韶村遗址首次发现，另有玉钺、玉环、象牙制品等高等级遗物，多学科研究亦有诸多新收获等。第四次考古发掘收获颇多，大大深化了对仰韶村遗址文化内涵、聚落布局、社会发展面貌等方面的认识和了解，对于研究豫西地区仰韶文化时期社会复杂化和文明化进程提供了宝贵的考古材料。

2020年8月，为深入挖掘黄河文化内涵，实施开展"考古中国·中原地区文明化进程研

仰韶遗址公园

究"项目，仰韶村遗址第四次考古发掘启动，其中主动性考古发掘面积为 600 平方米，抢救性考古发掘面积为 400 平方米。考古发现遗迹较为丰富，有房址、壕沟、墓葬、灰坑葬、窖穴、灰坑、灰沟、道路、柱洞等；出土一大批文化遗物，有陶器、玉器、石器、骨器、象牙制品等，所见遗存年代包含仰韶文化早期、中期、晚期以及庙底沟二期文化、龙山文化时期。另外还发现有青灰色类似"水泥"混凝土地坪、红褐色涂朱草茎泥墙壁等房屋建筑遗存。多学科多技术研究亦有新发现，如在仰韶和龙山时期人骨土样样品中检测到丝绸残留信息、在仰韶时期尖底瓶残留物中发现有谷物发酵酒等等。

仰韶村遗址第四次考古发掘对深入了解仰韶村遗址文化内涵、聚落布局、聚落形态发展演变以及豫西地区社会复杂化和文明化进程等学术研究具有重要意义，并提供了宝贵的新材料。青灰色类似"水泥"混凝土地坪、红褐色涂朱草茎泥墙壁等房屋建筑遗存的发现为研究仰韶村及豫西地区仰韶文化时期房屋建筑类别、形制、建造技术等提供了新材料。人工开挖的仰韶文化大型壕沟的出现，反映出仰韶村遗址防御设施完备、聚落发展繁盛。同时发掘中收集的各类样品和标本，为多学科多技术研究工作的开展提供了宝贵材料。仰韶村遗址内涵丰富，延续时间较长，学术研究较高，是渑池盆地仰韶文化时期大型中心性聚落遗址。

仰韶遗址居住区发掘场景

彩陶罐

彩陶罐

类似"水泥"混凝土地坪

涂朱草茎泥墙壁

河南三门峡庙底沟遗址

🔖 新石器时代

🔖 历年主要发掘单位：中国科学院考古研究所黄河水库考古工作队、河南省文物考古研究所、三门峡市文物考古研究所、郑州大学历史系考古专业等

历任发掘领队及主持发掘者、主要参与发掘人员：夏鼐、安志敏、吴汝祚、郑乃武、谢瑞琚、杨吉昌、洪晴玉、郑笑梅、叶小燕、白荣金、樊温泉、杨树刚、靳松安、任伟、赵海洲、郑立超等

庙底沟遗址

庙底沟遗址位于河南省三门峡市湖滨区韩庄村，处于黄河支流青龙涧河下游左岸二级阶地的前缘地带，西北仅距黄河 1 千米。遗址面积约 24 万平方米。2001 年被国务院公布为全国重点文物保护单位。

遗址是由中国科学院考古研究所河南考古调查队在 1953 年秋季首先发现的，之后中国科学院考古研究所黄河水库考古队于 1956 年和 1957 年在此进行过两次较大规模的发掘，揭露面积 4480 平方米，发现了仰韶文化庙底沟类型灰坑 168 个、房址 2 座，龙山文化灰坑 26 个、房址 1 座、窑址 1 座，另外还发现了墓葬 156 座，其中绝大部分是属于龙山文化的。通过这次发掘可知，庙底沟遗址的文化内涵是以新石器时代的仰韶文化为主，龙山文化次之，并有明确的地层叠压证据，此外还发现较薄的东周文化层和数量较多的汉唐时期墓葬。

在随后出版的《庙底沟与三里桥》一书

2002年庙底沟文化T21壕沟局部

2002年庙底沟文化房址T48F8

2002年庙底沟文化灰坑T66H615

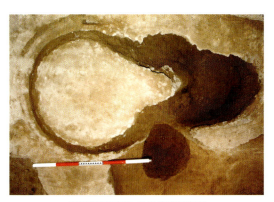

2002年庙底沟文化陶窑T9Y2

中，作者把庙底沟遗址发现的龙山文化称之为"庙底沟二期文化"，认为它具有新的特点，是从仰韶到龙山的一种过渡阶段。"庙底沟二期文化"的发现，填补了仰韶文化向河南龙山文化发展的空白，在理论上提供了中原腹地古代文明延绵不断的考古学证据，从而在中国考古学史上具有里程碑的意义。

2002年，为配合国道310线城区段拓宽工程，河南省文物考古研究所会同三门峡市文物考古研究所及郑州大学考古专业等单位，对庙底沟遗址进行了又一次大规模的抢救性发掘，揭露面积18000平方米，发现了仰韶时期庙底沟文化、西王村文化和庙底沟二期文化时期保存较为完好的房基10余座、灰坑和窖穴800多座、陶窑20座、壕沟3条等遗迹，出土了大量精美的彩陶和丰富的遗迹遗物，同时还发掘清理了200余座唐宋元明时期的墓葬。这次发现的庙底沟文化时期的彩陶，在器物数量、绘彩种类、图案结构上都大大超出了以前。器物上的变体鸟纹也陡然增多，并且新发现了蜥蜴纹、龟纹、变形鱼纹等。彩绘的颜色不仅有黑彩，还出现了不少红彩、赭彩及少量复合彩。出土的彩陶盆上的连体花瓣图案很有特色。两两相连的五瓣纹花朵，彼此之间都共用一片花瓣。我们把这种彩陶花卉纹图案称之为"华夏之花"。根据苏秉琦先生的研究，这些花卉应主要是以菊科和蔷薇科两种花卉的花瓣为母体的。所以有学者认为庙底沟的先人们是以花为其图腾的，还有的学者认为这种花卉图案可能与华山和华夏族的得名有关。

两次发掘的丰硕成果和多学科研究表明，庙底沟遗址早在庙底沟文化时期，就已经初步形成了聚落结构的雏形。在它的东、西、南三面都有壕沟相环，这些壕沟在当时不仅具有防御性质，而且依据地势还具有防洪排水的功能。居住区主要分布在遗址的中部和西部，在圆形的半地穴式和方形的浅地穴式房址之间，大量散布着窖穴和灰坑。制作陶器的陶窑也集中分布在遗址的西部，说明当时已有了专门的制陶区。

从出土的生产工具种类看，仍以农业生产工具为主，同时还有渔、猎、采集和手工业工具。植物考古的证据表明，这个时期粟和黍都是庙底沟遗址最主要的农作物，水稻和大豆所占比重有限，所以我们认为庙底沟遗址的农业结构是以旱作农业为主，稻作为辅的混合经济模式。而且在种植农作物的同时，还专门采集一些野生植物，诸如野大豆、紫苏、胡枝子、藜等作为时令蔬菜、家畜饲料或是油料来源。动物考古的数据分析出，这一时期庙底沟先民的肉食资源获取方式属于"开发型"，以饲养家猪为主，偶尔也狩猎野猪、鹿科动物、鸟类、捕捞软体动物。由此可反映出当时的整个经济结构状况。

值得注意的是，在这一时期的个别灰坑中，出现了随意弃置尸体的现象，而且有的尸体明显呈挣扎状，说明是非正常死亡，从这里也可以反映出社会性质的某些微妙变化。

庙底沟先民当时的生活环境是一处三面环溪沟、一面临高崖的地方。这里虽然地处深谷之中，却水网发达，土地肥沃，可谓是既受水之利，又无水之害。临沟谷依高崖，庙底沟的先民们依托较优越和较稳定的自然环境，长期安定地生活在陕、豫间的黄河峡谷地带，从而创造出了辉煌的庙底沟文化，并借助沟通东西的黄河谷地，将这种先进的文化传播出去。考古发掘证明，庙底沟遗址的花卉图案影响范围极广，可谓遍及大半个中国。所以庙底沟文化的强势扩张，为中国古代文明的起源和统一国家的形成做出了伟大的贡献。

庙底沟遗址不仅是仰韶时期庙底沟文化的命名地，也是庙底沟二期文化的诞生地，它不仅展示了庙底沟文化"华夏之花"的风采，而且彻底解决了仰韶文化和龙山文化的承接关系，第一次有力证明了中华民族历史的传承有序和中华文明的源远流长。

彩陶钵　　　　　　　　　　　　　　彩陶钵

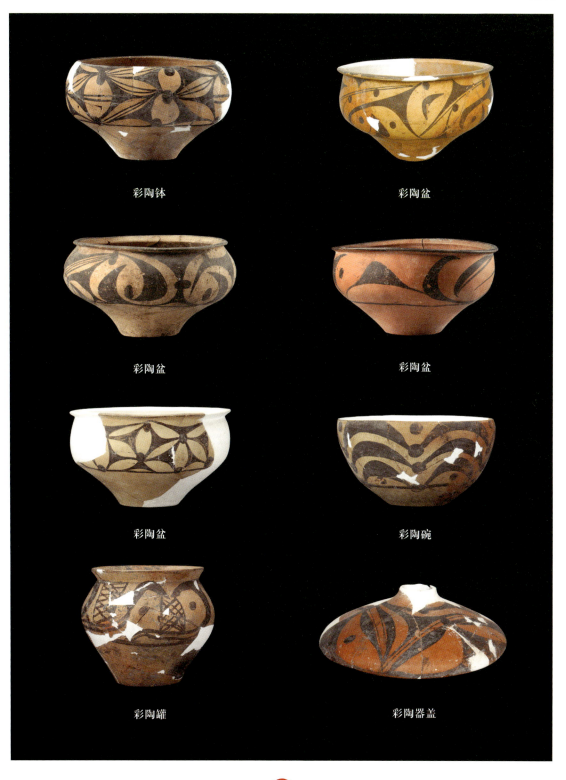

彩陶钵　　　　　　　　　　　　彩陶盆

彩陶盆　　　　　　　　　　　　彩陶盆

彩陶盆　　　　　　　　　　　　彩陶碗

彩陶罐　　　　　　　　　　　　彩陶器盖

河南巩义双槐树遗址

新石器时代

历年主要发掘单位：河南省文物考古研究所、郑州市文物考古研究院、中国社会科学院考古研究所、巩义市文化广电旅游体育局等

历任发掘领队及主持发掘者、主要参与发掘人员：赵清、顾万发、汪旭、姜楠、赵新平、韩朝会、刘洪淼、胡亚毅、吴倩、张吉钦、周明生、杜新、李建和、刘彦锋、信应君等

双槐树遗址位于河南省巩义市河洛镇双槐树村村南的高台地上。1984年第二次全国文物普查时发现该遗址。2013～2020年，郑州市文物考古研究院与中国社会科学院考古研究所联合对双槐树遗址本体及其相邻区域进行系列文物调查勘探与考古发掘工作，确认双槐树遗址是一处仰韶文化中晚期面积巨大、遗存丰富的核心聚落。

遗址东西长约1500、南北宽约780米，现存面积达117万平方米。发现有仰韶文化中晚期阶段三重大型环壕、4处共1700余座经过严格规划的公共墓地、大型院落夯土基址、大型中心居址、具有最早瓮城结构的围墙、版筑的大型夯土地基、夯土祭坛等，另有数量众多的房址、灰坑、人祭坑及兽骨坑等遗迹。出土了丰富的仰韶文化时期彩陶等文化遗物，特别重要的是出土与丝绸起源有重要关联的最早家蚕牙雕艺术品等。

双槐树遗址发掘现场

仰韶文化时期大型环壕3条。内壕周长约1000米，上口宽6～15、深4.5～6.15米。中壕周长约1500余米，上口宽23～32、深9.5～10米。外壕残存周长约1600余米，上口宽13.5～17.2、深8.5～10.5米。三重环壕分别通过木桥和实土的门道与外界相连。从目前局部解剖判断：内壕和中壕始建于遗址二期，外壕始建于遗址三期，三条壕沟到遗址四期偏晚阶段逐渐变平。

中心居址区1处，位于内壕北部，由两道围墙和内壕合围而成，面积达18000平方米，平面为半月形。居址南部两道围墙系夯筑而成，墙中发现密集规整的承重木柱，墙上两处门道错位明显，形成典型的瓮城结构。围墙开口于G4下，墙内发现有瓮棺等奠基祭祀遗迹，时代为遗址三期。

在考古发掘约1/10的范围内，有巷道相通的大型房址，布局十分密集。其中④层下目前揭露房址4排，时代为遗址三期。由南向北第一排F36、F13、F20；第二排F12、F11；第三排F10；第四排为F40。其中位置居中面积最大的F12，面积达200余平方米。非常特殊的是，在该房址中心位置的夯土中有一完整的麋鹿骨架，头向南，对着门道，在该建筑基址主体东南和整个回廊中，有意埋藏有9件陶器。另在F13东北部室外活动面发现1件兽牙家蚕雕刻。

大型夯土建筑群基址，位于内壕中部，中心居址区以南。依据现有发现，整个建筑群的夯土地基面积4300平方米。地基全部采用版筑法夯筑而成，西北部夯土地基保留较好，残高约1.9米。主体建筑以道路为界，分为东西两个区域，其上建筑密布，时代上至少有三次大的迭代。目前暴露有三处大型院落，其中一、二号院落布局较为清晰。一号院落位于夯土基址西半部，平面呈长方形，面积1300余平方米，时代为遗址三期。院墙基槽内填土经过夯打处理，南墙偏东位置发现有主门道，门道有对称的柱子，并有多层台阶迹象。门外东侧发现门垫1处，西侧对称位置也有相关迹象。该院落主体建筑F76，平面呈长方形，面积达308平方米。北墙墙体外发现有柱础石。整个院落南墙外发现有平面呈长方形面积近880平方米的活动面，初步认为其应是一号院落门前的大型广场。

大型版筑遗迹1处，位于一号院落南部，叠压着一号院落的南墙及墙外活动面。平面为长方形，时代为遗址四期晚段。最宽的地方南北保留有13版。夯面及夯窝痕迹明显，为圜底集束棍夯，夯窝直径约4.5厘米。

仰韶文化时期大型墓葬区4处，勘探和发掘确认双槐树遗址共有1700余座仰韶文化时期的墓葬，分为四个区域。所有墓葬均呈排状分布，经过部分考古发掘的墓葬一区布局非常规整，排与排之间间距15～18米，墓葬均为东西向，墓主仰身直肢，头向西，基本不出随葬品。其中一座较大型墓葬发现有象牙随葬品。夯土祭坛遗迹3处，应与墓地祭祀相关。其中墓葬一区发现1处，墓葬二区发现2处。目前发掘1处，位于二区第四排墓葬分布区域偏中部位置，祭坛平面呈长方形，面积近260平方米。祭坛用土纯净，其上发现柱洞4个。祭坛附近分布有较大型墓葬，所有墓葬在祭坛附近不再直线分布，而是有意拐折避让。

通过发掘基本厘清了双槐树遗址考古学文化分期。双槐树遗址文化堆积厚，遗迹间叠压打破关系复杂，经初步研究，该遗址文化遗存可分为五期七段。其中第一期为裴李岗文化时期，第二期相当于大河村二期偏晚阶段（即庙底沟类型晚段），第三、四、五期相当于大河村三、四、五期，其中四期分为三段。双槐树遗址还存在丰富的大汶口文化、屈家岭文化等周边文化因素。

双槐树遗址东为虎牢关，西有黑石关，南邻嵩山，北依黄河，在东西 30、南北 50 千米的黄土台塬范围内，既有一定的空间辗转腾挪，又有屏障可倚，具有极强的军事防御性。

双槐树遗址周边分布有青台、汪沟、西山、点军台、秦王寨、大河村、苏羊、土门、妯娌、五女冢等诸多同时期聚落，大小互补、等级不一，形成一个规模巨大的多层级聚落群。特别是西山、点军台等仰韶文化城址组成的城址群对双槐树形成了明确的拱卫。从遗址面积、聚落等级、建筑规格以及具体文化内涵等分析，双槐树遗址属于该聚落群的核心聚落。

大型中心居址和大型建筑群初具中国早期宫室建筑的特征，为探索三代宫室制度的源头提供了重要素材。大型院落建立在大型版筑夯土地基之上，充分具备了高台建筑的基本特征。双槐树大型院落的空间组织形式，也为卢山峁大营盘梁一号院落，古城寨廊庑基址，二里头遗址一、二号宫殿等中国古代大型宫殿式建筑形制开启了先河。2 号院落典型的"一门三道"门道遗迹，与二里头一号宫殿建筑，偃师商城三号、五号宫殿建筑门道遗迹以及更晚的高等级建筑门道基本一致，凸显了双槐树大型建筑基址的高等级性和源头性。

大型中心居址建筑前两道围墙及两处错位布置的门道和加厚围墙的设计，具有极强的防御色彩，显然是目前发现的中国古代最早具备瓮城结构的建筑典型。

双槐树遗址中心区航拍

双槐树遗址中壕

中心居址围墙的瓮城造型

图例
三期房基
四期房基
五期房基

二号院一门三道遗迹

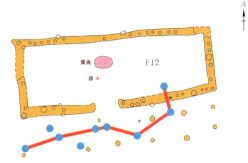

房址F12与北斗九星

陶窑Y2

人祭坑H677

遗址发现的三重环壕曲度一致，时代相叠，互不打破，工程量巨大，显然具有规划的同时性。这种形制的规划可能蕴含有一定的高等级礼制概念。墓葬区内发现的夯土祭坛遗迹，系仰韶文化遗址中的首次发现，非常有利于开展与红山文化、良渚文化等周边区域在祭坛文化以至高层礼仪制度方面的比较研究。双槐树遗址发现大量的农作物和正在吐丝状态的牙雕家蚕，连同青台、汪沟等遗址发现的农业和丝绸实物等，充分证明了5300多年前的中原地区已经形成了较为完备的农桑文明形态。以双槐树遗址为代表的郑洛地区这一大型聚落群的发现，填补了中华文明起源关键时期、关键地区

的关键材料。是距今5300年前后经过精心选址的都邑性聚落遗址，有关专家命名其为"河洛古国"。

牙雕蚕

彩陶罐

彩陶罐

彩陶罐

彩陶罐

陶罐

陶盆

陶钵

权杖首

湖北荆门屈家岭遗址

 新石器时代

历年主要发掘单位：中国社会科学院考古研究所、湖北省文物考古研究所、荆门市博物馆、荆门市屈家岭遗址保护中心等

历任发掘领队及主持发掘者、主要参与发掘人员：王劲、张云鹏、林邦存、罗运兵等

屈家岭遗址是屈家岭文化的发现地和命名地，位于湖北省荆门市屈家岭管理区，地处大洪山南麓向江汉平原的过渡地带，是以屈家岭遗址点为核心，包括殷家岭、钟家岭、冢子坝、九亩堰、大禾场、土地山和杨湾等遗址点为一体的长江中游地区最早发现、极具代表性的新石器时代大型聚落遗址，面积达 2.84 平方千米。其主要文化内涵是屈家岭文化及其前身——油子岭文化，主体遗存年代距今约 5300～4500 年。

屈家岭遗址于 1954 年在配合石龙过江水库建设而进行的考古调查中被发现。1955 年 2 月、1956 年 6 月～1957 年 2 月，中国科学院考古研究所分别对屈家岭遗址进行了第一次和第二次考古发掘，初步了解遗址的文化内涵。此后

屈家岭遗址局部

1955年屈家岭遗址第一次考古发掘

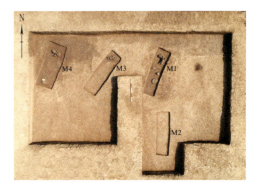

2021年冢子坝遗址点墓葬区发掘

2018年屈家岭遗址点油子岭文化瓮棺葬W13

2018年屈家岭遗址点屈家岭文化墓葬M34

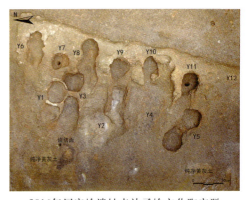

2016年屈家岭遗址点油子岭文化陶窑群

的 1965 年出版了湖北第一部考古报告——《京山屈家岭》，命名了长江中游第一支考古学文化——屈家岭文化。1989 年 7～8 月，湖北省文物考古研究所等单位对屈家岭遗址进行了第三次考古发掘，主要清理了 13 座土坑竖穴墓葬和两期文化堆积，其意义在于确立了屈家岭遗址的年代上限并找到了屈家岭文化的主要来源

即油子岭文化。

2015 年至今，湖北省文物考古研究所会同荆门市博物馆、荆门市屈家岭遗址保护中心成立联合考古队，开展长期持续的考古及研究工作，开创屈家岭遗址第四次考古工作的新局面。截至 2022 年年初，联合考古队共完成发掘面积 6100 平方米，区域系统调查 10 平方千米，

考古勘探面积近60万平方米。共清理各类遗迹420余处，主要为墓葬、房址、陶窑群、灰沟和灰坑，以及大量的红烧土遗迹，还有少量与奠基活动相关的扣碗和瓮棺葬群。出土遗物丰富，完整器及已复原器物1000余件，主要以陶器和石器为主。第四次考古工作，完善了屈家岭遗址的文化发展序列，即由早到晚历经油子岭文化、屈家岭文化和石家河文化三个发展阶段，基本涵盖了江汉平原史前文明的主要阶段。大量考古遗存的发现，丰富了屈家岭遗址的内涵。整体把握了遗址的聚落布局和演变，明确了屈家岭遗址点油子岭文化时期和屈家岭文化时期的主要功能分区。进一步揭示了屈家岭遗址的价值：聚落等级高，规模巨大，结构完整，文化发展连续性强，影响深远。获取了一批非常重要的遗物：出土的石家河文化及屈家岭文化晚期铜矿石，含铜量高达94％以上，为探索我国史前矿冶资源的开发和利用提供了重要线索；与祭祀活动相关的四耳器和筒形器的出土，反映出屈家岭遗址聚落等级的高级且特殊地位；大量出土的油子岭文化时期炭化粟，为长江流域关键地区发现最早的粟作遗存；屈家岭遗址发现国内已知最早的高温黑彩釉陶，研究

表明屈家岭先民已经掌握高超的陶器烧造技术，这一发现将我国高温黑釉技术提早了将近一千年。屈家岭遗址的发现，第一次揭开了长江流域特征鲜明的史前文化的面纱。屈家岭遗址出土的大量史前稻作遗存、彩陶纺轮、蛋壳彩陶和磨光黑陶，不仅表明这里是长江中游农耕文化的发祥地，也说明长江流域和黄河流域同为中华文明的摇篮。

屈家岭遗址H82出土陶缸

屈家岭遗址H74出土器物组合

屈家岭遗址H304出土彩陶罐

屈家岭遗址H304出土陶器组合

屈家岭遗址出土壶形器

屈家岭遗址H36出土陶器组合

屈家岭遗址出土圈足杯

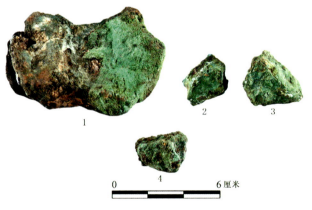

屈家岭遗址出土石家河文化时期铜矿石

屈家岭遗址出土蛋壳彩陶杯

湖北天门石家河遗址

新石器时代

历年主要发掘单位：北京大学考古系、湖北省文物考古研究所、中国社会科学院考古研究所、天门市博物馆、荆州博物馆等

历任发掘领队及主持发掘者、主要参与发掘人员：张云鹏、严文明、王劲、赵辉、张弛、张江凯、杨权喜、张绪球、孟华平、刘辉、方勤、向其芳、李晓杨、钟倩等

石家河遗址位于长江中游腹地、江汉平原北缘与大洪山南麓相结合的山前地带。在行政区划上，隶属湖北省天门市石家河镇土城、芦岭、唐李、东桥四个村，核心区域位于天门河支流东河与西河之间，由 40 余处遗址连接成片，东西横跨 2、南北纵跨 4 千米，总面积约 8 平方千米，最早遗存距今 7000 年左右，主体年代跨度距今约 6000 ～ 4000 年，历经油子岭文化、屈家岭文化、石家河文化和肖家屋脊文化四个大的阶段，是长江中游地区迄今发现的面

2016年三房湾发掘

谭家岭城垣与城壕

三房湾红陶杯废弃堆积

印信台套缸遗迹

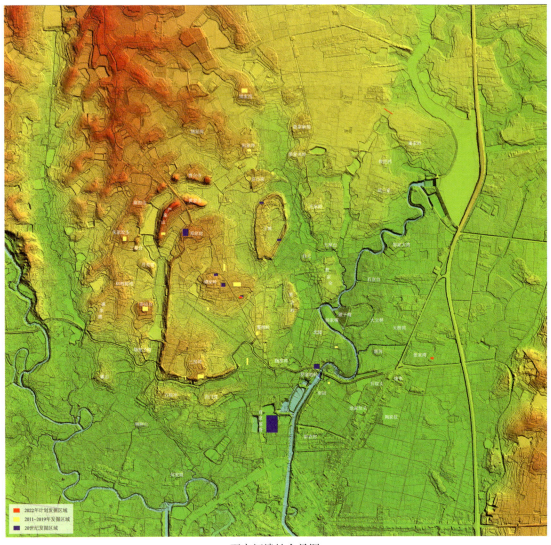

石家河遗址全景图

积最大、延续时间最长、等级最高的新石器时代大型都邑性聚落群，也是探讨早期中华文明进程的重要组成部分。

　　自 20 世纪 50 年代中期伊始，石家河遗址已走过近七十年的探索历程。1954 年冬，天门、京山两县联合修建石龙过江水库干渠，在开挖至天门县石家河镇地段时，于石板冲、三房湾、贯平堰（今杨家湾南）、罗家柏岭等地点发现大量石器、陶器等古代遗存。1955 年初春，中国科学院（现中国社会科学院）考古研究所对干渠沿线上述几处遗址进行了抢救性发掘，共计发掘面积约 1600 平方米。其中对罗家柏岭进行了重点发掘，发掘面积 1147 平方米，揭露了一处以玉石加工相关的大型作坊场所。

　　20 世纪 80 年代中期，聚落考古理念传入中国并作为探讨家庭形态与社会组织有效途径，石家河成为聚落考古的试验田。1987 年秋，北京大学考古系联合湖北省博物馆、荆州博物馆组成石家河考古队，严文明先生担任总领队，对邓家湾、谭家岭、肖家屋脊和土城等处，进行了多次发掘，其中重点是邓家湾和肖家屋脊两个遗址。此阶段的发掘一直持续到1992年夏。其中，邓家湾遗址进行了三度发掘，发掘面积1000余平方米，揭露了一批屈家岭文化至石家河文化时期的墓葬，并发掘了大批与宗教祭祀相关的遗存，如陶筒形器、套缸、陶塑小动物等。为缓解石家河镇砖瓦厂取土破坏的压力，肖家屋脊在这期间进行了八次发掘，累计发掘总面积6710平方米，揭露了较为完整的屈家岭文化至石家河文化时期的居址和墓地，并清理一批属于肖家屋脊文化阶段的瓮棺，瓮棺中出土了100余件玉器，引起了学术界的高度关注。谭家岭遗址在1987与1989年进行了两度发掘，发掘面积465平方米，所获遗存最早可至油子岭文化早期，最晚可至肖家屋脊文化时期。1990与1991年两度春季，石家河考古队对石家河遗址群进行了全面调查，弄清了遗址核心区域的分布范围、年代及聚落演变，发现了石家河古城，并初步判定了城址的始建年代为屈家岭文化时期。基于这一阶段的工作，石家河遗址构建了较为完整的考古学文化序列与分期，所建立的年代学标尺在长江中游地区具有一定的普适意义。开启了聚落形态与社会组织结合研究的新尝试。石家河遗址是聚落考

古在长江中游地区的首次尝试。大型聚落群的确认与城址的发现也由此将石家河遗址的地位推向了一个新的高度。随着邓家湾、肖家屋脊等资料的陆续公布，基于居址与墓地布局研究家庭形态、基于墓葬随葬品等级研究阶层分化、基于大型城址研究社会性质等，一度成为学术界讨论的热点。揭示的诸多文明迹象提升了石家河遗址的学术地位。邓家湾遗址出土的大量陶塑小动物、肖家屋脊出土的一批制作精美的玉器、三房湾调查发现有大量的红陶杯，表明当时社会不仅存在社会分工，还可能存在贸易往来。这些发现，表明石家河社会已发展到相当高的文明程度。

新千年以来，随着中华文明探源工程的持续深入以及大遗址保护工作的需要，石家河遗址的考古工作再次大规模展开，主要目的是研究石家河遗址的形成与发展过程、探讨石家河遗址及其所代表的文化在中华文明进程中的作用与地位，同时为石家河遗址的保护利用提供科学依据。2008年3月开展了以石家河遗址为中心的150平方千米范围的区域系统调查，调查发现，在该区域集中分布有73处史前遗址，其中处于东河与西河交汇地带的石家河镇北的遗址最为密集（共45处），并初步了解了该区域史前遗址的基本分布、等级及阶段性演变。2011年3～4月，为了解石家河东南城垣的走

肖家屋脊文化玉双鹰

肖家屋脊文化玉神人头像

向，选择在三房湾东南进行了小规模的发掘，发掘面积 150 平方米，确认了东南城垣的存在，并对这段城垣的堆积状况、年代及走向有了一个更清晰的认识。与三房湾东部发掘同时，为了解 6000 ～ 4000 年前石家河遗址所在区域的气候与环境变迁，选择在谭家岭遗址南部低地发掘了 50 平方米。检测分析表明，全新世中后期长江中游地区气候明显趋于干旱，这可能是影响人类文明迁徙或衰落的重要因素。2014 年以来，为做好大遗址保护、国家考古遗址公园建设提供科学依据，对遗址核心区及外围岗地、低地进行了系统勘探，并重点对印信台、谭家岭、三房湾、严家山等遗址进行了发掘。勘探显示，石家河遗址核心区域存在多重人工堆筑的大型城垣类遗迹及人工开挖的城壕类遗迹，谭家岭古城的确认成为该阶段重要收获。印信台遗址发掘面积 1475 平方米，揭露了一处石家河文化时期的大型祭祀场所。谭家岭东部发掘 800 平方米，发现了一批珍贵的玉器。三房湾东部台地发掘 450 平方米，揭露了一处石家河文化晚期至后石家河文化阶段的以烧制红陶杯为主的专业窑场。严家山西部发掘 150 平方米，揭露了一处石家河文化晚期至后石家河文化时期的制作石器的小型加工场所。基于这一阶段的工作，主要认识有如下两个方面：一则加深了对遗址核心区域及周边地区宏观聚落格局的了解，通过更广范区域的系统调查，初步了解到石家河遗址周边不同阶段遗址的分布状况，石家河遗址作为区域中心是一个逐步发展、等级不断加强的过程，并在后石家河文化时期土崩瓦解。通过对核心区域的勘探，发现石家河古城内外多重人工堆筑的城垣类遗迹及人工开挖的城壕类遗迹同样有着逐步从内向外的发展过程，为宏观上认识核心区域的聚落布局及演变提供了线索。二则加深了对遗址功能分区、社会分工与阶层分化的认识。三房湾作为大型的制陶场所、印信台作为专门的祭祀场所、严家山作为小型的石器加工场所，是对城址功能分区认识的进一步深化。三房湾遗址陶器烧制遗迹，特别是数量庞大、造型规范的红陶杯堆积，是体现当时社会分工的有力实证。而谭家岭玉器的发现不仅表明高度的社会分工，更进一步说明当时的社会已出现明显的阶层分化，社会权力的运作、金字塔形的社会分层模式已经出现。

石家河遗址从 20 世纪 50 年代中期的首次发现，到 80 年代开展聚落形态研究，再到文明进程探索，走过了一个逐步深化认识的过程，这一过程符合考古学发展的一般规律，是与我国考古学理论、方法的发展紧密相联系的。石家河遗址因其丰富的遗存内涵，紧跟学术前沿，在不同阶段都做出了应有的学术贡献。

油子岭文化陶鼎

油子岭文化彩陶碗

屈家岭文化陶鼎

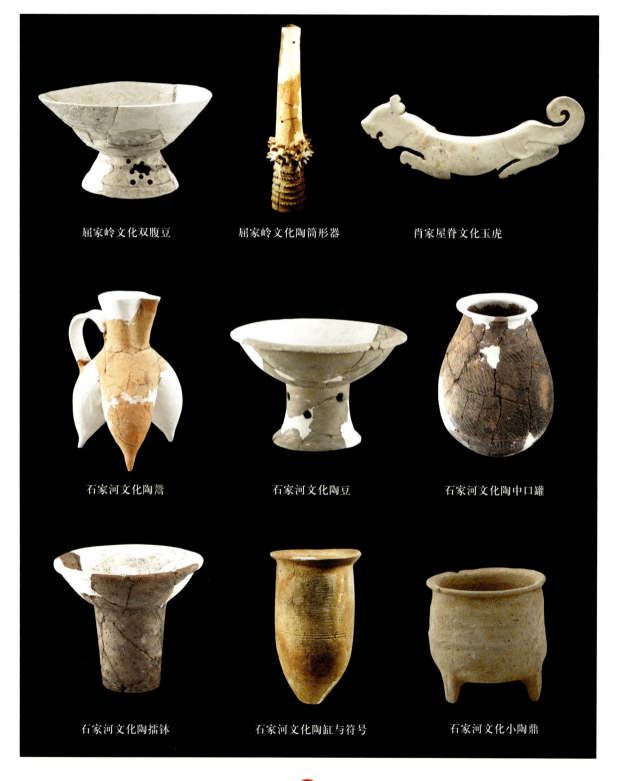

屈家岭文化双腹豆　　　　屈家岭文化陶筒形器　　　　肖家屋脊文化玉虎

石家河文化陶鬶　　　　石家河文化陶豆　　　　石家河文化陶中口罐

石家河文化陶擂钵　　　　石家河文化陶缸与符号　　　　石家河文化小陶鼎

湖南道县玉蟾岩遗址

新石器时代

历年主要发掘单位：湖南省文物考古研究所、北京大学考古系、美国哈佛大学人类学系、道县文物管理所等

历任发掘领队及主持发掘者、主要参与发掘人员：袁家荣、严文明、奥弗·巴约瑟夫、顾海滨、储友信、张文绪、李水城、吴小红、曲彤丽、焦天龙、斯迪夫·瓦那、伊莉莎贝塔·波阿瑞托、高德、吴志宏等

玉蟾岩遗址位于湖南省永州市道县寿雁镇白石寨村，海拔约 255 米，为一处位于石灰岩残丘南坡、高出周围地面约 5 米的洞穴遗址。

玉蟾岩遗址发现于 1984 年。1993、1995、2003～2004 年先后经过四次科学的考古发掘，共揭露面积 53 平方米。发掘揭露堆积厚约 1.8 米，除上部、洞口有近代墓葬或近代人类活动扰动外，地层基本保存完好。地层堆积复杂，有 40 个以上的原生堆积层次。经系统的碳-14 测年，遗址的年代为距今 21000～13800 年，主体年代距今 1.6 万～1.3 万年。遗址发现了丰富的遗迹和遗物。揭露了铺垫碎石的居住面，铺设"白灰土"的防潮面以及多个平地烧火的灰堆等生活遗迹。出土的文化遗物

玉蟾岩遗址远景

玉蟾岩遗址发掘场景

玉蟾岩遗址T10～T13地层剖面

烧火堆遗迹

1995年陶片、石器、兽骨出土现场

包括石器、陶器、骨器、角器、蚌器、装饰品、动植物遗存等多个种类。石器工具种类除石锤、凹石、砍砸器、刮削器等外，新出现了锄形器、亚腰形器、尖头器、穿孔石器等器类，表明华南砾石石器工业进入了一个新的发展阶段。骨器种类有骨铲、骨锥、骨针。角器仅见角铲。蚌器数量较少，且均为残片。骨器和蚌器均使用了磨制工艺，尤其是骨器上磨制技术的应用非常成熟。另有以扁平状鹿类动物的犬齿和圆锥状小型食肉类犬齿制作的刻槽装饰品。遗址中出土的动物化石数量丰富，大部分标本仍是比较新鲜的状态。种类主要为哺乳动物和鸟禽类，另有鱼类、龟鳖类、螺蚌、昆虫等。这些动物遗存，大部分均为人类食用所致，是狩猎经济的反映。鱼类标

本的存在说明遗址上的人类也已开始了渔猎经济，是湖南史前时期首次出现的渔猎文化。

历年发掘中最重要的发现是出土了多件原始陶片，分属两件陶器个体，均大致复原为釜形器。年代早至距今18000年，是湖南地区发现的最早陶器，也是世界上最早的陶器之一。出土的5件稻米实物标本是另一项十分重要的发现，为一种综合特征从普通野稻向栽培稻初期演化的最原始的古栽培稻型，这种兼有野、籼、粳综合特征的稻谷被定名为"玉蟾岩古栽培稻"。在1993、1995年对发掘文化层土样的植硅体进行的分析，也发现了双峰乳突形态特征的稻属（$Oryza$ sp.）植硅体，进一步佐证了遗址中水稻遗存的发现。

玉蟾岩遗址的遗存属于旧石器时代末期文

化，其文化面貌具有由旧石器文化向新石器文化转变的过渡特征。丰富的文化内涵和进步的文化特征，是见证湖南远古历史过程中辉煌篇章的一朵奇葩。遗址中早期陶器和水稻遗存的出现，是标志着人类文化发展史上改造自然的两大创造性行为事件，不仅表明湘南地区是我国最早发明制陶工业和最早开始向稻作农业方向转化的地区之一，也再一次证明中国南方是水稻农业的发祥地，为世界农业起源的中心之一，为人类农业文明做出过重要贡献。该遗址的发现为探讨陶器起源、农业起源的世界性学术问题提供了十分重要的考古证据。

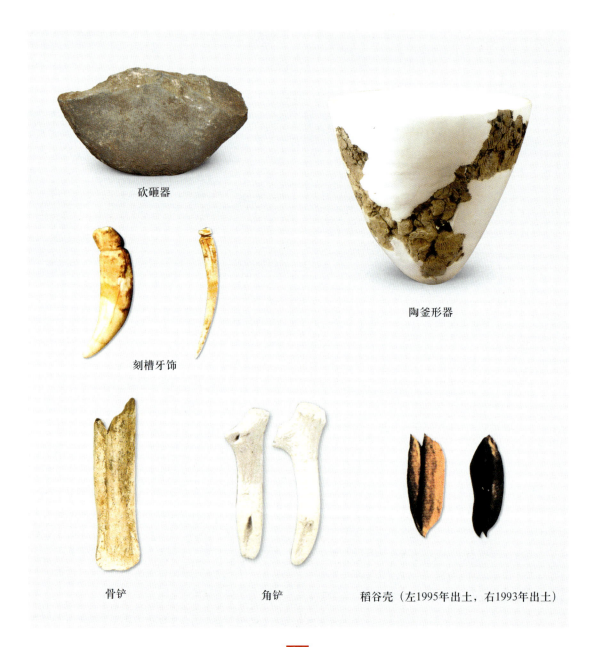

砍砸器

刻槽牙饰

陶釜形器

骨铲　　　　　　　角铲　　　　　　稻谷壳（左1995年出土，右1993年出土）

湖南澧县城头山遗址

新石器时代

历年主要发掘单位：湖南省文物考古研究所、澧县博物馆等
历任发掘领队及主持发掘者、主要参与发掘人员：曹传松、何介钧、郭伟民、赵亚锋、张涛等

城头山遗址位于湖南省西北部常德市澧县城头山镇城头山村。遗址于1979年被考古工作者发现，1991～2002年，湖南省文物考古研究所曾先后11次对其考古发掘，总发掘面积6064平方米。2011～2015年，为配合城头山国家考古遗址公园建设，湖南省文物考古研究所又先后对其进行了7次考古发掘，总发掘面积2131.5平方米。考古发掘显示，城头山遗址包含有公元前4500～前2300年长江中游地区多个新石器时代文化的堆积，时代总跨度2200余年。并保存有从大溪文化早期至屈家岭文化时期多次修建的城墙及环壕或护城河。它是中国迄今所发现的年代最早、保存最完整、内涵极其丰富的古城址。

作为中国最早之城的城头山是中国文明起源最初的坐标；城头山最早的水稻田，是长江中游稻作农业成熟的见证；城头山延续两千年的文化堆积是长江中游地区史前文明起源与发展的见证。

城头山遗址先后16个年度的考古工作，总

城头山考古遗址公园

20世纪90年代城头山遗址工作照

大溪文化祭坛局部

大溪文化祭坛南部的祭祀坑群

大溪文化祭坛上放置砾石的浅坑

发掘面积8185.5平方米。遗迹方面，先后揭示出距今6500年左右汤家岗文化时期的水稻田与环壕聚落；早至6000年前，大溪文化早期的城壕系统与祭坛祭坑等祭祀类遗迹；大溪文化晚期成片集中分布的陶窑和泥坑、贮水坑、取土坑道、简易工棚等窑业附属遗迹；屈家岭文化时期高大巍峨的城墙与护城河系统，包括城门、道路、水岸码头、横亘于护城河间的陆地通道以及护城河底部通过开挖护城河取土筑城时的取土作业区等一系列遗迹；屈家岭文化时期城内分区鲜明的高等级建筑区与墓葬区；以及屈家岭文化晚期至石家河文化时期城墙与护城河走向废弃过程中人们在城墙上取土，在南门外护城河中堆筑高台扩展自己居住生活空间的遗迹等。

遗物方面，城头山遗址先后出土完整可修复陶器和石、木、骨、玉等各种质地珍贵文物5000多件，陶器在其中占绝大多数，若加上残破的口沿标本，陶器数量超过2万件，其中又以大溪文化时期和屈家岭文化时期的陶器为最多。大溪文化陶器以红陶为主，主要有釜、罐、碗、盘、豆、钵、杯等器形，屈家岭文化陶器以黑陶和灰陶为主，主要有鼎、豆、罐、壶、瓶、碗、钵、杯、甑、缸、瓮等器形。城头山遗址还发现有77种以上植物遗存和20多种饲养和野生动物的骨骸，植物遗址中最多的就是稻米，包括粳稻和籼稻，米粒似经过脱粒加工。另外还有大量湿生杂草类植物。

城头山遗址的价值和意义主要可以概括为三个方面：第一，城是文明的标志，作为中国最早之城的城头山是中国文明起源最初的坐标；第二，城头山最早的水稻田，是长江中游稻作农业成熟的见证；第三，城头山延续两千年的文化堆积是长江中游地区史前文明起源与发展的见证。

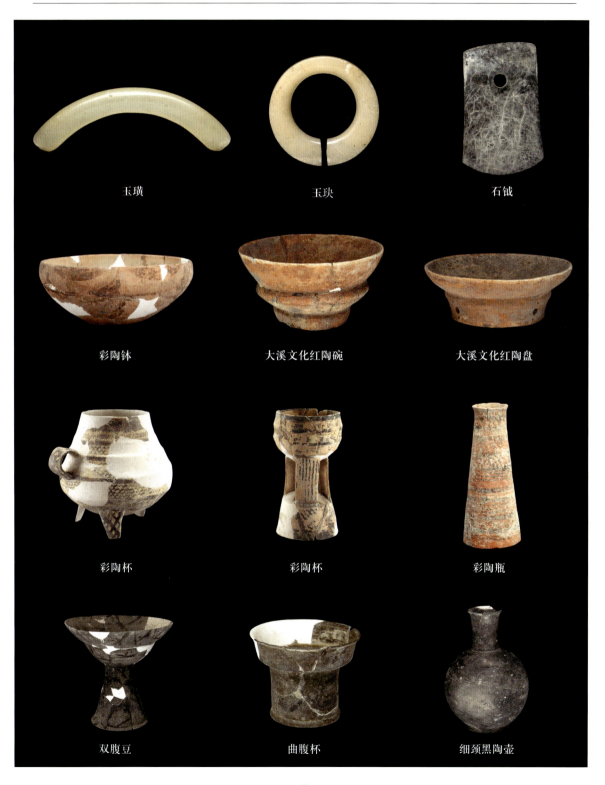

玉璜   玉玦   石钺

彩陶钵   大溪文化红陶碗   大溪文化红陶盘

彩陶杯   彩陶杯   彩陶瓶

双腹豆   曲腹杯   细颈黑陶壶

广西桂林甑皮岩遗址

 新石器时代

历年主要发掘单位：中国社会科学院考古研究所、广西文物保护与考古研究所、桂林市文物管理委员会、桂林甑皮岩遗址博物馆、桂林市文物保护与考古研究中心等

历任发掘领队及主持发掘者、主要参与发掘人员：傅宪国、阳吉昌、巫惠民、方一中、蒋廷瑜、赵平、李珍、周海、刘琦、何安益、贺战武、韦军、苏勇、张益桂等

甑皮岩遗址位于广西桂林市象山区独山西南麓，因遗址所在的山体外貌形似当地居民的甑锅之盖，故名"甑皮岩"。甑皮岩洞穴属脚洞型洞穴，由主洞、矮洞、水洞三部分组成。洞口西南向，背风向阳，左侧水洞内的地下河一年四季可提供清冽质纯的水源。周围分布有湖沼、水塘和洼地，蕴藏有丰富的水生螺蚌，还有不少的峰丛山地，是原始先民从事捕捞、采集、狩猎的良好地区，为甑皮岩原始先民提供了极好的生活环境。甑皮岩遗址内的堆积以洞口处最厚，自洞口往里向左侧呈10°左右的缓倾斜，分为化学堆积和文化堆积两大类。

化学堆积物包括石钟乳、石笋、层状钙化板等。文化堆积则主要分布在主洞和矮洞，水支洞也有分布，总面积约260平方米，文化堆积最厚达3.2米。

甑皮岩遗址发现于1965年，1973、2001年分别经过两次科学的考古发掘，出土了一大批重要文物，开展了多学科的研究，在陶石骨蚌器的制作工艺技术、动植物考古、古环境、孢粉分析、体质人类学以及骨、石、蚌器的微痕分析等方面都取得了重要成果。甑皮岩遗址为桂北地区史前文化的发展序列和年代框架的确立奠定了基础，是华南乃至东南亚地区史前考

甑皮岩遗址

1973年发掘之初的甑皮岩遗址（山脚房屋处）

甑皮岩遗址

甑皮岩遗址洞内全景

1973年发掘现场

古最重要标尺之一，也是中国制陶技术重要的起源地之一，更是现代华南人和东南亚人古老祖先的发源地之一。

甑皮岩遗址的考古发掘，确立了甑皮岩遗址文化分期、年代和文化内涵。甑皮岩遗址的文化分期为五期。第一期距今约12000～11000年，遗迹现象发现石器加工场1处。文化遗物包括陶器、打制石器、骨器和蚌器。石器均为打制石器等，加工技术单一，大部分为单面单向直接打击成形，个别采用双面打击，二次修理可能有间接的硬锤打技术。以石核石器为主，少部分为石片石器。器类以锤和砍砸器为主。骨器和蚌器数量较多。磨制工艺已存在，但主要用于加工有机质的工具如骨锥、骨铲和穿孔

蚌器，尚未应用于石器制作。出现了陶器，主要是敞口、浅弧腹的圜底釜，羼和粗大的石英颗粒，手捏成型，器壁厚，烧成温度低（不超过250℃），制作原始。经济形态主要是采集渔猎。第二期距今11000～10000年，文化遗物包括陶器、打制石器、骨器和蚌器等。陶器数量明显增加，但器类单一，器形简单，大多为器形较大的敞口、束颈、鼓腹、圜底罐。陶器以夹方解石灰褐或褐陶为主，部分夹石英，另有部分红褐陶。方解石或石英颗粒较多，大小不匀称，形状不规则。烧制火候仍然较低，胎质疏松，显示烧制工艺仍处于早期阶段。器表均施分段多次重复滚压而成的绳纹，其中以印痕较深、较细密的中绳纹最具特点，少量在绳纹

上加饰刻划纹；口沿多施绳纹，另有部分刻划纹，沿下还有少量附加堆纹。此期的主要文化特征之一是陶器制作工艺的进步，出现了泥片贴筑的成型技术，器形变高，器壁变薄。石器仍以单面加工的打制砾石石器为主，器类包括石锤、砍砸器、切割器和穿孔石器等。骨器以骨锥为主，也有磨制的骨铲。蚌器多为穿单孔的蚌刀。经济形态仍是采集和渔猎经济。第三期距今 10000 ～ 9000 年，文化遗物包括陶器、打制石器、骨器和蚌器等。陶器仍以敞口罐为主，另有部分饰刻划纹或附加堆纹的小件器物。陶器数量较前期多，第二期束颈较甚的敞口罐仍然存在，但出现了口近直或略外敞的敞口罐。以夹方解石红褐陶为主，夹石英陶较少，方解石颗粒较多、较粗大，且大小不均匀，形状不规则。火候低，胎质疏松。多数为泥片贴筑制成，可见明显的贴筑痕迹。此期大部分陶器因羼和方解石或石英的比例较小，陶片起层，呈千层饼状，与泥片贴筑法形成的分层有很大不同。纹饰以粗绳纹为主，中、细绳纹较少，另有部分刻划纹、捺压纹。石器均为打制石器，以砍砸器为主，出现了锛形器。骨器磨制技术进一步发展，新出现骨针。经济形态仍是渔猎和采集。第四期距今 9000 ～ 8000 年，遗迹现象发现用火遗迹和墓葬。墓葬均为蹲踞葬，无

随葬品，但人骨架上均放有大小不等的自然石块。文化遗物包括陶器、打制石器、骨器和蚌器等。陶器数量较多，器类也较第三期明显增多，以敞口罐为主，束颈较甚的敞口罐已基本不见，新出现高领罐、敛口罐、敛口釜等。以红褐陶为主，羼和料主要为方解石，石英次之。陶器制法仍以泥片贴筑法为主，胎壁断面可见明显的贴筑痕迹。出现了分体制作工艺。胎壁变薄，大部分火候仍较低，胎质疏松，易碎，但少部分陶器的火候明显提高。器表均施绳纹，以中绳纹为主，次为细绳纹，粗绳纹较少。工具组合中，砾石打制石器仍是主要工具，但磨制石器应该存在。骨蚌器数量相对减少，骨器仅骨锥一种。蚌器也只有少量穿单孔的蚌刀。第五期距今 8000 ～ 7000 年，遗迹现象发现墓葬，均为蹲踞葬。文化遗物包括陶器、石器和骨器。陶器数量较多，器形、陶色、纹饰均有大量增加。器类包括敞口罐、高领罐、敛口釜、直口或敛口盘口釜、盆、钵、支脚、圈足盘和豆等。以夹细方解石颗粒的红褐陶为主，少部分夹石英，方解石和石英颗粒一般比较匀称，应经过遴选。新出现泥质陶，但陶土未经过淘洗，质地不纯，不细腻。部分器物采用泥片贴筑法制成，分体制作工艺又进一步发展，器形规整，胎壁较薄，出现了慢轮修整技术。火候

圆底陶釜残片
（甑皮岩遗址第一期）

圆底陶罐
（甑皮岩遗址第四期）

刻划纹夹砂陶盆
（甑皮岩遗址第五期）

较高、陶质较硬、纹饰丰富，主要有细绳纹、扁草纹以及种类繁多、组合复杂的刻划纹、戳印纹、捺压纹等，以细绳纹和刻划纹为主。另有少部分素面陶，少部分器表施陶衣并经磨光。磨制石器数量增加，器形主要是磨制的斧、锛类，大部分通体磨光。骨器以骨锥、骨针为主，不见蚌器。经济形态仍以渔猎采集为主。

甑皮岩遗址的考古发掘意义重大。首先，确立了桂北地区史前文化最基本的发展演变序列，在甑皮岩遗址发掘所确立的分期基础上，综合桂林宝积岩、庙岩、大岩、晓锦等遗址的资料，基本上建立了桂北地区从旧石器时代晚期到新石器时代晚期文化发展的基本序列和年代框架。其次，对探寻华南地区陶器的起源具有十分重要的意义。为研究长江流域、岭南乃至东南亚地区的史前文化及其之间的关系提供了重要资料。再次，确定了甑皮岩先民的人种问题。甑皮岩遗址发现的人类遗骸，为中国新石器时代不同地区人类体质特征的对比研究提供了宝贵资料。研究表明，甑皮岩人属于南亚蒙古人种，且具有非洲赤道人种的一些特征，是现代部分华南人和东南亚人的古老祖先之一。另外，还进一步推动桂北乃至广西史前文化研究。甑皮岩遗址是岭南新石器时代早、中期文化的代表之一，年代距今 12000 ～ 7000 年，展示了华南史前丰厚的文化内涵，是我们认识和了解华南史前早期文化的重要窗口。

陶豆　　　　　　石锛　　　　　　单边刃砍砸器

角铲　　　　　　角铲　　　　　　骨鱼镖

穿孔石器　　　　骨针　　　　　　蚌勺

重庆巫山大溪遗址

（标识图）新石器时代

历年主要发掘单位：重庆市文物考古研究院、四川省长江流域文物保护委员会文物考古队、四川大学历史系、四川省博物馆
历任发掘领队及主持发掘者、主要参与发掘人员：白九江、邹后曦、林向、杨有润、方刚、李大地、董小陈、张光敏、蒋晓春、徐克诚

大溪遗址位于瞿塘峡东口的重庆巫山县长江南岸与大溪河交汇处的三级台地上，距奉节县城15千米，是长江上游地区最早发现和确认的考古学文化，是大溪文化命名的典型遗址，是大溪文化遗址的重要代表。

1958年11月发现并确定了大溪遗址。1959年，四川省长江流域文物保护委员会文物考古队对大溪遗址开展了两次考古发掘，发掘面积228平方米，清理大溪文化墓葬74座。1975年10月～1976年1月，四川省博物馆等单位对大溪遗址进行第三次发掘，清理大溪文化墓葬133座。1994年3～4月，中国社会科学院考古研究所对大溪遗址进行了试掘，清理大溪文化墓葬4座。2000～2003年，重庆市文物考古所对大溪遗址连续开展了四次考古发掘，清理大溪文化墓葬200余座，灰坑500余座。

大溪遗址远景

2001年发掘现场

1959～2003年，先后对大溪遗址开展了八次考古发掘，发掘面积10000余平方米。

大溪遗址发现了丰富的、典型的大溪文化遗存，并及时公布了考古发掘成果，为大溪文化的识别、命名奠定了坚实的基础。大溪遗址发现了层位关系明确、时代延续发展的大溪文化遗存，为全面探讨大溪文化的分期、分区及整体面貌提供了重要的实物资料。发现了大量大溪文化墓葬，葬式特别，随葬品丰富，为研究大溪文化葬式、葬仪及丧葬制度的发展演变提供了重要参考。大溪遗址处于大溪文化分布在长江干流的最西端，在大溪文化晚期发现了多组与玉溪上层文化共存的现象，为探讨长江中游考古学文化体系与渝东土著新石器文化体系的交流与互动、确认玉溪上层文化的年代、大溪文化内部的管理体系等方面有着重要促进作用。大溪遗址还发现了少量仰韶文化因素的

彩陶，为探讨两个文化体系之间的交流与互动的路线及模式提供了重要的实物资料。大溪遗址发现了较多石器制作、玉器制作和骨器制作遗存，部分墓葬还随葬了这部分手工业制作的半成品，农业的种植却发现较少，对于探索手工业分工、与长江中游大溪文化遗址间资源互补、产品交换以及由此反映的对环境的适应性等方面有着积极影响。大溪遗址发现了较多代表早期礼制与文明的玉饰品，墓葬随葬品也反映出墓地成员之间存在较为严重的分层现象，为探讨早期中国文明形成及演进模式提供了重要信息。大溪遗址大溪文化墓葬人骨保存较好，提取到了古DNA信息，在我国南方地区非常罕见，为开展性别年龄鉴定、同位素分析、社会结构、人群构成和流动等方面提供了理想材料。大溪遗址还发现了大量器物坑、动物坑、鱼骨坑，反映了大溪人的原始宗教观念。

随葬鱼的墓葬（2001WDⅡM81）

五人仰身直肢合葬墓（2001WDⅡM146）

屈肢合葬墓（2003WDⅠM37）

牛坑（2001WDⅡH619）

陶簋

彩陶筒形瓶

彩陶碗

彩陶罐

陶簋　　　　　　　陶碗　　　　　　红陶圈足罐

空心陶响球　　　　磨制石锛　　　　双面石猴面饰

石轮形饰　　　　　　　　M60出土熊牙饰

带刻画符号的骨镞

骨匕　　　　　　　　　M93出土骨器

西藏昌都卡若遗址

新石器时代

历年主要发掘单位：西藏自治区文物管理委员会、国家文物局、中国社会科学院考古研究所、四川省博物馆、云南省博物馆、四川大学历史系、西藏自治区文物局、西藏自治区博物馆、昌都市文物局等

历任发掘领队及主持发掘者、主要参与发掘人员：仁青次仁、欧朝贵、索朗旺堆、更堆、小旺堆、童恩正、冷健、侯石柱、甲央、张文生、黄景略、刘平修、石兴邦、冉光瑜、王东元等

卡若遗址位于西藏自治区昌都市卡若区，海拔 3600～3800 米。卡若遗址是 1977 年昌都水泥厂施工时发现的。1978、1979 年期间，西藏自治区文物管理委员会同国家文物局、四川博物馆、中国社会科学院考古研究所、四川大学、云南博物馆对卡若遗址先后开展了两次考古发掘。2002 年和 2012 年，四川大学和西藏文物局、西藏博物馆对卡若遗址先后开展了两次考古发掘。

卡若遗址文化层堆积厚度达到 1.00～1.60 米，是西藏史前遗址中罕见的、堆积保存较为完整的遗址。遗址内发现有石砌建筑遗迹，是一处石器、陶器、骨器等遗物。陶器以夹砂、手制陶为主，罐、盆、碗为基本组合，以小平底为典型特征。出土石器包括打制石器、细石器和磨制石器。从刮削器、砍砸器、切割器的单向打制技术看，它与中国南方地区新石器文化有相似处；细石器的技术特征在西藏大部分地区均有分布，呈现出比较明显的统一性，这类细石器技术明显带有北方民族风格，且卡若遗址出土的嵌石刃的骨刀梗与黑龙江昂昂溪、内蒙古富河沟门、青海西宁朱家寨相似。磨制的长条形石斧、石锛、半月

2002T3

2002T3内F1

2002T3内F1灶及柱洞

2002T4活动面

2012F2

形石刀组合则体现出卡若遗址与西南地区一致的考古学文化特征；卡若遗址中磨制石器仅磨刃部的做法又与黄河中、上游新石器文化有联系，如盘状敲砸器与甘肃大何庄、秦魏家齐家文化遗存墓地出土相似；有肩石斧与甘肃四坝滩、永靖大何庄遗址、酒泉下河清马厂类型遗址出土类似。卡若遗址中发现的粟、猪骨和投掷石球，说明卡若拥有农业和畜牧业共同发展的生产经济方式。

卡若遗址距今 5500 ～ 4400 年，可分为早（距今 5500 ～ 4700 年）、中（距今 4700 ～ 4300 年）、晚（距今 4300 年以后）三期。卡若遗址的考古学文化特征体现出了与川西高原、滇西北横断山脉区域之间的联系，以及与青藏高原东北缘的甘肃西部、青海西部的新石器时代考古学文化之间的联系。它向大家揭示了西藏距今 5000 ～ 4000 年前西藏东部的古人类生产、生活线索。比较完整地勾勒出当时生活在藏东人群的生产、生活方式。

石叶

磨制石器

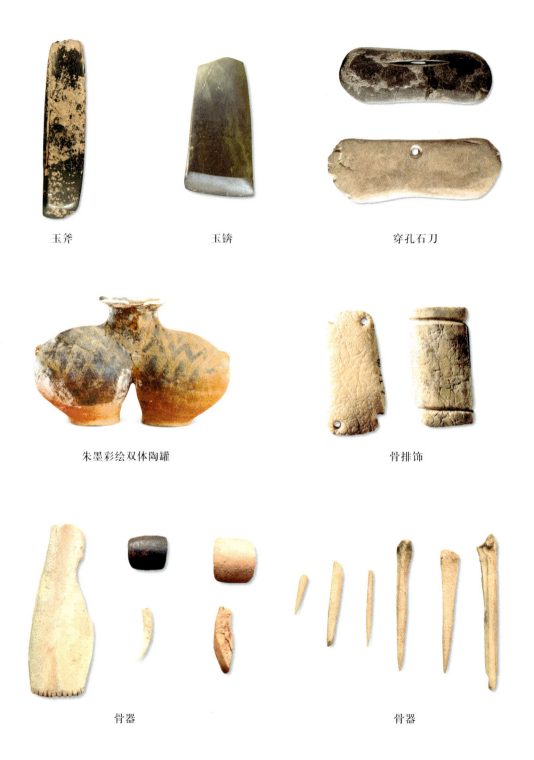

玉斧　　　　　　　玉锛　　　　　　　　　穿孔石刀

朱墨彩绘双体陶罐　　　　　　　　　骨排饰

骨器　　　　　　　　　　　　　骨器

陕西神木石峁遗址

🐾 **新石器时代**

🔴 历年主要发掘单位：陕西省考古研究院、西安半坡博物馆、榆林市文物考古勘探工作队、神木市文体广电局、神木市石峁遗址管理处

历任发掘领队及主持发掘者、主要参与发掘人员：戴应新、巩启明、魏世刚、孙周勇、邵晶、邸楠、杨利平、康宁武、屈凤鸣、刘小明、赵益、刘海利等

石峁遗址位于神木市高家堡镇，地处黄土高原北部的黄河西岸，毛乌素沙漠南缘，坐落在黄河一级支流秃尾河东岸的梁峁上，海拔1100～1300米。1958年第一次全国文物普查期间，遗址首次被考古工作者记录。

石峁城址由"皇城台"、内城和外城三座基本完整并相对独立的石构城垣组成，城内面积达400万平方米以上，城外还分布有数座人工修筑的"哨所"类建筑遗迹，是河套地区一处龙山晚期至夏代早期的超大型中心聚落。皇城台位于内城偏西的中心部位，为一座顶小底大、四面包砌层阶状石墙的台城，系大型宫殿

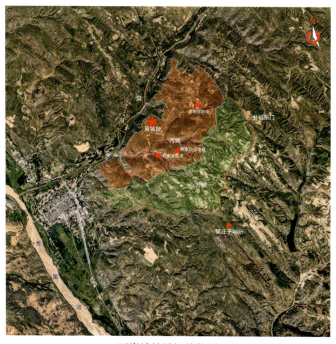

石峁城址城垣结构图

石峁遗址皇城台远景

及高等级建筑的分布区域；内城将皇城台包围其中，面积约210万平方米，城内密集分布着居址、墓地等遗迹；外城系利用内城东南部墙体向东南方向再行扩筑的一道弧形石墙形成的封闭空间，面积190万平方米，其内分布有一些居址和墓地。

（一）外城东门址

2012～2013年，发掘了外城北部的一座城门遗迹。门址位于遗址东北部，依其在整个城址中的相对位置，称之为外城东门址，门址由内外瓮城、南北墩台、门道、门塾等设施组成，体量巨大、结构复杂、筑造技术先进。在周边地层及遗迹中出土了玉器、陶器、壁画和石雕头像等重要遗物，尤以"头骨坑"及"藏玉于石"现象引人注目。外瓮城平面呈近U形，将门道完全遮蔽，与两座墩台之间并未完全连接，两端留有进入城门的小通道。墩台以门道为中心对称建置于南、北两侧，形制相似，均为长方形。墩台外以石块包砌，内为夯打密实的夯土。南、北墩台中间形成宽约9米的门道，朝向门道一侧的墩台墙上分别砌筑出3道平行的南北向短墙，隔出4间似为"门塾"的空间，南北各2间，两两对称。进入门道后，南墩台西北继续修筑石墙，向西砌筑十余米后折向北，在门址内侧形成曲尺形的"内瓮城"结构。内

瓮城内侧增修有一道夏代早期的紧贴并行石墙，在石墙墙根底部的地面上发现了成层、成片分布的壁画残块100余块。外城东门址区域内下层地面下发现多处集中埋藏人头骨的遗迹，其中以门道处（K2）发现埋置人头骨最多，多达24具，部分头骨有明显砍斫痕迹，经初步鉴定这些头骨以年轻女性居多，可能与城墙修建时的奠基或祭祀活动有关。外城东门址一带石墙内发现有埋藏玉器的现象，玉铲、玉钺、玉璜、玉刀等玉器或发现于墙体倒塌堆积之内，或发现于石块砌筑的墙体外缘。根据其出土状况分析，这些玉器应是在城墙修建过程中有意嵌入墙体之中。这种"藏玉于墙"现象或符合上古文献中提到的玉门、瑶台、璇门的相关记载，作为石峁人在信仰层面的驱鬼辟邪观念催生的精神武器，石峁外城东门址所见杀戮奠基及墙体藏玉现象，极大满足了辟邪神话寄托及"宗教中心"的向心功能，也成为其凝聚周边中小型聚落的核心手段。

（二）韩家圪旦墓地

2014年发掘的韩家圪旦地点位于内城中部偏东的一处东西向"舌形"山峁之上，与皇城台隔沟相望。清理的主要遗迹包括房址31组（座）、墓葬41座、灰坑27座及窑址1座，遗迹间打破关系丰富，出土陶、石、骨器千余

石峁遗址外城东门址全景

件，还发现个别蚌饰、海贝、鸵鸟蛋壳、绿松石饰等。墓葬规模及随葬品丰厚程度的差异是体现死者生前财富、身份等级的重要标志。韩家圪旦地点发掘的墓葬多为竖穴土坑墓，最大者墓室面积 12 平方米；最小则仅可容身，规模差异显而易见。大中型墓葬结构相似，墓主位于墓室中央，仰身直肢，棺外有殉人 1 至 2 人不等，墓室北壁均设壁龛，用于放置陶器等随葬品。韩家圪旦地点早期是作为居址使用的，晚期时居址废弃，作为墓地使用，聚落功能发生了巨大的更替。虽然该墓地被严重盗扰，但仍然从规模上能够判断其为石峁遗址内的一处大型贵族墓地，墓地主人出现了身份差异及等级区分，社会复杂化倾向加剧。除韩家圪旦地点外，考古队还对同处内城的后阳湾和呼家洼

地点进行了试掘。后阳湾和呼家洼地点试掘的主要遗迹包括房址和墓葬，房址均为地穴式（窑洞），墓葬包括竖穴土坑墓和瓮棺葬，其中呼家洼 2012F3 出土的鬲、斝、瓺、豆、尊、喇叭口折肩罐等是石峁遗址系统考古工作以来最为丰富的一组陶器组合。

（三）樊庄子"哨所"

2015 年发掘了城外东南方向的樊庄子地点，与外城南墙上的一处城门隔沟相望。从发掘情况看，哨所系在自然土峁顶部垫土找平后再修构石砌建筑。石砌建筑可分为内外两重"石围"，外围系一道"眉"形石墙，多已塌毁；内围平面大致呈东西向长方形，内围里外均未发现踩踏层面或用火迹象，但在石墙内侧有立柱所用的壁柱槽。据此判断，内围上部可

能为一座用柱子架撑的"哨所"，其功能或与登高望远、观敌瞭哨有关，与城外另几处类似建筑共同构成石峁城外的预警体系。

（四）皇城台

2016 ～ 2019 年对遗址的核心区——皇城台进行发掘，目前已完成了皇城台门址、东护墙北段上部及台顶部分区域的揭露。皇城台门址由东向西，依次由广场、外瓮城、南北墩台、铺石坡道、内瓮城、主门道等建筑设施构成。广场由南、北两道平行石墙及外瓮城东墙一线围成，平面呈长方形，面积逾 2000 平方米。外瓮城位于广场内侧、南北墩台外侧正中，为一道平面呈折角 "U" 形的石墙。南、北墩台分列外瓮城两侧，南小北大，结构为石墙包砌夯土内芯。外瓮城西侧，南、北墩台之间，为铺石坡道，自外而内向上攀升，地面遍铺平整砂岩石板，局部石板上有阴刻装饰纹样。内瓮城由两道呈 "L" 形的隔墙组成，分别连接南墩台与主门道，其上还建有门塾。受内瓮城阻隔，登城路线由自东向西折为自南向北。南

墩台后接 "L" 形内瓮城，将西、南两面完全封堵，仅留向北折入主门道的道路，主门道入口处还设有门塾。主门道位于内瓮城北端，为一道 "U" 形的回廊，自入口处由南向北延伸，然后盘旋蜿蜒而上，又变为自北向南延伸，门道地面未铺石板，门道两侧石墙上则发现有较多壁柱槽，可见应系一覆顶的封闭空间。发掘过程中，也发现有与外城东门相同的"藏玉于石"现象，在墩台、瓮城的倒塌石墙内出土多件玉器。皇城台门址形制完备、结构复杂，除与外城东门址同样显示出强烈的防御色彩外，外侧的长方形广场及两侧伸出的长墙，可能还具有一定的礼制功能，对后世都城正门的布局结构产生了深远的影响。

东护墙北段是皇城台护墙中保存最好的一段，由沟底堑山修筑，多达数十阶，高度达 70 米。截至 2019 年年末，共清理东护墙北段上部长约 120 米的墙体，自上而下可分为 7 ～ 8 阶，垂直高度约 8 ～ 15 米不等。护墙的上下阶墙体交错相叠，形成宽度不等的退台，局部墙体有

皇城台大台基南护墙

修葺增补的现象，多数墙面上等间距密集排布的纴木。重要的是，覆压于墙体之上来自皇城台顶部的弃置堆积内，出土陶、骨、石、玉、铜等各类遗物4万余件，还发现有壁画残块、纺织品和漆皮残片等重要遗物。弃置堆积内数量可观的陶瓦是公元前2000年前后国内发现数量较大、区域位置最北端的发现，暗示着台顶存在着覆瓦类高等级建筑，对于探讨中国早期建筑史具有重要意义；陶鹰的发现或许暗含了其信仰和宗教功能；数量可观的骨针及"制作链"各阶段废料、残次品的集中出土，预示着台顶存在着大型制骨作坊；20余件骨制口簧，是目前世界范围内发现的年代最早的口簧，是世界音乐史的重要发现，为探讨早期人群流动及文化交流提供了珍贵线索。另外，出土的少量锥、刀、环等小件铜器及小铜片，是中国早期铜器的又一重要发现。

皇城台顶部的发掘集中于台顶东南部，发现了一座夯土筑芯、砌石包边的大型建筑台基，其上还修建有大型房址。大台基近圆角

方形，每边长度近130米，总面积超过1.6万平方米。至2019年年末，已对大台基南护墙进行了完整揭露，共发现70余件石雕，大部分出土于墙体的倒塌石块内，仍有部分镶嵌于墙面之上。石雕多数为单面雕刻，技法以减地浮雕为主，内容可分为符号、神面、人面、动物、神兽等，体现出成熟的艺术构思和精湛的雕刻技艺。除嵌入墙体的平面式石雕外，立于地表的立柱式石雕更具标志性的功能，功能与用途类似于图腾柱。从层位关系和测年数据来看，台基南护墙的年代约为公元前2000年左右。从使用背景分析，这些石雕是否"旧物新用"还是处于原本的位置，仍存在着较大的讨论空间，尚不能排除石雕可能来自其他高等级建筑，在修砌大台基时嵌入南护墙的可能。这些石雕可能与石峁先民砌筑石墙时"藏玉于墙"或修筑建筑时以人头奠基的精神内涵相同，代表了先民对皇城台的精神寄托。从石雕图案主题、表现手法及绘制技艺等方面来看，这些石雕与中国北方地区自红山文化以来形成

的石雕传统有着密切的关系，可能一定程度上影响了后石家河文化玉器、二里头文化绿松石"龙""虎"，甚至商周青铜礼器的艺术构思和纹饰风格。

石峁遗址作为黄河中游地区龙山晚期至夏代早期的一处超大型中心聚落，其巨大的规模、多重的结构、宏大的建筑、复杂的宗教遗存及大量精美遗物的发现，表明石峁城址的社会功能不同于一般性原始聚落，应为早期城市滥觞时期作为统治权力象征的邦国都邑。特别是近年来皇城台的一系列重要发现，显示出作为遗址的核心区域，已经具备了早期"宫城"的性质，这种层层设防、众星拱月般的结构奠定了中国古代以宫城为核心的都城布局，同时表明石峁在中国北方地区社会复杂化过程中具有的区域政治中心的作用外，可能还承担着宗教中心的双重角色，为中国文明起源形成的多元性和发展过程提供了全新的研究资料。由于遗址处于游牧文明与农耕文明的交错地带，其发展高度、复杂程度以及建筑技术，远远超出了我们之前对公元前两千纪前后中国早期文明发展程度的判断，表明自新石器时代晚期以来中国北方地区与欧亚草原方向存在双向、多重、频繁的技术交流和文化互动。

外城东门一号马面

外城东门址平面布局

外城东门址人头坑K2

外城东门址藏玉于墙现象

大台基南护墙8号石雕

大台基南护墙9号石雕

大台基南护墙11号石雕

大台基南护墙47号石雕

外城东门址出土几何纹壁画残片

皇城台门址玉钺出土情况

皇城台出土骨口簧

皇城台出土管哨

皇城台出土玉钺　　　皇城台出土玉钺　　　皇城台出土玉牙璧

皇城台出土陶斝　　　皇城台出土陶盉

皇城台出土陶鹰　　　皇城台出土陶瓦

陕西西安半坡遗址

新石器时代

历年主要发掘单位：中国科学院考古研究所、西安半坡博物馆等

历任发掘领队及主持发掘者、主要参与发掘人员：石兴邦、吴汝祚、方酉生、白万玉、李仰松、张忠培、张彦煌、张森水、胡谦盈、俞伟超、郑笑梅、徐元邦、高明、黄景略、裴文中等

半坡遗址位于陕西省西安市灞桥区，是关中腹地的一处新石器时代遗址。这里是小说中提到的白鹿原西北边缘，渭河二级支流浐河流经遗址西侧，源自南边不远处的秦岭。1953年，西北文物清理队发现半坡遗址，同年9月，中国科学院考古研究所陕西调查发掘团开展了深入调查，并于1954～1957年对半坡遗址开展了7次发掘，发掘面积约10000平方米。共发掘房屋遗址45座、圈栏2处、窖穴200多处、陶窑6座、各类墓葬250座（其中成人墓葬174座、幼儿瓮棺73座）以及生产工具和生活用具近万件，并发现了内、外围沟。

发掘区主要位于遗址北部，东南部等处的围沟遗迹进行了小面积发掘。通过发掘，发现半坡遗址西半部已经遭到破坏，残存面积约5万平方米，东部残存大围沟长约300米。根据遗址环壕残存的情况，按照对称方法推算，半坡遗址的完整面积应该超过10万平方米，与同时期较小的姜寨等遗址相比，属于仰韶文化早期的大型聚落遗址，表明仰韶文化早期已经存在聚落之间的规模和等级差异。

《西安半坡》考古发掘报告将半坡遗址新

半坡遗址发掘场景

半坡遗址发掘现场绘制遗迹图

石器时代的遗存划分为早晚两期。早期遗存是遗址的主体遗存，保存较好，数量丰富，年代为距今 7000 ～ 6000 年之间，属于仰韶文化早期，有人工挖设的内外两重围沟环绕。大围沟形成村落的外围轮廓，同时也是外围防御设施。小围沟将村落内部的居住区划分为内外两重结构，从而形成类似于两个同心圆或内外城布局。大围沟外有多处相对独立的墓地和手工业作坊区，大、小围沟内均分布着房屋组群，每组中小型房屋共同围绕在一座大房子周边，形成多个房屋组群，可能代表不同的家族或氏族。大围沟外的多处墓地对应着围沟内的多个房屋组群，进一步表明当时氏族社会聚族而居、聚族而葬的特征。半坡遗址早期的陶器特征鲜明。观其色，以纯正的红陶为主色调；看纹饰，以绳纹等为核心要素，而红底黑彩的彩陶更是仰韶文化最典型的陶器特征；论器类，炊器以夹砂罐为大宗，酒水器以炮弹形尖底瓶和葫芦瓶为代表，盛器有瓮、盆、钵等。半坡遗址彩陶的图像主体是人面和鱼，还包括其他动物形象。

而且鱼的形象占半坡彩陶的主体。这类图像表现了早期萨满教巫师与其具有神性的使者（鱼和各类动物）及神明之间的组合关系。这类早期遗存属于仰韶文化早期阶段，被称为仰韶文化半坡类型或半坡期。半坡遗址晚期遗存以喇叭口尖底瓶和简化彩陶为代表，属于仰韶文化晚期，被称为仰韶文化半坡晚期类型。

　　半坡遗址是我国首次以聚落考古的科学方法揭示的一处新石器时代聚落遗址，首次揭露了中国境内以环壕聚落为特征的新石器时代闭合式聚落形态及其布局特征，同时，展示了仰韶文化不同阶段的文化面貌和社会结构特征，从而为仰韶文化的研究树立了半坡类型、半坡晚期类型两个阶段的标杆，为构建中国新石器时代文化编年标尺提供了标志性参照系。此外，遗址内出土的遗迹遗物，为研究新石器时代的环境、生业形态、建筑材料与建筑技术、埋葬制度与社会结构、彩陶雕塑与早期宗教乃至社会治理方式等重大问题，提供了前所未有的实物资料和开创性的研究成果。

鱼纹彩陶盆

"人面鱼纹"彩陶盆

鱼纹彩陶盆

尖底瓶

骨鱼钩

鱼纹彩陶盆

骨镞

骨锥

陕西临潼姜寨遗址

新石器时代

历年主要发掘单位：西安半坡博物馆、陕西省考古研究院（所）、临潼县博物馆等
历任发掘领队及主持发掘者、主要参与发掘人员：巩启明、赵世昌、靳富彦、张
鼎钰、王耀华、王志俊、张瑞岭、高强、周春茂、籍和平、赵康民、罗西章、尹盛平、
刘士莪、曾骐等

姜寨遗址位于陕西省西安市临潼区（原临潼县），处于渭河古道与临河交汇的三角地带，南侧又有骊山相倚，依山傍水，土壤肥沃。1972年春，当地在平整土地时首次发现姜寨遗址，陕西省文化局随即决定由西安半坡博物馆负责组织发掘。发掘之初，考古队首先对姜寨遗址做了详细的勘察工作，发现遗址面积约达5万平方米，现存2万多平方米。遗址文化层一般在1～2、最厚处可达4米，内涵十分丰富。

姜寨遗址发掘工作自1972年4月持续至1979年11月，历时八年，前后共经过十一次科学发掘，发掘总面积达17084平方米。共发现五期不同的文化遗存。前四期分属于仰韶时

姜寨遗址发掘场景

房址F46

房址F41

墓葬区

陶器出土场景

期的不同发展阶段,第五期属客省庄二期文化。其中,姜寨一期遗存中发现的原始村落,是当时环壕聚落的典型代表,总体布局分为居住区、窑场和墓地三个部分。居住区位于中央,周围有壕沟围绕。居住区内的房屋规划整齐,形成圆圈状布局的房屋建筑群。由大、中、小型三种房子组成五个单元,每个单元的小型房屋围绕大、中型房屋,均朝向中心广场。周围有壕沟围绕,环壕聚落东部、南部、东南部共发现三处墓地,环壕西南部靠近临河的岸边有一处不大的窑场。由此,构成姜寨遗址的完整聚落布局,为半坡文化聚落形态研究填补了科学材料。上述发现，说明姜寨遗址的原始居民已经形成了一个具有一定秩序的社会组织团体。如此严密的村落布局，正是先民复杂的社会关系、生活方式的写照，这为研究母系氏族公社时期氏族组织、婚姻形态及社会制度等提供了宝贵的资料。

　　姜寨遗址的发掘极大地丰富了关中地区新石器时代的考古学文化。该遗址中所发现的半坡文化、史家类型、庙底沟文化、半坡四期文化依次叠压的地层关系，很好地解决了仰韶文化诸类型间的发展序列问题。姜寨遗址中发现的半坡文化原始村落，更是为探讨母系氏族社会时期的婚姻制度、社会组织结构等问题，提供了翔实的材料。遗址中出土的大量精美文物，为我们进一步探索先民的经济形态、社会生活，提供了珍贵的实物证据。

刻符彩陶钵

"人面鱼纹"彩陶盆

小口尖底瓶

波折纹尖底罐

甘肃秦安大地湾遗址

 新石器时代

历年主要发掘单位：甘肃省文物考古研究所、兰州大学、中国科学院古脊椎动物与古人类研究所、美国加州大学戴维斯分校等

历任发掘领队及主持发掘者、主要参与发掘人员：张朋川、郎树德、张乐、朱耀山、周广济、阎渭清、赵建龙、许永杰、水涛、戴春阳、冯亚东、韩翀飞、高星、张东菊等

大地湾遗址位于甘肃省天水市秦安县五营乡邵店村东南，面积约 110 万平方米。1978～1984 年，甘肃省博物馆文物工作队对大地湾遗址进行了 7 个年度历经 7 次的大规模发掘。1995 年，为进一步确定遗址内仰韶文化早期村落围沟的走向，对该遗址进行了补充性发掘，前后 8 次发掘总面积达 14752 平方米。共清理房址 240 座、灰坑和窖穴 325 个、墓葬 71 座、窑址 35 座、沟渠 12 段，出土陶器 4147 件、石器 1931 件、骨角器和蚌器 2227 件。

2006 年，首次在大地湾遗址新石器文化层之下发现较厚的旧石器文化层，将大地湾遗址最早的人类活动推早至距今 6 万年前后。2014～2015 年，发掘面积 42 平方米，发掘清理新石器时代遗迹 14 处，其中房址 4 座，灰坑 9 处，灰沟 1 条，以及旧石器时代独立火塘 1 处。发掘确认了大地湾遗址新石器层位下保存有连续的旧石器时代文化遗存，为系统揭示中

大地湾遗址全景

第Ⅳ区发掘现场

宫殿式建筑F901

M219、M220

F411地画

国西北地区古人类由狩猎采集经济、到早期农业栽培经济、到成熟农业经济的转变过程提供了更加可靠的材料和证据，并为探讨现代人起源和新旧石器文化过渡提供了重要信息。

大地湾考古的重要收获是发现了数量众多的房址，为中国史前建筑研究及聚落考古提供了一批弥足珍贵的资料。第一，大地湾发现房址240座，在我国数以万计的新石器时代遗址中不仅数量最为丰富，而且保存状况甚好。这些房址类型多样，发展变化复杂，蕴含着复原历史所需的多角度的庞大信息。第二，房址资料构成一个难得的完整序列，从第一期到第五

期时间跨度约3000年左右，每期都有房址，尤以二、四期遗存丰富，可谓一部史前建筑的发展史。距今7000多年前的一期半地穴圆形房址，是我国迄今为止考古发现中时代最早的一批房址，代表着史前建筑的源头。四期F901则是目前所见我国史前时期面积最大、工艺水平最高的房屋建筑，它体现了仰韶先民卓越的建筑成就，达到了史前建筑的顶峰。第三，全面系统地考察这批房址资料，总结其阶段性的发展规律，不仅可以为渭河中上游史前考古分期断代树立了新的标尺，促进我国西北地区考古学区、系、类型的研究，而且对于我们以此为

基础，综合研究聚落和社会的演进，具有重要的意义和价值。

　　大地湾遗址为甘肃史前考古树立了距今7800～4800年的断代标尺，同时为甘肃东部及南部地区，包括泾渭流域、西汉水流域、白龙江流域，建立起较为完整的史前文化发展序列。这个序列是前仰韶文化的大地湾一期发展为西山坪二期，再发展为仰韶文化，包括早中晚即大地湾二期、三期、四期类型，最后演变为常山下层文化的第五期，其后再发展为齐家文化。

　　距今7000多年前的第一期文化的发现不仅确凿无疑地表明甘肃是中华古文化的发祥地之一，而且为探讨农业、陶器、彩陶的起源提供了一批弥足珍贵的科学资料。大地湾发现的240座房屋遗存为史前建筑及中国建筑史的研究增添了不可多得的宝贵资料。大地湾提供了史前聚落从一般村落发展为中心聚落的演进过程，为中国文明起源的多元一体理论提供了重要的证据。骨器的解剖学鉴定及动物的骨骼种属鉴定为我们研究史前经济生活状况、复原古代生态环境开辟了广阔的前景，而古代生态环境的研究又为今天的西部开发提供了有益的启示。

彩陶人头瓶

宽带纹葫芦瓶

石锛

石坠

三角斜线纹彩陶盆

蛙纹彩陶壶　　　　三足彩陶钵　　　　宽带纹彩陶钵

三角纹彩陶盂　　　　鱼纹彩陶盆　　　　石权杖头

穿孔短褶矛蚌　　　骨锥

骨针

甘肃临洮马家窑遗址

新石器时代

历年主要发掘单位：中国社会科学院考古研究所、甘肃省文物考古研究所等

历任发掘领队及主持发掘者、主要参与发掘人员：王辉、李新伟、郭志委、周静等

马家窑遗址作为马家窑文化的命名地，是西北地区一处重要的史前文化遗址。中国现代考古学诞生之初，安特生发现马家窑遗址，夏鼐以此遗址命名了马家窑文化。

2012～2013年，中国社会科学院考古研究所联合甘肃省文物考古研究所，在当地有关部门配合下，对马家窑遗址进行了系统的调查和钻探，认定遗址范围约40万平方米，重点分布在面向巴马峪沟的台地南部。2014～2017年，双方组成联合考古队，对马家窑遗址进行四次考古发掘，地点选在遗址南部面临巴马峪沟的

四处台地、瓦家坪南部和其西侧更高处的两处台地上，共计7处发掘地点，揭露面积近2000平方米，清理出不同时期诸多遗迹、遗物，并采集了大量自然科学样品。最新考古发掘表明，马家窑遗址文化堆积较为复杂，包含了类似仰韶文化庙底沟类型以及马家窑文化、齐家文化等不同时期和性质的遗存，其中以马家窑文化和齐家文化遗存最为丰富。

（一）马家窑文化遗存

马家窑文化遗存主要分布在遗址南部边缘，面向巴马峪沟的几处低矮台地上，包括新

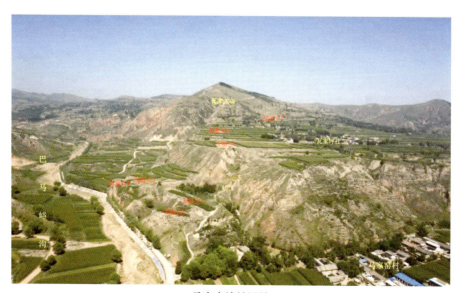

马家窑遗址远景

近发掘的第 1～4 地点。在第 1～4 发掘地点，考古清理出的马家窑文化遗存，包含文化层、房址、灰坑、窖穴、窑炉等遗迹和遗物。其中，房址主要见于每处发掘点最底部，接近生土位置，现已发现 6 座，其中第 1 发掘点 5 座，第 3 发掘点 1 座。这些房址均遭破坏，地面以上部分损毁，仅残存地面及以下地基部分。房屋平面形状多圆形或近方形。残存设施主要有地面、灶、柱、地基等结构，其中灶、柱常见有打破现象，应是房屋使用过程中存在多次修建而致。房门、墙壁、屋顶等结构因各种原因不明。在布局方面，房屋分布多依托所处地形

展开，并受地形限制较大。在第 1 地点，现已经发现的 5 座房址大致成排分布，但是否同时存在，其演变过程如何尚待研究。灰坑或者窖穴数量最多，同样多见于发掘点底部，一般分布在房址周围。部分袋状灰坑内壁涂抹黄泥，可能有存储的功能。窑炉发现数量较少，仅在第 3 地点发现 1 座，与房址和灰坑混杂分布。除上述发掘点底部较为丰富的遗迹外，第 1～4 发掘地点还发现了大量文化层堆积。这些堆积多叠压在上述房址、灰坑、窑炉等遗迹之上，部分探方甚至全部为文化层堆积（如第 2、4 发掘地点），厚达数米，均是各种原因

马家窑文化房址 F4

马家窑文化灰坑 H14

齐家文化房址 F1

齐家文化墓葬 M2&M9

形成的，各种形状和性质的细碎文化层，包含物较为丰富，但缺少相应遗迹的存在（或数量极少）。这与发掘点底部遗迹较为丰富的现象形成鲜明对比。因此，这些文化层形成的过程和性质为何？是马家窑早期人群在这些台地生活至某一阶段后废弃，成为更高处马家窑人群倾倒垃圾的场所，还是次生堆积？这些问题值得继续探索。

在遗址更高处的台地见有马家窑文化遗存，但数量有限。以瓦家坪第5发掘地点为例，现已发现的马家窑文化遗迹主要为一条大型灰沟（且时代相对略晚），缺少关键的房址、灰坑、窖穴、窑炉等生活设施。

从出土遗物来看，马家窑遗址的马家窑文化遗存主要为马家窑类型遗存，见有少量庙底沟风格的遗物，但缺少典型石岭下类型的遗物。半山类型的遗物亦基本不见。具体到出土的马家窑类型遗物，其时代相对偏早，内涵丰富，有较大细化分期的空间，目前这一工作正在进行中。此外，马家窑遗址还发现了丰富的动、植物遗存，并采集了大量环境分析样本。这些材料的整理和分析也在有序进行中。上述这些工作，都将有助于学术界重新认识马家窑社会的方方面面。

（二）齐家文化遗存

马家窑遗址发现了丰富的齐家文化遗存。从7处发掘地点所获资料来看，每处地点都能

见到齐家文化的遗物，其中，以瓦家坪及其西侧高处台地的齐家文化遗存最为丰富。

在瓦家坪及其西侧高地，第5～7地点的发掘，清理出大量齐家文化遗存，包含文化层、房址、灰坑、墓葬和灰沟等诸多遗迹和大量遗物。其中，房址多为白灰地面建筑，规模大小不等，大者超过60平方米，小者3～4平方米。房屋形状以方形或圆形为主。现存设施主要有白灰地面、灶、房基等结构，部分房屋见有墙、柱和门道。在高处的第7发掘点，还发现了疑似窑洞式房屋，室外附属建筑和院落等设施。布局方面，齐家文化房址多见于高处台地，房屋的分布和修建受台地限制较大，又依托台地展开。在同一台地，齐家文化房址多沿台地走向横向排开，并依托不同地形，修建地面式或窑洞式建筑。在垂直层面，房屋多分布在不同高度的台地上，往往上下相邻，形成垂直分布的房屋布局。齐家文化灰坑或者窖穴数量较多，一般散布在房址周围，或在小范围内集中分布。部分袋状灰坑内壁经加工，可能有存储的功能。齐家文化墓葬主要见于瓦家坪台地第5发掘地点。在有限的范围内，清理出齐家文化墓葬8座，与房址、灰坑混杂，尚未见到专门墓地。这些墓葬均为竖穴土坑墓，两两一组，墓坑一深一浅，墓主均为1人，仰身直肢葬。可知性别者男左女右。墓内基本不见随葬品。因发掘范围有限，更多信息尚不明晰。齐家文化灰沟发现数量不少，第5、6发掘地点均有发现，规模大小不等，但均有人工加工的痕迹，应是齐家文化先民有意识使用的设施。因发掘面积有限，这些灰沟的整体范围尚不明晰。但可以肯定的是，不同规模的沟状设施在当时人的生活中扮演了重要角色。

马家窑遗址作为马家窑文化的命名地，是西北地区一处重要的史前文化遗址。多年以来，考古学者在此开展工作，取得了一些重要成果。

马家窑文化陶器组合

早期学者确立了马家窑文化的命名，讨论并厘清了一些重要学术问题，成为构建西北地区史前文化基础框架的重要一环。近些年马家窑遗址的调查和钻探工作，使学术界进一步明确了遗址的分布范围以及不同时期遗存的分布情况。重点地区的发掘工作则使研究者进一步了解到马家窑遗址不同时期人群生产、生活的方方面面。大量多学科样品的采集和分析为学术界研究这一时期的环境变迁，动、植物资源利用，生业模式以及技术传播提供了新的线索。总之，马家窑遗址的考古工作有力促进了马家窑遗址的保护、利用及相关学术问题的研究。

马家窑文化彩陶瓶

马家窑文化彩陶瓶

马家窑文化陶罐

马家窑文化灰陶壶

马家窑文化石纺轮

齐家文化石刀

齐家文化单耳陶罐

齐家文化红陶杯

齐家文化玉料

青海民和喇家遗址

 新石器时代

历年主要发掘单位：中国社会科学院考古研究所、青海省文物考古研究所、民和县博物馆、四川大学历史文化学院、成都文物考古研究院、喇家遗址博物馆等

历任发掘领队及主持发掘者、主要参与发掘人员：王仁湘、叶茂林、王国道、任晓燕、王倩倩、何克洲、于孟洲、杜战伟、周志清、蔡林海、张小虎、杜玮、甄强、马骞、张启珍等

喇家遗址位于青海省民和回族土族自治县官亭镇喇家村，坐落在黄河北岸的二级阶地。遗址东西长约 880、南北宽约 750 米，面积约 67.7 万平方米。

喇家遗址发现于 1981 年。1999～2007 年，由中国社会科学院考古研究所甘青队、青海省文物考古研究所、民和县博物馆联合对其进行了历时 9 年的考古发掘，共揭露面积 3000 多平方米，发现了齐家文化的聚落居址、高等级墓葬、环壕、小广场、祭坛等重要遗迹，取得了许多突破性的新发现，被评为 2001 年度"全国十大考古新发现"之一。2001 年被公布为第五批全国重点文物保护单位，2005 年被列入全国 100 处重点遗址保护项目。

2013～2019 年，为配合考古遗址公园建设，青海省文物考古研究所等单位对遗址进行了第二阶段的田野考古工作。发掘面积近 6000 平方米，发现遗迹 450 余处，包括房址、壕沟、陶窑、祭祀坑、墓葬、大型冲沟、灰坑、灰沟、出土丰富的生产和生活遗物 2000 余件，主要有马家窑文化、齐家文化、辛店文化、汉晋遗存等。

喇家遗址是黄河上游地区史前时期以齐家文化为主的大型聚落遗址，其主要学术成果和意义体现在以下几个方面。

发现大量齐家文化时期的灾难迹象，包括被灾难毁坏、严重变形的房址，房址内外出土诸多非正常死亡的人体遗骸，以及灾难产生的灰沙堆积、红黏土堆积、地裂缝等。考古记录和科学证明了距今 4000 年前后的黄河洪水、古地震、山洪等史前灾难事件。这是国内首次通过考古发掘揭露的史前灾变现象，不仅是考古学的重要发现，其科学意义更是超过了考古学的范畴，为多学科交叉研究，提供了新的课题。

喇家遗址2000年发掘场景

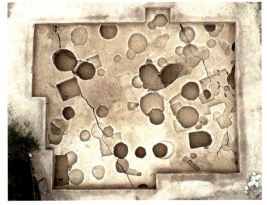

2018年Ⅷ1区南缘台地全景

齐家文化F4全景

齐家文化F63下层全景

出土齐家文化面条实物

　　喇家遗址是目前经过科学考古发掘的齐家文化遗址中，面积最大、内涵最丰富、性质最特殊的一处遗址。发现的重要遗迹现象包括：成排分布的房址，防御性设施壕沟、广场，疑似覆斗形祭坛，人、畜合埋的祭祀坑，随葬众多玉器的墓葬，祭祀性墓葬，窑洞式房屋、壁炉等；发现的重要遗物包括：面条实物、大石磬、权杖头、多孔大玉刀、大玉璧、大石璧、三璜联璧、玉钺、卜骨、彩陶提梁罐、仓形器、陶盉等。这些发现，揭示了喇家遗址是同时期齐家文化的核心聚落，拓展了对齐家文化演变格局和整体面貌的认识深度，助推了对于黄河上游地区史前文明和社会复杂化的研究进程。

　　喇家遗址处于距今4000前后东西方文化交流这一特定的时段，以及农牧交错地带这一特殊的区位。遗址发掘出土大量的植物种子和动物骨骼为探索这一时期环境的变迁，农牧业的交互，麦类作物、牛、羊等的东传等问题提供了新的研究资料，对于生业模式的转变和动因、东西方文化交流的机制和线路等课题具有重要的研究价值。在此基础上，喇家遗址的发掘者叶茂林先生也提出了"草作农业"经济形态，开启了一个深入生业模式研究的新视角。喇家遗址发掘出土的面条是目前可知最早的面条实物证据，将面条出现的时间向前推进了2000年之久，并且在面条中还发现油脂、作料等成分，对于研究古代人类饮食文化体系具有重要的意义和价值。

　　马家窑文化、辛店文化、卡约文化、汉晋遗存的发现与清理，将喇家遗址的时间跨度延展至近 3000 年，很大程度上拓展了喇家遗址的外延，丰富了黄河上游地区考古学文化的内涵，并为喇家遗址不同时期的文化面貌和聚落变迁提供了新的研究材料。

齐家文化仓形器

齐家文化玉钺

齐家文化多孔大玉刀

齐家文化三璜联璧

齐家文化带柄石刀

齐家文化权杖头

齐家文化卜骨

马家窑文化彩陶壶　　　　齐家文化高领双耳罐　　　　齐家文化高领双耳罐

齐家文化深腹罐　　　　　齐家文化单把鬲　　　　　　齐家文化陶盉

齐家文化双大耳罐　　　齐家文化双口提梁彩陶罐　　　齐家文化敛口瓮

香港马湾岛东湾仔北遗址

新石器时代

历年主要发掘单位：香港古物古迹办事处、中国社会科学院考古研究所等

历任发掘领队及主持发掘者、主要参与发掘人员：邹兴华、李浪林、吴耀利、梁中合、贾笑冰、李新伟、杜玉生、梁星彭、韩康信、傅宪国、董新林等

东湾仔遗址是 1993 年由白德博士（Dr. Solomon Bard）发现。遗址分南、北两部分，1994 年由罗美娜（P.R.Rogers）在遗址南部进行了抢救性发掘。1997 年，香港古物古迹办事处联合中国社会科学院考古研究所对遗址北部进行发掘。东湾仔北遗址位于香港马湾岛东北角东湾仔沙堤北端，遗址总面积 3000 平方米，属珠江口地区典型的海湾上升沙堤遗址。

遗址中发现了 3 个时期的文化遗存：第一期遗存包括少量柱洞和陶片，年代约为距今 5700～4900 年；第二期遗存内涵最丰富，

年代约为距今 4200～3500 年，包括墓葬 19 座，柱洞 6 个和灰坑 4 个，还发现了在中国东部和南部史前时代广泛流行的拔除上门齿习俗；第三期可以墓葬 C1044 为代表，该墓未见人骨，随葬品有陶器 4 件，玉管饰 1 件及石玦 1 件。陶器风格属于粤东和闽西南地区的浮滨文化，在香港地区极为少见，年代约距今 3500～2500 年。

该遗址的发掘为建立香港地区史前文化发展序列、研究史前时代香港和大陆的关系提供了宝贵资料。在墓葬中保存较好的古代人类遗

香港东湾仔北遗址探方坑位

香港东湾仔北遗址探方坑位

香港东湾仔北遗址发掘现场

C81墓随葬品位置

C1017号墓

骸，是香港乃至整个珠江三角洲地区的重要考古发现。经体质人类学家的初步鉴定，骸骨拥有亚洲蒙古人种的一般特征，同时亦存在热带地区某些种族相近的特征。这些发现无疑对香港地区新石器时代先民与其邻近地区之间的关系提供了重要的研究材料。

TXC1061号墓

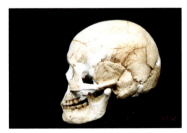

复原人头骨（C7）侧面

复原人头骨C81

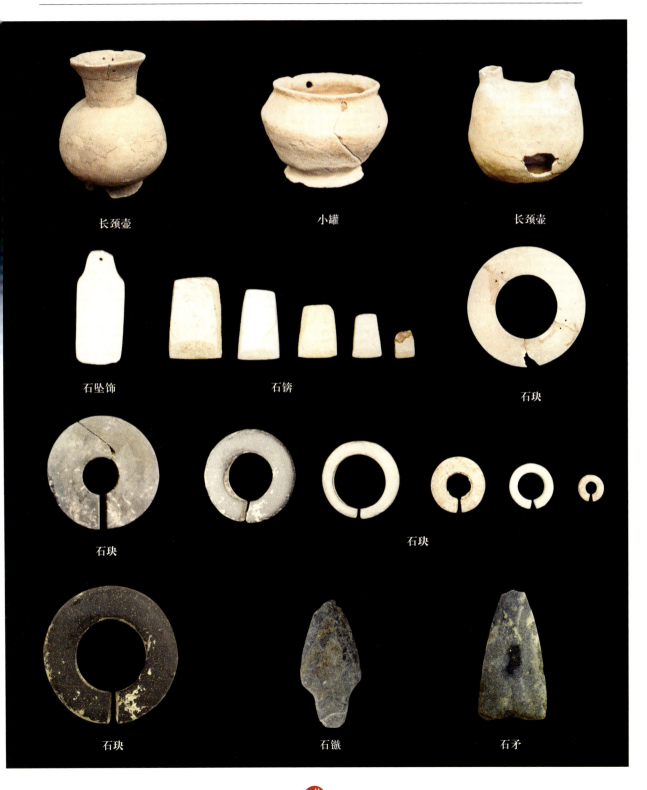

长颈壶　　　　　　　小罐　　　　　　　长颈壶

石坠饰　　　　　石锛　　　　　石玦

石玦　　　　　　　　　　　　　　石玦

石玦　　　　　石镞　　　　　石矛

江西新干商代大墓

夏商

历年主要发掘单位：江西省文物考古研究所、江西省博物馆、新干县博物馆等
历任发掘领队及主持发掘者、主要参与发掘人员：彭适凡、詹开逊、刘林、侯远志、杨日新、徐长青等

1989 年 9 月 20 日，新干县大洋洲乡农民在程家村涝背沙丘取土时发现新干商代大墓。随后成立了新干大洋洲考古发掘队进行了科学发掘。大墓出土青铜器 475 件，玉器 754 件，陶器 139 件。新干商代大墓是一座大型方国王陵，也是中国出土青铜器数量最多、种类最丰富的大型商代墓葬，与殷墟妇好墓、三星堆祭祀坑并称为商代青铜器三大发现，堪称"江南青铜宝库"。它与吴城、牛城所体现的高度发达的青铜文明改变了人们对赣江流域古代文明的认识，重塑了中国青铜时代文化格局。新干商代大墓的发现将中国青铜文明和整个商代历史、文化研究推进到了一个新阶段。

新干商代大墓是中国南方考古的一项重大突破，入选了"七五"期间全国十大考古发现和中国社会科学院《考古》杂志社组织评选的二十世纪中国百项考古大发现。

新干大洋洲商代大墓墓地远眺

发掘现场　　　　　　　　中型铜礼器出土场景　　　　　　　　发掘现场

玉羽人　　　　　　　　　　蝉纹玉琮　　　　　　　　神人兽面形玉饰

兽面纹双层底青铜鼎　　　乳钉纹伏虎耳方形青铜鼎　　　伏虎耳虎形扁足青铜鼎

立鹿耳四足青铜甗

兽面纹提梁方腹青铜卣

兽面纹假腹青铜豆

双面神人青铜头像

方内青铜钺

牛角兽面纹立鸟青铜镈

伏鸟双尾青铜虎

兽面纹青铜胄

兽面纹青铜犁铧

河南偃师二里头遗址

夏商

历年主要发掘单位：中国社会科学院考古研究所等
历任发掘领队及主持发掘者：徐旭生、高天麟、殷玮璋、赵芝荃、郑光、杜金鹏、张立东、许宏、赵海涛、陈国梁

二里头遗址位于河南省洛阳市偃师区西南9千米外的伊洛河故道北沿（今洛河之南），处于洛阳盆地中、东部。遗存分布于二里头、圪当头、四角楼和北许四个行政村，现存面积约300万平方米。1959年夏，中国著名考古学家徐旭生先生率队在豫西进行"夏墟"调查时，发现了二里头遗址，从此拉开了夏文化探索的序幕。二里头遗址前60年的田野考古工作分为三个大的阶段。

第一阶段，1959～1979年，对二里头遗址文化遗存的文化分期、内涵和性质的全面了解，是本阶段的主要目的和任务。以可靠的地层关系和丰富的遗存为基础，初步形成了将二里头文化划分为四期的分期方案，确立了二里头遗址二里头文化遗存的可靠时间框架，为进行其他方面研究、其他遗址建立时代框架提供了参照。发现了1号、2号基址等大型夯土建筑基址，青铜冶铸遗存，Ⅲ、Ⅷ区青铜容器、玉器，Ⅲ、Ⅵ区出土物丰富的中型墓葬，Ⅶ区精美的青铜爵、多件大型玉器等重要资料，肯定了遗址具有都邑性质，确立了二里头遗址作为中国早期国家都城遗存的重要学术地位，为

二里头遗址

6号基址

墓2002 V M3及部分出土遗物

宫城东墙与4号基址

宫城西南部建筑群

夏商考古、历史研究提供了极佳的资料。

　　第二阶段，1980～1998年，主动发掘和被动发掘均有，学术目标侧重于文化分期和年代、性质等。大面积揭露铸铜作坊遗址，发现多座铜器浇铸场以及与铸铜有关的房址、窑址、灰坑、墓葬等遗迹和大量陶范、坩埚、铜渣等遗物，对铸铜作坊的内涵和工艺技术有较多了解。发现多处祭祀性遗址和与制骨作坊有关的遗迹遗物。发掘数量可观的随葬有铜器、玉器的高等级墓葬，丰富了遗址的内涵，为文化分期、年代以及遗址性质研究提供了一些新的资

料。此外还更新了对遗址范围的认识。

　　第三阶段，1999～2019年，对遗址布局形态的探索为田野工作的重点。1999年秋季开始，廓清遗址实有范围。2001～2006年找到遗址中部的"井"字形主干道路网络，勾勒出城市布局的基本骨架。发现宫城城垣，证实宫城的存在，揭露部分二、三、四期的宫殿建筑基址，掌握早期多进院落宫殿建筑群和晚期中轴线布局的四合院式宫殿建筑群情况，发现早期宫殿建筑群中的贵族墓葬。发现围垣官营作坊区并发现绿松石器加工作坊。发现二里头文

化最晚阶段的大型工程遗迹，掌握都邑最后变迁的状况。发现一些有关遗址布局的新线索，获得一些包括大型绿松石龙形器在内的珍贵文物。对二里头遗址的现存范围及成因、遗址的宏观布局大势及聚落的历时性变化等有了前所未有的认识，进一步强化了该遗址在中国早期国家与文明研究中的重要地位。

第四阶段，2019 年至今，继续深入对都邑布局的探索。新发现中心区主干道路及其两侧墙垣，显示二里头都城为严格、清晰、规整的多网格式布局，是二里头都邑布局探索的重大突破，是二里头进入王朝国家的最重要标志。在祭祀区以西新发现贵族夯土建筑、贵族墓葬和暴力现象的墓葬，丰富了"居葬合一"布局的新认识。发现与加工漆器有关的遗存和较丰富的陶器、骨器、角器加工遗存。这些新发现、新突破，对于深化二里头都邑布局、手工业考

古和王权特征及其演变等课题意义重大。

经过 60 余年持续考古工作，取得了一系列重要成果。二里头遗址位居当时的天下之中，300 万平方米的超大规模显示它在二里头文化乃至东亚地区都占据极高地位。通过中心区"井"字形主干道路网络，把都城规划成以宫殿区为核心的多个方正、规整的网格，官营作坊区、祭祀区分居宫殿区南北，共同形成都城中轴区域，中轴区域的东西两侧都是贵族居住和埋葬区。严整有序的布局规划反映出严格的社会等级观念和发达的统治制度，宏大的宫城和复杂的大型夯土宫殿建筑显示了清晰的宫城、宫室制度。铸铜作坊、绿松石器加工作坊设置在宫殿区以南的作坊区，并以围墙防护，体现了当时对奢侈品生产、使用的垄断、独占。在宫殿区北部设置专门区域进行祭祀，反映出对祭祀活动的特别重视，使用复杂、珍贵的青铜、

1号宫殿主体殿堂西部

1号宫殿基址主殿夯土

1号宫殿基址主殿基槽鹅卵石面

1号巨型坑中用猪祭祀的遗迹

七孔玉刀

牙璋

玉璧戚

铜牌饰

绿松石龙形器

玉戈

玉质礼器及绿松石龙形器等"国之重器"体现等级礼仪，使用较大的墓穴并随葬有丰富珍贵的用品，说明已经出现较为严格的丧葬礼仪制度。这些迹象反映出当时具有等级分明的社会结构和井然有序的统治格局，充分证明二里头文化已经产生了最早的王权和王朝国家，二里头遗址成为王国的权力、祭祀、礼仪、经济等方面的核心。这些史无前例的伟大创造都不见于早期文献记载，却是认识当时社会历史极其重要的关键内容。

　　距今 3800 年到 3500 多年的二里头都邑是迄今所知东亚地区青铜时代最早的大型都城、中国青铜礼制的创造者，更是夏商周王朝乃至整个古代中国核心政治制度、身份认同和文化思想的奠基者。以二里头都邑为核心的二里头文化，诞生了成熟的文明形态，是东亚地区最早的"核心文化"、最早的广域王权国家，是"中华文明总进程的核心与引领者"，是实证中华文明五千多年悠久历史的关键环节。二里头文化开创了中国历史进入到王国时代的新纪元，为其后高度发达、繁荣的商周青铜礼乐文明、王国文明奠定最主要和最直接的基础，并与商周文明一道，构成早期华夏文明发展的主流，确立了华夏文明的基本特质。二里头遗址、二里头文化是探索中国文明起源问题的最重要起点和标尺。二里头遗址、二里头文化，所处的年代、地域、发达程度、发展阶段等诸多情况与文献记载中的夏都、夏王朝对应度极高，因此绝大多数学者认为它们是夏都、夏王朝的遗存，是研究中国早期王朝国家、夏朝考古最重要的对象。

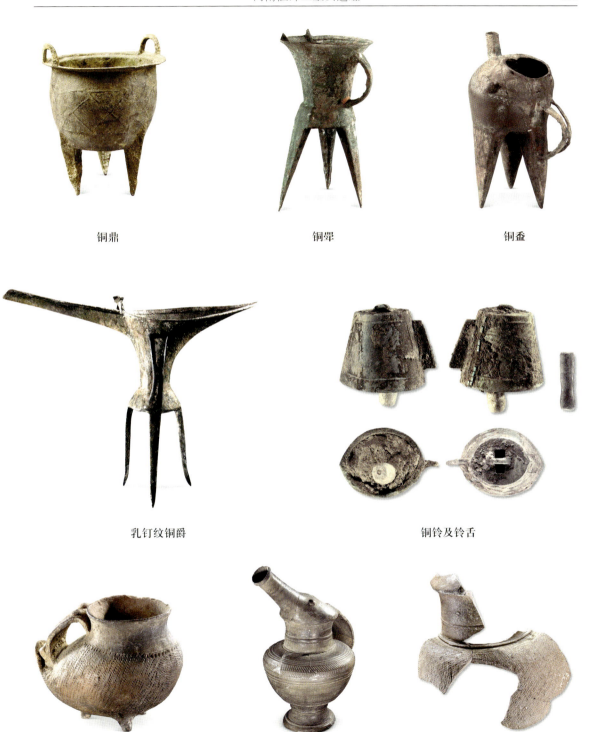

铜鼎　　　　　　　　　铜斝　　　　　　　　　铜盉

乳钉纹铜爵　　　　　　　　　　　铜铃及铃舌

鸭形陶鼎　　　　　　　陶盉　　　　　　　　原始瓷盉

河南偃师商城遗址

夏商

历年主要发掘单位：中国社会科学院考古研究所

历任发掘领队及主持发掘者：段鹏琦、赵芝荃、徐殿魁、刘忠伏、王巍、杜金鹏、王学荣、谷飞、曹慧奇、陈国梁、黄石林、杜玉生、郑文澜、胡秉华、杨国忠、杨杰、刘嘉、徐良高、许宏、张立东、张良仁、李志鹏、谢肃等

偃师（尸乡沟）商城遗址位于河南省洛阳市偃师区主城区西约 1 千米处，西距二里头遗址仅 6 千米。偃师商城遗址是 1983 年在配合基建过程中勘探发现的。

1983 年春季、夏季，初步勘探和试掘，发现商城遗址，初步确定城址的范围、年代、基本布局。并首次提出偃师商城具有都城性质，可能就是商代早期商汤灭夏之后所营建的都城"西亳"。1983 年秋冬，发掘西 2 城门，明确了西 2 城门的形制、兴废年代；在城门南侧发现与西城墙垂交的夯土遗迹，推测是"马道"

遗迹（后证实为小城北墙的残余部分）。1984 年秋，发掘 4 号宫殿基址及东 1 城门。1985 年春至 1988 年春，发掘 5 号宫殿基址。发掘表明，第 5 号宫殿建筑可分为上、下两层，代表不同时期的建筑，后将第 5 号宫殿的下层建筑遗迹编为第 6 号宫殿。

1988～1995 年，发现和确认护城壕；发掘居住区、作坊区和一系列墓葬；确认南城墙；发掘西 1 城门；发掘 II 号基址群。根据 II 号小城的整体布局和单体建筑特征，发掘者认为第 II 号建筑群遗址是当时的国家仓储之所，其规模宏大、

偃师商城遗址

1983年小城北墙西端、大城西墙与西2城门

2021年小城东墙、小城东门及晚期排水暗渠

2021年大城新西门、早期水道及护城壕

2000年宫城8号建筑基址、祭祀C区

2000年宫城池苑与给排水渠道

Ⅱ号基址群（府库，1992YST2F2009建筑基址）

布局严谨、守备森严、功用特殊，堪称中国已知时代最早、规模最大、级别最高的府库遗址。

1996～1997 年发掘大城东北隅，发现了冶铜遗存，并完整地揭露了城墙、护城壕、城墙内道路、车辙等遗迹，首次以可靠的地层关系，把大城城墙的建造年代推定为偃师商城商文化第 3 段。同年度为探寻小城的形制，对西 2 城门内侧（小城西北角）进行了发掘，确认了小城的存在，并证实大城是在小城的基础上扩建而成。

1996～2001 年，重点发掘 I 号基址群（宫城，建筑基址区、祭祀区、池苑区），基本廓清了宫室建筑群的布局和变迁，对整个宫城的布局亦有了全新的认识。

2007～2008 年，配合西城墙保护工程，对西城墙沿线 80 米范围内进行了勘探，发掘西 1 城门、西 2 城门和西 3 城门，勘探中发现西 2 城门以南的小城北墙南，大城内侧有 5 座"亚"字形建筑基址。

2010～2016 年，配合中国社会科学院考古研究所创新工程"偃师商城遗址资料整理和报告编写"课题，针对在宫城资料整理过程中遇到的一些问题，复查了宫殿区的 1、3、5、6、7 号等建筑基址。

2018 年对小城北城墙进行勘探与发掘，寻找小城北城门。

2019 年春季开始，对偃师商城小城区域进行全面勘探，在西北部发现建筑基址 20 余处，在大城西部发现石构水道和联通不同阶段水道的河道遗存。冬季首次在偃师商城小城西北部清理出圆形的夯土建筑基址群，推断为遗址内的新功能分区——囷仓区。

2020～2021 年上半年对商城中南部水道进行发掘，补充了对偃师商城遗址不同阶段水系遗存的认识，同时新发现了一处位于西 1 城门南侧的城门（新西门），确认早期水道和小城东门。

截至目前，考古发现有城墙（含小城）与城门、城壕组成的严密的防御体系，宫城与大型建筑基址、祭祀场、水系与池苑构成的高规格中心功能区，府库与囷仓构成的完备的储藏区，制陶、铸铜等手工业遗存组成的多种手工业设施群，桥梁、道路与渡槽、水渠、车辙等组成的复杂的交通体系，不同规格墓葬构建的小型墓地等重要遗存。

偃师商城对古代经济、政治、文化、社会、生态、科技，尤其是考古学、历史学、建筑学、水利设施和园林等领域的研究具有重要的学术意义。偃师商城陶器编年体系建立在系统的地层依据之上，有大量成组陶器可供参照，为学术界研究早商文化，提供了一个有别于郑州商城早商文化分期的另一参照系。

综上，偃师商城是商代早期的一处规划严谨、布局清晰的具有都邑特征的大型城址，其宫城遗址也是我国夏商周时期唯一被完整揭露的遗址。该城址是二里冈文化的中心点之一，也是"夏文化"下限研究的切入点和早期国家形成与发展研究的关键点；以该遗址为代表的早商时期是中华文明形成环节中的重要一环。

陶爵

单柱铜爵

铜觚　　　　　　　　　铜铃　　　　　　　　　玉璧

铜戈

陶簋

陶鬲　　　　　　　　　陶斝　　　　　　　　　陶觚

陶盆　　　　　　　　　　　　　　　陶豆

河南郑州商城遗址

🦎 夏商

历年主要发掘单位：河南省文物考古研究院、郑州市文物考古研究院等
历任发掘领队及主持发掘者、主要参与发掘人员：安金槐、杨育彬、陈嘉祥、宋国定、贾连敏、杨树刚、李素婷、韩朝会、曾晓敏、张松林、顾万发、信应君、刘彦锋、姜楠等

郑州商城遗址位于郑州市城市中心区，分布范围上包括郑州市中心城区管城区、金水区和二七区等，并主要分布在管城区范围内。

1950年秋，韩维周先生首先在郑州二里冈发现磨制石器、卜骨和绳纹陶片。12月，河南省文物管理委员会对郑州二里冈等遗址进行考古调查，认为所发现遗存"和殷商文化是直接有着密切的关系。"1952、1953年两次对二里冈遗址进行发掘，二里冈期文化得以认识。1955年1～3月，发现"白家庄期"商文化遗存。10月，在白家庄西北（今黄河中心医院东

侧）首次发现郑州商城（内城）东城墙北段，揭开了郑州商城考古发掘研究的序幕。

1956～1965年，通过调查、勘探和发掘，确定城墙走向及商城范围。1972～1976年，对郑州商城四面城墙进行复探、发掘，最终确认郑州商城是早于安阳殷墟的商代前期城址。

郑州商城遗址已知由内城、外郭城二重结构组成。内城近长方形，面积约300万平方米，城垣周长6960米，东、南两墙各长约1700、西墙长约1870、北墙长约1690米，城墙现存最高处约9米，夯土分层夯筑而成，两侧有明显较宽的护坡。四面城墙上共发现11处可能有城门相关的缺口。内城东北部是密集分布、大小不等的宫殿、宗庙、给排水设施、人头骨祭祀沟、贵族墓葬等以及夯土墙、深壕沟等构成的宫殿区，东西长约750、南北宽约500米，因此也有学者认为是宫城；外郭城为不规则圆形，面积约1300万平方米，从东南角一直延伸到西北部，外郭城外有宽40余米的护城壕。郑州商城的内外城之间，或商城外围，分布着大量居民点、铸铜作坊、制骨作坊、制陶作坊、铜器窖藏坑、给排水设施、墓葬区、祭祀遗存等。郑州商城的布局体现了中国古城址布局中

郑州商城东南角

最常见的城郭之制，也反映了文献中"筑城以卫君，造郭以守民"的建城思想。

夏商周断代工程研究成果表明，郑州商城是商王朝前期都邑所在地，大多数普遍认为是成汤建商的"亳都"，城市始建距今约 3600 年。

南顺城街铜器窖藏坑（1996年）

宫殿区北大街菜地发掘现场

夕阳楼片区牛角祭祀坑

郑州商城遗址的各项功能构成所显示出的完整古代都城形制和宏大规模气势，特别是内外城池和宫殿区布局的整体形制，开辟了王都营建模式的先河，确立了郑州商城在中国古代城市发展史中不可替代的重要历史地位，展现了早期华夏文明在城市建设方面巨大的成就，奠定了中国城市发展的基础，为中国古代城市遗址的重要范例，也成为世界早期文明阶段最为重要的城市之一。

郑州商城遗址出土了大量的遗迹、遗物，集中展示了早商文明的发展高度。其中的铸铜、制陶、制骨作坊遗址、城市建筑基址、城市基础设施遗存、习刻甲骨、原始瓷器，尤其是大量浑厚精美的王室青铜重器，代表了中国早期文明在这一阶段的最高发展水平，在世界文明史上也独树一帜，占有不可或缺的地位。

郑州商城所展现的商文化成就显示出华夏文明已经走向成熟达到相对稳定的阶段，华夏文明的形态已经逐步清晰，商文明奠定了这一位于东方的文明体系在以后的发展基础——在商以后的文明发展过程中，展现出对商文化强烈的传承关系。

敞口夔纹斝

南顺城街窖藏坑出土青铜器

南顺城街窖藏坑出土铜方鼎

张寨南街窖藏坑出土
铜方鼎（杜岭一号）

陶簋

陶杯

陶中柱盂

原始瓷尊

河南安阳殷墟（含洹北商城、后冈遗址）

夏商

历年主要发掘单位：前中研院历史语言研究所、中国社会科学院考古研究所等

历任发掘领队及主持发掘者：董作宾、李济、梁思永、郭宝钧、石璋如、周永珍、安志敏、郑振香、陈志达、杨锡璋、刘一曼、杨宝成、徐广德、唐际根、刘忠伏、岳占伟、何毓灵、岳洪彬、牛世山

殷墟位于河南省安阳市区西北洹河两岸，是中国第一个有文献记载并经甲骨文及考古发掘所证实的商代晚期都城遗址。约公元前 17 世纪建立的商代是中国青铜时代的第二个王朝，公元前 1300 年前后商王盘庚迁都于殷，历经八代十二王，共 250 余年，在此建立了长期稳定的都城，创造了灿烂辉煌的殷墟文化。

（一）探索阶段

1928 年 10 月至 1937 年 6 月。发掘主要收获有：一、后冈三叠层的发掘，解决了仰韶文化、龙山文化及商文化的年代顺序，纠正了此前安特生对于仰韶文化和龙山文化年代的判断。二、小屯宫殿宗庙区和王陵区的发掘，进一步解决了殷墟的性质问题。三、甲骨资料的取得，特别是 YH127 甲骨坑的发掘，对于甲骨学的研究起到了划时代的作用。四、殷墟小屯、后冈、王陵区以外其他遗址的发掘，对于探寻殷墟遗址的分布与布局起到了一定的作用。同时，对南霸台、同乐寨、高井台子、大司空村南等地的发掘，为进一步了解殷墟之前及之后的遗存状况起到了十分关键的作用。1937 年抗日战争爆发后，殷墟发掘工作被迫中断。五、殷墟是

殷墟王陵区全景

殷墟王陵大墓M1217发掘现场

1936年殷墟宫殿区YH127甲骨坑发掘现场

1978年殷墟王陵区兽祭坑

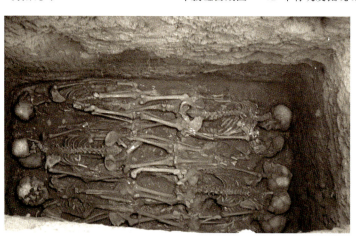

1978年殷墟王陵区人祭坑

2015年刘家庄北地铅锭贮藏坑

殷墟孝民屯遗址M30车马坑

第一次由中国学术团体独立组织实施的大规模考古发掘，这里是中国考古学的训练场与实验田，殷墟发掘探索出的理论与方法影响至今，培养了第一批中国考古学人才，是中国考古学的摇篮。

（二）恢复阶段

1950 年春至 1966 年春。恢复了殷墟考古发掘工作。随着新中国建设，殷墟开始步入配合基本建设而进行的考古发掘阶段。1958 年中国科学院考古研究所为了有计划、有目的地做好殷墟的发掘工作，成立了安阳工作队，并于 1959 年建立了安阳工作站。1961 年国务院将殷墟列为第一批全国重点文物保护单位，划定了重点保护区、一般保护区和外围区的范围，制定了具体的保护措施。此阶段，重要收获有武官大墓，武官 M1、苗圃北地、薛家庄与孝民屯西铸铜作坊，北辛庄制骨作坊，大灰沟，圆形祭祀坑等。通过对十余处地点的发掘，初步摸清了殷墟的范围和布局，并根据地层关系，提出殷墟分期方案。此外，在梅园庄南和孝民屯北发现了先商文化遗存；首次提出仰韶文化后冈与大司空村类型、后冈二期文化等。

（三）发展阶段

1969 年春至 1996 年。该阶段是殷墟发掘全面开花时期。由于学术研究与当地基础建设的共同需要，在近 30 年里，主要发掘的是不同区域的殷墟遗存。虽然有大量的基建发掘，但仍以王陵区与宫殿区作主线，探讨殷墟的布局问题。主要成果体现在：对宫殿宗庙区的进一步发掘和新认识。明确了大灰沟的位置，发掘了妇好墓与 54 号基址，对 20 世纪 30 年代发掘的基址进行重新钻探或揭露。对王陵区进行了大规模的钻探发掘。发掘出土了司母戊大鼎的 M260 及大量祭祀坑，对陵区的范围与布局概况有了比较全面的认识。刻辞甲骨的进一步发现。小屯南地和花园庄东地是继 YH127 之后，出土

甲骨最多的两次。花东 H3 甲骨更以其 "非王卜辞" 引起了甲骨学研究的又一次热潮。对手工业作坊如苗圃北地与孝民屯西地铸铜、北辛庄制骨等有了更清晰的认识。首次对贵族与平民墓葬区采用分区的形式进行发掘和研究，这种方式对于探讨殷墟时期的家族形态及墓葬发展演变等多方面问题起到了关键性作用。同时，更多王陵区以外大型墓葬的发掘，如后冈大墓、妇好墓、郭家庄 M160、戚家庄 M269 等，对于研究殷墟文化所起作用更是不可低估。进一步细分殷墟文化分期，为同时期商代考古学文化研究提供年代框架和标尺。

（四）深入阶段

1997 年至今。这一阶段的发掘得益于对于殷墟布局的重新思考及区域考古学的引入与开展。1997 年转变发掘思路，开始对殷墟布局进行深入探讨，对墓葬、房址、作坊、灰坑、窖穴、水井等各种遗迹尽可能进行全面揭露。同时开展的对洹河流域进行系统调查，开启了以殷墟为中心的聚落考古学调查与研究的新纪元。此阶段突出的成就有：洹北商城的发现与发掘，填补了商代中期都城考古的空白，完善了商代考古学编年。持续的调查与发掘工作，对洹北商城郭城、宫城、宫殿、手工业作坊、一般居址等有了明确的认识，都城布局逐渐明朗。2004 年重新启动了宫殿区勘探与试掘，发现以池苑为代表的重要遗存。2019 年始再次着手对宫殿区进行系统勘探与发掘。道路是城市的骨架与核心，是连接不同遗存的纽带与桥梁，甚至是区隔不同遗存的屏障与界线。以道路为线索，是解决布局问题的关键钥匙。以刘家庄北地、大司空东地为代表的洹河南北两岸道路网的发现与发掘，是殷墟布局研究的重大突破。手工业考古不断取得重大成果。新发现了诸如孝民屯南地与东南地、任家庄南地铸铜作坊，铁三路制骨作坊，刘家庄北地制陶作坊等，对

其工艺流程、生产技术、组织管理等诸多相关问题的研究也取得了丰硕成果。殷墟族邑研究取得新进展。"居葬合一"的生产、生活是族邑的主要模式，这种认识得益于近二十年大规模的考古发掘。对工匠家族、贞人家族等辨识与研究，极大地深化了殷墟内涵的认识。以刘家庄北地 M1046、花园庄东地 M54、大司空 M303 等为代表的中小贵族墓的发掘，为深入研究殷墟时期墓葬制度提供了完整的资料。以"辛店铸铜作坊"发现为契机，为探究"大邑商"的真实内涵提供了难得的机遇。

殷墟为商代晚期都城，为古代文献所记载，并得到甲骨文与考古发掘所证实，其把中国信史往前推进了近千年，成为中国考古学的

大司空村出土刻辞卜骨　　　　甲骨文合集第05611刻辞卜甲　　　　甲骨文合集第10405号刻辞卜骨正面

妇好墓出土象牙杯　　　　妇好墓出土跪坐玉人　　　　妇好墓出土玉龙

妇好墓出土玉凤　　　　亚长墓出土玉戚　　　　妇好墓出土骨蛙

基石与原点。殷墟是中国青铜时代的顶峰阶段，系统的文字、成熟的礼制、完备的国家治理体制、高超的科学技术等，无不彰显中华文明的伟大与辉煌。殷墟是中华五千年文明史中最重要的节点，是中华文明连续不断、多元一体的核心。同样是世界文明史中重要的一环。殷墟是中国考古学的摇篮，一代又一代考古学家从这里走出，为中国考古学发展培养了大量人才，也把考古发掘技术推广到全国。

王陵区M1004大墓出土牛方鼎

亚长墓出土铜斝

妇好墓出土三联甗

妇好墓出土鸮尊

亚址墓出土方尊

亚长墓出土青铜大钺

孝民屯铸铜作坊出土鼎范

湖北黄陂盘龙城遗址

夏商

历年主要发掘单位：北京大学考古系、湖北省文物考古研究所、盘龙城遗址博物院、武汉大学历史学院等

历任发掘领队及主持发掘者、主要参与发掘人员：张云鹏、俞伟超、李伯谦、王劲、陈贤一、刘森森、张昌平等

盘龙城遗址位于武汉市西北郊，是二里头、二里冈文化向南扩张过程中在江汉地区形成的规模最大、社会地位最重要的一处中心聚落，是长江流域已知布局最清楚、遗迹最丰富的一处商代前期城址，距今有 3500 年历史，是商朝南土中心城邑，被誉为"武汉城市之根"。

盘龙城遗址最早于 1954 年因府河大堤取土被发现。1963 年盘龙城遗址楼子湾地点经过了第一次科学的考古发掘，首次在长江流域确认出商代早期的遗存，文化面貌与中原二里冈文化相近。1974 和 1976 年，当时的湖北省博物馆、北京大学考古系联合对盘龙城遗址城垣、宫殿基址和贵族墓葬展开了大规模的考古发掘，进一步确认其属于一处商代早期的城市聚落，并发现 F1 和 F2 两座大型建筑基址、李家嘴 M1 和 M2 贵族墓葬。盘龙城李家嘴 M2 为目前商代早期所见规模最大的青铜器墓葬，填补了早商时期高等级贵族墓葬的空白。城垣、大型的建筑

盘龙城遗址航拍照

2017年盘龙城杨家湾北坡JP1

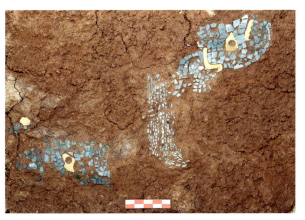

金片绿松石兽面形器

群。盘龙城1号宫殿修筑在一处东西长约40、南北宽12米的人工台基上，主体为坐北朝南，中间四居室、周围有回廊的大型建筑。整个建筑以回廊外沿大檐柱中为计，总面阔38.2、进深11米。2号宫殿修筑在一处东西长约30、南北宽约13米的人工台基上，主体为坐北朝南，中部结构多被破坏。四周有28个大檐柱穴，面阔27.25、进深10.8米，其结构有大檐柱础穴、础石、柱洞、擎檐柱穴、门道、散水和排水管等。2号宫殿在1号宫殿南约13米处，二者平行分布，且处于同一中轴线上，是首次发现的我国古代宫殿建筑"前朝后寝"式格局。

2013年至今，伴随着国家大遗址公园的建设，武汉大学历史学院、湖北省文物考古研究所、武汉市文物考古研究所、盘龙城遗址博物院组成联合考古队，对盘龙城遗址聚落晚期大型建筑和贵族墓葬区、小王家嘴贵族墓葬区、小嘴铸铜手工业作坊区等展开进一步的考古发掘；2018年开始，与美国芝加哥大学东亚语言及文明学系合作，揭露出杨家湾北坡铺石遗迹、王家嘴聚落早期居址区。新世纪以来盘龙城遗址的考古工作更加注重多学科合作研究，深入探讨物质文化背后的社会景观，更为盘龙城遗址博物院建设提供学术支撑。近十年以来，盘龙城遗址建立了三维测绘坐标系统、展开了全面的考古勘探，同时通过水下钻探了解遗址地理景观的变迁、通过物理探测手段揭示小嘴铸铜作坊，并展开年代学、动物考古学和植物考古学等研究，全面深化对于盘龙城遗址聚落性质的探讨。

盘龙城遗址的考古工作首次在长江中游地区发现了相当于夏代晚期至商代中期的遗存，文化面貌与黄河流域中原文化有着高度的统一性，属于中原文化圈下的地方类型，成为长江中游地区夏商时期考古学文化发展的重要标尺。城市布局以城垣和宫殿基址为核心，外围分布

基址、高等级的贵族墓葬以及出土的大量青铜器，首次让学界认识到长江中游地区夏商时期有着属于与中原同一性质的青铜文化。进入到20世纪80年代之后，为配合基建项目，盘龙城城垣外围的王家嘴、李家嘴、杨家嘴和杨家湾展开了考古发掘，揭示出盘龙城遗址夏商时期城市规模达近4平方千米，有着以城垣为核心、外围分布一般性的居址和作坊的布局结构。

盘龙城城址平面近方形，南北约290、东西约260米，四周为夯土城垣，城垣外坡陡、内坡缓，周长约1100米。原城垣四面中部各有一个豁口，推测为城门遗迹，整个轮廓仍依稀可见，是我国目前所知保存较好的商代城址之一。城址内东北部是城址的最高处，一批大型建筑基址集中分布于此，构成了城内宫殿建筑

有普通居址、墓葬区和集中式的手工业作坊，并可见从早到晚城市聚落由低地王家嘴向高地的杨家湾的变迁历程。盘龙城遗址出土了大量的陶器、青铜器，以及不同层级的大型建筑和一般性居址、贵族墓葬与平民墓葬，见证了夏商时期长江流域青铜文化及其社会复杂化的发展历程，可让学者重新评估夏商时期社会资源与生产的组织。对于遗址地理景观的研究，揭示出盘龙城及其所属的江汉地区 3500 年来水位上升对于遗址地理环境及景观的影响。

盘龙城遗址为目前所见夏商时期长江中游地区规模最大的城市，属于早期中原王朝向南扩张过程中所建立的区域性中心聚落，展现了夏商时期中原王朝对长江流域的经略和开发历程，是中华文明多元一体的格局发展的有力证据。目前所见，在整个长江流域，盘龙城遗址最早成体系、成规模使用青铜器，成为之后长江流域青铜文化发展的起点。

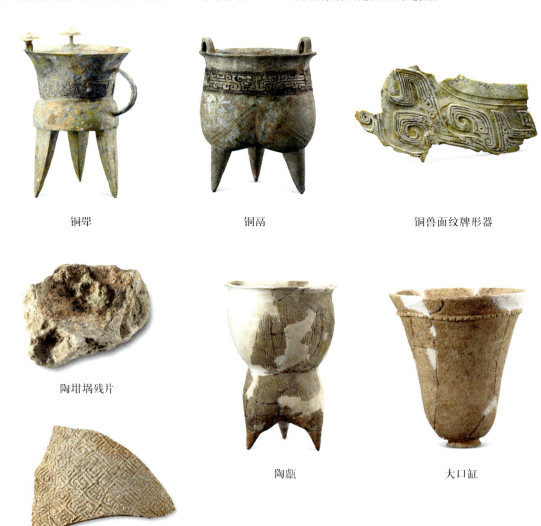

铜斝　　　　　　　　　铜鬲　　　　　　　铜兽面纹牌形器

陶坩埚残片

陶甗　　　　　　　大口缸

印纹硬陶

湖北大冶铜绿山古铜矿遗址

夏商

历年主要发掘单位：中国社会科学院考古研究所、湖北省文物考古研究所、黄石市博物馆、湖北大冶市铜绿山古铜矿遗址保护管理委员会、大冶市博物馆等

历任发掘领队及主持发掘者、主要参与发掘人员：王劲、黄景略、殷玮璋、陈树祥等

铜绿山古铜矿遗址位于长江中游南岸的湖北省大冶市城区西南约 3 千米，遗址规划保护面积 5.6 平方千米。1973 年被发现发掘。该遗址是一处以采矿和冶炼遗址为核心的古代矿冶遗址，最早可以追溯到 4000 多年前的夏代早期，经商周、春秋战国延续至西汉、隋、唐、宋、明、清。

铜绿山遗址的正式考古工作分为两轮，历经近半个世纪。其中，第一轮考古工作迄自 1974 年春，结束于 1985 年冬，重点对铜绿山遗址区 I（仙人座）、II（铜绿山）、IV（蛇山头西）、VII（大岩阴山）、XI 号矿体上的部分古代采矿遗址和 XI 号矿体下古代冶炼遗址、柯锡太村冶炼遗址及铜绿山矿企停车场进行抢救发掘、研究、保护和展示工作。第二轮考古工作自 2011 年至 2018 年，历时 8 年，由湖北省文物考古研究所研究员陈树祥担任领队组成多学科的考古队，开展以学术课题探索为导向，以推进铜绿山古铜矿遗址建成国家考古遗址公园暨铜绿山博物馆新馆建设为目标，对遗址保护区进行调查勘探，重点对岩阴山脚遗址、四方塘遗址、卢家墩遗址进行发掘、保护、研究等系列工作。两轮考古发掘总面积 11200 多平方米。

大冶铜绿山7号矿体遗址远景图

四方塘遗址墓葬区

铜绿山7号矿体1号点西周至春秋采矿遗址

铜绿山四方塘遗址春秋时期冶炼遗迹

铜绿山岩阴山脚遗址冶炼场矿工赤足印（35枚）全景

铜绿山四方塘遗址西区宋代焙烧炉现场

在铜绿山矿区的Ⅰ、Ⅱ、Ⅳ、Ⅵ、Ⅺ号矿体上调查发现夏商周时期露天采坑（场）7处，在10个矿体上发现古代地下采矿区18处。在Ⅰ、Ⅱ、Ⅳ、Ⅶ、Ⅺ五个矿体上共揭露商周至西汉、唐代采矿竖（盲）井302口、平（斜巷）128条、矿房遗迹1处、以及井口上的大草棚1处、木砍渣堆积4处、灰烬堆积2处。地下采矿深度由商代30米、至汉代的深近百米。发掘与研究进一步揭示了古人较好解决了井下采矿追采富铜矿、井巷支护、井巷开拓、井下排水、井巷通风、井下照明、矿井提升等系列技术。推测铜绿山古代采矿井巷总长度约8000米，古人挖掘出的矿料和土石达100万立方米，其中，古代采场遗留的铜矿料达3万～4万吨（铜品位为12%～20%）、废土石达70余万立方米。战国至汉代，铜绿山矿工们发明了上向式方框支柱充填法技术，即先采下层，再采上层，将上层采掘的贫矿和废石冲填到下层巷道。

在岩阴山脚遗址南部，分别揭露出春秋时期的洗选矿排弃的尾沙堆积和废矿石堆积各一处。

在铜绿山古铜矿遗址保护区，调查发现冶炼遗址50多处，先后对6处冶炼遗址进行发掘，共揭露春秋战国、汉代鼓风冶铜竖炉18座、宋代炒钢炉（残）17座、宋代和明代硫化铜矿石火法脱硫的焙烧炉8座、清代冶铁炉3座、烧炭窑1座。冶铜场以鼓风竖炉为中心，有的周边发现有矿石整粒场、筛分场等辅助遗迹和遗物，说明冶炼前进行配矿。这里发现春秋时期鼓风竖炉的底部多有风沟，炉内温度经检测一般为1100℃～1200℃，最高可达1400℃。经对炉子复原研究和现场模拟实验，鼓风竖炉具有连续加料、连续冶炼、间接排放渣液和排放铜液的功能，若一次备足矿料和燃料，可持续冶炼数日。经对春秋时期冶炼现场出土的矿石、炉渣、粗铜料进行检测分析，冶炼工艺为"氧化矿—铜"、并掌握了"硫化

矿—冰铜—铜"工艺，冶炼出粗铜含铜量为93.32%～93.99%，炉渣平均含铜量为0.7%，这些数据达到或接近现代排放标准，具当时世界领先地位。50处冶炼遗址上皆有炉渣堆积，有的炉渣堆积厚度达3米，推测炉渣约40万～50万吨，冶炼出粗铜8万～12万吨。

采矿遗址和冶炼遗址出土和采（征）集采冶工具、生活用具及各类标本21308件（套）。其中，探矿选矿工具有船形木斗、木杵、木臼、木水槽；采掘工具有铜斧、铜锛、铜凿、铁斧、铁锤、铁钻、铁耙等，出土一件大铜斧，重达16.3千克，被著名考古学家张忠培先生称为"中华第一斧"，是春秋时期举世无双的重型采矿工具；铲装工具有铜铲、木铲、木锹、木撮瓢等。排水工具有木瓢、木桶等；提升工具有木辘轳、木钩、草绳；装运工具有竹篓、竹筐、竹篾箕等；照明用具有竹签、竹筒、陶豆等千余件，冶炼工具有石锤、石砧及铜斧等，这八大类采冶工具融为一个有机整体，形成铜矿业工具的独特发展体系。

在铜绿山岩阴山遗址冶炼场发现矿工赤足印35枚。在铜绿山四方塘遗址东部发现一处规模较大、保存较好、时间跨度较长的矿冶管理者和生产者墓葬区，这些在中国矿冶遗址考古中十分罕见。墓葬区面积4500平方米，已发掘墓葬258座，其中夏商周时期墓葬246座、清代墓葬12座，多数墓葬主人为东周时期楚国经略铜绿山的人群，出土铜、陶、玉、矿石、炉壁等质地的随葬品270多件。从各墓葬位置和方向、大小、随葬品多寡和质地及种类观察，墓主人身份和地位大概可分为矿冶中高层管理者、技师和技工、普通工人三个等级，显示了当时铜绿山严谨管理和生产技术分工。

铜绿山古铜矿遗址采冶规模最大、采冶延续时间最长、采冶链最完整、采冶技术水平最高，保存最完整，在中国乃至世界矿冶史上是

十分罕见的，对研究世界科技史、冶金史和矿业史等具有突出的价值，填补了中国古代冶金史的多项空白，开辟了中国矿冶考古的先河，对研究中国青铜文化起源与发展具有独特性和唯一性。

四方塘墓葬区M5出土春秋中期铜鼎

螺狮塘大冶湖边出土春秋时期圆形铜锭

四方塘墓葬区M37壁龛出土春秋时期石砧

四方塘墓葬区M54出土春秋时期孔雀石

四方塘墓葬区M176出土
商代中期陶鬲

四方塘墓葬区M6出土
春秋中期带盖盉

四方塘墓葬区M83出土战国早期
黑陶罐、黑陶豆

四川广汉三星堆遗址

夏商

历年主要发掘单位：华西大学博物馆、四川省博物馆、四川省文管会、四川省文物考古研究院、四川大学历史系、广汉县文物部门等

历任发掘领队及主持发掘者、主要参与发掘人员：葛维汉、冯汉骥、马继贤、敖天照、王有鹏、林向、陈德安、陈显丹、雷雨、冉宏林等

三星堆遗址位于四川省广汉市西北的鸭子河南岸。三星堆遗址最早于 1927 年发现出土文物，之后 90 余年里，共开展了 6 次考古勘探和 30 余次考古发掘，勘探面积 12.09 平方千米，发掘面积约 18000 平方米，占遗址总面积不足 2‰。

通过以上工作，目前关于三星堆遗址的以下几个方面较为清楚：遗址的文化内涵。在遗址内发现了城墙、大型建筑、墓葬和祭祀坑等，出土金器、铜器、玉石器、陶器、象牙等各类文物 5 万余件。遗存分布情况和保存状况。主要的遗存分布于城墙合围的 3.6 平方千米，其中以月亮湾、青关山、三星堆和仓包包等地最为丰富。遗址的分期和年代。主体遗存目前被分为五期，年代从新石器时代末期延续至西周早期，距今 4400 ～ 2950 年。遗址的文化面貌。

三星堆遗址全景

2020年祭祀区发掘现场

涵盖了从宝墩文化、鱼凫三期文化、三星堆文化到十二桥文化，其中遗址繁荣时期的考古学文化为三星堆文化。遗址的聚落结构。总共有月亮湾小城／仓包包小城、三星堆小城和大城三重城圈。大型建筑区、手工业作坊区主要位于第一重的月亮湾小城内，第二重城圈内主要是一般居住区，第三重城圈目前确认有祭祀区。

三星堆遗址是百年来最为重要的先秦时期遗址之一。作为古蜀国都城，三星堆遗址目前已经发现了城墙、大型建筑、祭祀坑、墓葬等重要遗迹以及金器、铜器、玉器、象牙等珍贵文物。三星堆遗址的分布范围、堆积情况、保存状况、分期年代、文化变迁等已较为清晰，聚落、社会等方面的研究也有重要进展。2019年至今开展的三星堆祭祀区考古发掘，秉持

祭祀区一号坑

祭祀区二号坑

　　"课题预设、保护同步、多学科融合、多团队合作"的工作理念，在发掘现场搭建保护大棚、应急实验室、恒温恒湿发掘舱以及专家会诊工作室，新发现的 6 座"祭祀坑"出土完整和较完整文物 3000 余件，不乏金面具、铜顶尊跪坐人像、玉璋等，为践行"努力建设中国特色、中国风格、中国气派的考古学"重要指示做出了重要的尝试。

　　三星堆遗址的发现与研究，极大地丰富了古蜀文明的文化内涵，提升了古蜀文明的学术价值。以祭祀坑为代表的遗迹及出土文物，生动展现了古蜀文明的独特性和创造性，实证古蜀文明是中华文明的重要组成部分，从而丰富了中华文明的整体面貌。三星堆遗址与周边地区的密切交流，尤其是地处传统中原文化圈和半月形地带之间，受到二者共同的影响，亦是统一多民族国家的早期融合过程的见证者。

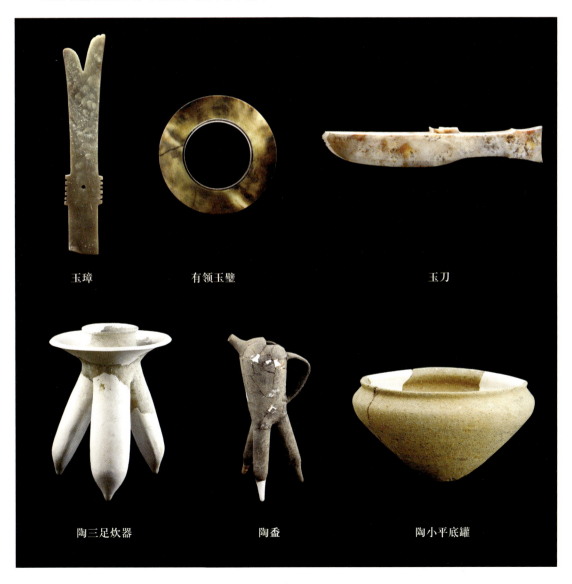

玉璋　　　　有领玉璧　　　　玉刀

陶三足炊器　　　　陶盉　　　　陶小平底罐

铜纵目面具

金面罩铜人头像

铜人头像

铜扭头跪坐人像

铜尊

铜大立人像

铜罍

铜神树

铜牌饰

新疆若羌小河墓地

 夏商

历年主要发掘单位：新疆维吾尔自治区文物考古研究所、吉林大学边疆考古研究中心等

历任发掘领队及主持发掘者、主要参与发掘人员：伊弟利斯、刘国瑞、李文瑛、吴勇、胡兴军、刘玉生、尼加提、伊力夏提、哈里、牛耕、李伊萍、吕军、邵会秋等

小河墓地位于新疆若羌县孔雀河下游河谷南约 60 千米的荒漠之中，东距楼兰故城约 102、西南距阿拉干 36 千米。1934 年中瑞西北科学考查团成员瑞典学者贝格曼作过首次发掘，发掘墓葬 12 座。2002 ～ 2005 年，新疆文物考古研究所对墓地实施全面发掘，发掘墓葬 167 座，出土文物千余件、保存完好的古尸 30 多具。据遗存文化特征及系列碳 -14 测年数据，

墓地年代为距今 3400 ～ 4000 年，是夏商时期塔里木盆地特色鲜明的青铜时代文化遗存。

墓地外观为一座椭圆形的沙丘，呈东北—西南走向，长 74、宽 35、高 7 米余，总面积约 2500 平方米。墓地的中部、南端各有一堵木栅墙（从发掘遗迹看北部也应有一堵木栅墙），中部木墙将墓地分为南北两区。南区墓葬 139 座，分五层上下叠埋。北区绝大部分墓葬都已

小河墓地发掘前全景

北区墓葬全景

南区第五层和部分第四层墓葬全景

风雪中的考古队营地

墓葬绘图

M13棺中女尸

距今3500年左右的女尸

M11打开斗蓬里面
的女尸

遭风蚀毁坏，现存墓葬28座，基本平面布列，不见上下叠压现象。墓葬可分三类：第一类墓葬，计162座。其结构一致，挖沙坑、坑中置木质棺具。木棺由胡杨木制成的侧板、两挡、盖板拼合而成。木棺形制有三种：第一种侧板呈弧形，两板端头相触，挡板细长，木棺的平面似梭形；第二种，侧板也呈弧形，但两板端头不接触，挡板宽大，木棺的平面似船形；第三种，侧板基本为直板，挡板宽大。棺上普遍覆盖牛皮，最多的覆盖5、6层。木棺前常竖立不同形制的立木，男性棺前立木似桨，象征女阴；女性棺前立木呈柱形，象征男根。埋葬时，女阴和男根立木同木棺一起被掩埋在墓室中，部分墓葬在墓室的最前端再立一根高约3～5米的粗木柱，木柱露出地表的部分涂红，端部悬挂牛头，柱根部多置放由芦苇、骆驼刺、麻黄或甘草等干旱区植物组成的草束。单人葬占绝对多数，死者仰身直肢，头戴毡帽，身穿毛织腰衣，外裹毛织斗篷，随葬草编篓等，身上大多散置大量麻黄小枝、牛（羊）耳尖、动物筋拧成的短绳，一些特别的随葬品可能与墓主人的性别、身份有关，如男性墓中常见的木杖、蹄状木柄石器、蛇形木雕、彩绘木牌等，女性墓里必备的木祖等，还有部分男、女性墓中都有的木雕人面像和彩绘牛头。死者普遍在面部和全身涂有乳白色的浆状物质，部分死者以红黑色绘面。此外，还发现十余具奇特的木尸和用人的局部肢体和木质肢体组合形成的尸体。第二类为泥壳木棺墓，发掘4座，南区四、五层各1座，北区2座。这类墓的木棺中都葬一女性，棺上竖长方形木板室，内置木雕人像等祭祀品，木板室口部盖草帘、抹泥，最后在泥壳木棺周围栽竖6或8根高约4～5米的木柱，这些木柱围成直径2米余的柱圈，柱表涂红，柱端悬挂牛头。从北区清理的遗迹看，这一区域至少有7座泥壳木棺墓（其中5座已被破

坏）。由这类泥壳木棺和周围圆形立柱圈组成的遗构形式看，它们具有明显的祭祀功能，泥棺中的主人具有不同于同层位其他墓葬主人的特殊身份，是被祭祀者，而且棺中所葬者后期可能出现了男性。发掘过程中，在这些木柱圈内及周围的堆积中发现大量牛头、羊头，是举行祭祀活动后留下的遗物。第三类为木房式墓葬，仅1座，位于北区北端，是整个墓地规模最大的一座墓葬，可惜已遭严重破坏。墓葬由木构的长方形墓室和梯形墓道组成，墓室面积7平方米左右，深约150厘米。墓室中部立隔板，形成前后室。室内壁板、木柱上绘红、黑色几何纹。墓室外壁蒙盖多层牛皮，牛皮上敷碎草。围绕墓室堆垒有大量碎泥块，墓室前壁两侧叠放7层牛头。墓内扰沙中发现一成年女性的残骨。在墓室内发现石质权杖头1件，还有骨雕人面像、圆形铜镜、铃形铜器等，墓室上部扰沙中还发现彩绘木牌、多节的木雕人面像以及百余件牛头和羊头骨。从墓葬结构和残留遗物看，该墓是整个墓地规格最高的墓葬，采用特殊的墓制埋藏在墓地相对独立的地方，并拥有独特的随葬品，其墓主人应具有特殊的身份地位。

从遗迹、遗物看，墓地南区一至三层墓葬文化特征十分接近，四、五两层墓葬文化特征相对一致，这两组墓葬从棺具到葬俗葬式、墓地布局等都发生了较明显的变化。墓地北区墓葬由早到晚的整体情况不明，现存墓葬文化面貌与南区四、五层墓葬文化面貌接近。北区的木房式墓葬，虽然从布局上看不出它和墓地其他遗存之间的关联，但从墓葬底部未扰乱的遗物看，其时代大致与南区四、五层墓葬相当。

小河墓地的全面发掘，是新疆史前考古的重大成果。墓地反映出夏商时期塔里木盆地青铜时代文化的独特性、多元性和复杂性，为新疆史前考古文化、史前社会原始宗教、信仰的

研究提供了极其丰厚的资料。其成果对于阐明中华民族、中华文明多元一体格局的形成、探究欧亚大陆早期文化、文明的交流互鉴都具有重要意义。同时，基于小河墓地的发现进行的多学科研究，相关成果也为增强中国学者在国际欧亚考古研究领域的话语权、提升国际影响力创造了契机。

玉珠手链

骨雕人面像

木杖

木杖上嵌骨雕人面像

蛇形木雕

木雕人像

木雕人面像

木罐和草编器

毡帽

彩绘牛头

台湾卑南遗址

 夏商

历年主要发掘单位：台湾大学人类学系等

历任发掘领队及主持发掘者、主要参与发掘人员：金关丈夫、国分直一、宋文薫、连照美、刘益昌、王强、石琼纯、宋锦秀、冯淑芬、夏丽芳等

卑南遗址位于台东县卑南乡南王村，包括大坌坑文化和卑南文化两个时期的堆积，"卑南文化"因此命名。1930年发现，1945年首次对最大立石周围进行试掘，始初步发现地下的陶器及住屋遗迹。1980～1989年正式发掘。主要分布在台湾东部海岸地区和花东纵谷南段的河旁阶地、海边阶地或山区的缓坡地。卑南遗址发掘面积大，出土文物丰富精美，包括陶器、石器、玉器等。板岩石板棺、石槽、石柱、大型石制容器和石墙等遗存是卑南文化的基本特征。葬式为仰身直肢葬，有拔牙的习俗。文化遗物包括陶器、打制石器、磨制石器和玉器

卑南遗址远视图

等，其中玉玦形状繁多。此外还有较多水陆生动物遗骸。

台湾地区考古学文化序列大致分为五个阶段：以长滨文化为代表的先农业文化阶段；以大坌坑文化为代表的根栽农业阶段；初级农业阶段，以北部的圆山、芝山岩遗址，中部的牛骂头、营埔遗址，南部的凤鼻头、垦丁、鹅銮鼻、卑南遗址为代表。

卑南遗址的文化年代为距今 3000～2000 年。卑南遗址发掘面积大，出土文物丰富精美，是台湾规模最大的史前遗址之一，也是台湾考古史上具有最完整聚落型态的遗址之一，发现了迄今环太平洋及东南亚地区规模最大的石板棺墓葬群遗址。

北京琉璃河遗址

🖐 **两周**

📍 历年主要发掘单位：北京市文物工作队（北京市文物研究所）、北京大学历史系考古专业（北京大学考古文博学院）、中国社会科学院考古研究所、房山县文教局

历任发掘领队及主持发掘者：谢元璐、黄景略、邹衡、蒋忠义、郭仁、殷玮璋、靳枫毅、冯浩璋、王巍、柴晓明、田敬东、赵福生、刘绪、王鑫、郭京宁、王策等

琉璃河遗址位于北京市房山区琉璃河镇内北侧，位于北京市区西南43千米处。琉璃河西周燕都城址为中心的商周时期文化遗存，分布于大石河（琉璃河）自北向南折而向东流经的广阔区域内，涉及琉璃河镇董家林、黄土坡、刘李店、洄城、立教、窦店镇白草洼、齐家坟等村，面积约5.25平方千米。遗址核心区位于房山区琉璃河镇，主要包括西周燕都城址和西周墓葬两部分，城址主要位于董家林村，墓葬主要位于黄土坡村。

1962年，琉璃河遗址首次进行科学考古工作，当年北京市文物工作队、北京大学历史系考古专业曾在琉璃河遗址的董家林、刘李店进行过小型试掘。1973～1977年，由中国科学院考古研究所、北京市文物管理处、房山县文教局组成的琉璃河考古工作队在位于京广铁路西侧的墓葬Ⅰ区发掘墓葬35座（西汉墓3座）、车马坑3座，在京广铁路东侧的墓葬Ⅱ区发掘墓葬29座，车马坑2座。出土了大量带有"匽侯"铭文的青铜器，基本确定了此处燕国都城的性质。从1981年秋天起，中国社会科学院考古研究所和北京市文物工作队又组成了琉璃河考古队，有计划地发掘墓地，发掘的地点位于京广铁路的东侧、黄土坡村的西北。1986年秋冬季，琉璃河考古队在琉璃河遗址发掘了1193号大墓，该墓有四条墓道，应属于

城墙基址

城墙发掘现场

1193号大墓发掘现场

祭祀马坑

2002年发掘现场

20世纪80年代车马坑发掘

52号墓发掘现场

燕侯墓。1193号燕侯墓所出土的"克罍""克盉"铭文内容意义十分重大，对于早期燕国史及西周初年历史的研究都极为重要，充分证明琉璃河遗址是西周燕国的都城，并将北京作为都城的历史上推至西周初年即距今约三千年前。1995～1997年，北京市文物研究所、北京大学考古文博学院、中国社会科学院考古研究所主要针对西周燕都城址进行了考古发掘，发现了连接城内外的排水沟、夯土基址、祭祀遗存和手工业遗存，出土了刻有"成周"二字的甲骨，为"夏商周断代工程"提供了重要的分期断代材料。2001～2002年，北京市文物研究所在城外边缘区发掘墓葬十余座。

（一）城址区

城址主要位于琉璃河镇董家林村（西侧城墙与部分区域位于刘李店村），整体地势较周边地区高出1～2米。目前已调查发掘基本明确的遗存有：（1）城墙：首次发现时仅存西城墙部分、北城墙大部分、东城墙部分，南城墙基本无存。北城墙相对完整，长约829、东西城墙各余约300米。城墙残高约1米，经解剖可知其自生土起建，分为主墙和内外附墙，墙基底部宽约10米。城墙东北角发现有排水沟，北城墙外约3.5米处有宽约25米的城壕。（2）夯土建筑基址：位于城址中部偏北，靠近北城墙，已探明6处夯土台基，应为大型建筑基址，周围发现有陶水管和板瓦、筒瓦等建筑构件。

夯土建筑基址区西南，发现有完整牛、马骨架及卜骨、卜甲，推断为祭祀区。（3）手工业作坊遗存：城内西北区域发现有青铜陶范、陶模以及炼铜的残渣，另发现有骨料若干，推断为手工业作坊区。（4）城内墓葬：城内东南区域发现有小型平民墓葬。（5）一般居址：城内有半地穴式房址及灶坑、窖穴、灰坑、水井等。

（二）墓葬区

墓葬主要集中分布于城址东南的黄土坡村，另有部分分布于董家林村和窦店镇立教村内。共有西周时期大、中、小型墓葬数百座，目前已考古发掘墓葬300余座，车马坑近30座。琉璃河遗址出土了大量陶器（包括仿铜礼器、陶制生活器、工具等）、青铜器（包括青铜礼器、兵器、工具、车马器等）、原始青瓷器、甲骨、玉器、漆器、石器、骨器、金器、铅器、玛瑙、角、牙、蚌器、贝等。

琉璃河遗址是西周时期燕国的始封地和早期都城，是我国在西周考古史上发现的少数同时并存诸侯国城址和诸侯墓地的遗址。将近60年的发掘历程中，琉璃河遗址一共揭露了300余座西周墓葬、300余座灰坑及车马坑、祭祀坑、夯土建筑等。由考古发现可知，琉璃河遗址的主体被城墙、城壕包围，分为城内和城外两大区域。城内被划分为宫殿区、祭祀区、手工业作坊区，城外则为墓葬区（不乏高等级贵族墓葬）。遗址出土有青铜器、刻字甲骨、玉器、漆器、原始瓷器等大量精美文物。其中伯矩鬲、董鼎已成为首都博物馆的"镇馆之宝"，成为北京悠久历史的重要符号。20世纪70年代发掘出的带有"匽侯"铭文青铜器，证明了现今的琉璃河地区就是早期燕国都邑遗址。80年代出土的青铜器克盉、克罍中"命克侯于燕"等铭文证明了《史记》中关于分封制的记载。90年代首次发现刻有"成周"的卜甲，为夏商周断代工程提供了重要材料。大量陶器反映出本地土著、姬姓周人和殷遗民等多种文化因素共存的现象。琉璃河遗址遗迹类型丰富、遗物内涵复杂，不仅是北京三千余年城市文明的历史见证，是京津冀协同发展的历史渊源，更是中华民族多元一体格局形成过程中的重要例证，具有极高的历史价值、文化价值、社会价值。1988年琉璃河遗址由国务院公布为第三批全国重点文物保护单位。

克罍

克盉

菫鼎

圉方鼎

伯矩鬲

铜卣

圉簋

铜尊

伯矩盘

原始青瓷豆

原始青瓷四系罐

河北易县燕下都遗址

 两周

历年主要发掘单位：燕下都考古团、河北省文物考古研究院等
历任发掘领队及主持发掘者、主要参与发掘人员：马衡、傅振伦、孙德海、石永士、陈应祺、王会民、李恩佳、高建强等

燕下都是战国时期燕国的都城，位于河北省易县城东南2.5千米处，位于中易水和北易水之间，是现存较完整、文化遗存极丰富的大型战国都城遗址。1929年2月，马衡先生等率先调查了燕下都遗址。1930年以马衡为团长的燕下都考古团对老姆台进行了小规模发掘。中华人民共和国成立后，进行了多次调查和发掘。1961年3月4日国务院公布为第一批全国重点文物保护单位。

（一）城市布局

燕下都的地势选择十分有利，其南、西、北三面环山，东南面向大平原，是通往中原的要道。故都呈不规则长方形，东西长8、南北宽4～6千米，总面积约40平方千米。中部有南北纵贯的一条古河道，俗称铜帮铁底运粮河（即一号供水设施），将城分为东西两城。

东城是燕下都的主体，平面略呈东西向的凸字形，东西约4.5、南北4～6千米，城墙基宽约40米，东、西城垣外有城壕、古河道与北易水和中易水相通，四周河水环绕，自成一座完整的城池。其东、北两垣各发现城门一座。东城布局有一定区划，稍偏北处有东西向

燕下都遗址西城西城墙

隔墙一道，将东城分成南北两部分。墙基宽约20米，其中部偏东处有城门一座。隔墙、北垣东段和东垣北段上各有突出于城垣的建筑基址一座，当属保护宫殿区的防护设施。东城北部还有与西垣处古河道相通的南、北两支古河道。古河道南支以北之东部是宫殿区，有众多的以大型主体宫殿夯土建筑基址为主组成的宫殿建筑组群。古河道北支东端为蓄水池。城内南、北两支古河道附近分布着众多的手工业作坊。南垣以北，古河道南支以南的广阔地区是居民区。城址内西北隅有"虚粮冢"和"九女台"两处公室墓区。

西城平面略呈刀形，北垣偏东向外凸出部分，习称"斗城"，无东垣，是东城的附属建筑，年代略晚于东城。东西1～3.5、南北3.7～6千米。城垣基宽40米左右，部分城垣保存较好，有的残高达6.8米。城垣系分段用夹板夯筑而成。西垣中部有城门一座。西城中部及东北部有"辛庄头"公室墓区。城内文化遗存较少，可能为军事防御需要而增建的郭城。

（二）主要遗迹

燕下都遗址内有武阳台、望景台、张公台、老姆台、老爷庙台、路家台、小平台、朱家台、炼台、9号建筑基址等夯土建筑台基10座，夯土建筑遗迹14处，文化遗址30处，公室墓群3处，河渠遗迹4处，城壕2处。另外在燕下都之北发现夯土台基两座，东南发现夯土台基3座、东北发现夯土台基1座。宫殿主要建筑以紧贴隔墙中段南侧的武阳台大型主体宫殿建筑为中心，以北1600米的南北中轴线上依次有望景台、张公台、老姆台四大夯土建筑台基，其中以武阳台夯土建筑台基为最大，东西140、上层向内收缩4～12、高2.4、下层高约8.6米。老姆台在北垣外，南北约110、东西约90、高约12米。外形呈四层阶梯状。但上面两层高约5米是汉以后的建筑遗存。武阳台

燕下都郎井村陶水管道

东北、东南和西南，分别是小平台、路家台、老爷庙台三座夯土台基为主体建筑的宫殿建筑组群。燕下都城内的制作铁器、兵器、玉器、骨器、陶器、钱范、铸币等手工业作坊则分布在古河道南支和北支附近。

东城西北隅有两处公室墓区，隔墙以北的俗称"虚粮冢"墓区，有13座高大的封土堆，由北向南分成五排，最北的一排4座，最南边的一排为1座，中间北部的两排每排3座，中间南部的一排为2座。"虚粮冢"8号墓已发掘，但此墓遭到严重盗掘，但从出土文物看，"虚粮冢"墓区应是战国晚期燕国的王陵区。隔墙和古河道以南的俗称"九女台"墓区，有10个封土堆，由北向南分成五排，最北的一排3座，最南的一排1座，中间三排每排各2座。"九女台"16号墓已发掘，此墓曾被盗掘，但仍有仿铜礼器的陶镬鼎2、大牢九鼎1套、大牢七鼎2套、羞鼎4、陶簋2套，八、四为组。鼎、簋之数合乎王制。"九女台"墓区可能是战国晚期以前的燕国王陵区。1965年在东城之武阳台西南宫殿建筑组群的5号地下夯土遗迹内发

掘清理了战国晚期第 44 号墓，清理出人骨架 22 具，并随葬有较多的铁制（或钢制）兵器和布币、刀币。

西城发现墓区一处，分布在辛庄头村东北至西南一带，称为"辛庄头"墓区，共有墓葬 8 座，两座墓葬封土已平，其余 6 座均有夯筑封土。除两座墓单独分布在辛庄头村东和东南外，其余 6 座为两墓一组，东西向排列。从出土文物看，"辛庄头"墓区亦是战国晚期燕国的王陵区。30 号墓不但出有中原文化特征的鼎、豆、壶、盘、匜等陶礼器，而且出土有中原文化不见的三足壶、双人捧盘等器形，显示了燕国器物的特征。

1966～1974 年，在燕下都城南解村村东发现战国墓葬 3 座，人头骨丛葬墓 14 座。1974 年发掘了 5 号人头骨丛葬遗迹，其清理出人头骨 1446 个。这 14 座人头骨丛葬遗迹可能就是"献首封祭"制度的重要遗存。

（三）遗物

燕下都遗址内出土的遗物非常丰富。铁器主要有犁铧、镬、二齿镐、三齿镐、五齿耙、铲、锄、镰、铚等铁家具和斧、锛、凿、锯、削、锥、锤、钻等手工业工具，铁制车马器、刑具和铁制的剑、矛、戟、刀、镞、铠甲等也有相当的数量。青铜兵器有剑、戈、矛、镞、弩机等。其中 23 号遗址出土的铜戈中铭文清晰

的有郾王职戈、郾王戎人戈、郾王谵戈和郾王喜戈。青铜礼器出土较少。30 号墓出土的金银饰件，造型多样，纹样精美，金饰件的记重铭文精确到一铢的八分之一，为研究燕国的衡器提供了可靠资料。30 号墓出土的金柄铁剑和金银饰件上的纹样大部分都是牛、马、羊、骆驼、熊、鹿和怪兽，显示了燕文化和北方文化的密切关系。燕下都遗址出土的玉石器以单体透雕龙饰、双龙连体透雕饰、双雏凤连体透雕饰和双凤连体透雕饰等造型最为优美。出土的陶器早期以夹砂灰陶为主，晚期以泥质灰陶为主。以云母片为羼和料的粗红陶，则是燕国最富有特征的陶器。常见陶器中有鬲、红陶釜、豆、罐、壶、盆、盂、尊及燕式鬲等。最富特征的商代夹砂灰陶鬲与燕国相始终。陶器上多有刻划符号、戳记和印记陶文。遗址内出土的建筑材料也异常丰富，有板瓦、筒瓦、檐前筒瓦、半圆形瓦当、脊瓦、脊饰、吻兽、垂脊瓦、垂脊饰、瓦钉、"⌐"形台阶砖、贴壁砖、铺地方砖、陶井圈、排水管、弯头等。半圆形瓦当纹饰以饕餮纹、山云纹最多，鸟纹、兽纹较少。

燕下都遗址的发现和研究极大地丰富了燕文化的内容。遗址规模宏大，保存较好，且有丰富的物质文化遗存，为研究我国东周时期的都城形制、社会经济、政治、军事、文化及人们的社会意识、社会风貌、以及中原文化与北

陶圆壶

陶方壶

陶盖豆

陶圈足盘

方文化的交流与融合提供了绝佳的研究资料。燕下都遗址还反映出战国时期城市的规划理念和建筑技术的完美结合，从出土的建筑构件显示出当年燕国的建筑技术和施工组织水平。燕下都武阳台是宫殿区中心主体建筑，是燕王处理政务，行使权力的主要场所，是燕下都遗址数量众多的建筑台基中规模最宏大、保存最完好、知名度最高的一座。燕下都遗址出土遗物、遗存数量多，极为丰富多样，城市核心区周围分布着许多兵器、铸铁、制玉、烧陶遗址，表明当时燕都经济文化的繁盛，对研究我国战国时期考古学文化，特别是研究燕国考古学文化及与其他考古学文化的相互关系等具有极为重要的学术价值。

神兽噬马纹金牌饰

嵌绿松石骆驼纹金牌饰

透雕卷云纹金箔片

铜剑　　　铁剑

"少府"铜矛背面

铜象灯

透雕龙凤纹铜铺首

"郾王戎人"铜戈

双龙饕餮纹瓦当

黼黻纹板瓦

虎头形水道管口

河北平山战国中山王墓

⊛ 两周

历年主要发掘单位：河北省文物考古研究院等

历任发掘领队及主持发掘者、主要参与发掘人员：陈应祺、刘来成、张守中等

中山王墓位于河北省平山县上三汲乡，地处滹沱河北岸，临山脚下，墓地所处地势北高南低。1974～1978年，河北省文物考古工作者在这里发现中山晚期都城灵寿城故址，并先后发掘了春秋战国时期墓葬30余座，其中王陵2座。

中山王陵墓共发现两处，分布在当时国都灵寿的城址内外，一处在城西两千米的西临山下，一、二号两墓东西并列。西侧一号墓已经发掘，已确认为中山王𰉤墓；另一处在城内西北部，地处东临山下，主要是3～6号四座墓并列，已发掘的6号墓在最南端，墓主推测为中山成公。这六座大墓均有封土，附近又有车马坑和陪葬墓等（M5无陪葬墓）。1号墓封土保存较好，封土南北长110、东西宽92、高15米，形成三级台阶状，台上建有回廊和厅堂三层建筑。1号墓封土范围之内，东西两侧各有陪葬墓两座，封土南面有对称的两座长方形车

中山古城航拍全景

中山王𰯛墓及哀后墓墓丘　　　　　　　　中山王成公墓发掘现场

中山王成公墓全景　　　　　　　　中山王成公墓墓室全景

中山成公墓东库遗物出土情况　　　中山王𰯛墓发掘现场　　　中山王𰯛墓东库中部遗物

马坑，还有船坑、杂殉坑各一。6 号墓的陪葬坑是东侧两座，西侧一座，南面也有两座对称的长方形坑，可能也属车马坑。

王䜌墓和 6 号墓的墓室结构基本一致。墓室为中字形，南北均有墓道。墓壁抹草泥并用白粉涂饰。王䜌墓通长 97 米，椁室平面呈亚字形，南北长 14.6～14.9、东西宽 13.5～13.55、深 8.2 米。椁壁积石积炭，厚约 2 米。6 号墓规模略小。两墓椁室均遭盗扰破坏，从残存的棺椁铜饰看，一号墓葬具为四层套棺。椁室两侧均另设藏器坑置放随葬器物。王䜌墓东侧两坑，西南侧一坑。6 号墓为东西侧各一坑。

椁室内出土最重要的为"兆域图"铜版，铜版长 94、宽 48、厚约 1 厘米，正面为中山王、后陵园的平面设计图，是迄今为止世界上现存最早的铜质建筑设计平面图。

随葬品主要发现于椁室两侧的藏器坑中。

王䜌墓的西藏器坑出土铜礼器有 9 鼎、4 簋及鬲、豆、壶等，陶礼器有 5 鼎及豆、壶、盘、匜等。乐器有 14 件编钟、13 件编磬。东藏器坑也出土 5 鼎及壶、盘、匜等礼器，还有帐构、漆器和少量陶器。6 号墓的西藏坑中全部放铜礼器，东藏器坑则出陶礼器。王䜌墓两侧车马坑都埋 12 匹马，一坑有车四辆，另一坑车迹已毁。船坑残存 3 只大船、2 只小船。杂殉坑发现马、羊、狗的骨架等。两墓随葬品达 19000 余件。其中王䜌墓出土的铁足大鼎、方壶和圆壶三器，外表镌刻史料价值很高的长篇铭文，共有 1099 字，不仅确切表明墓主为中山王䜌，而且记明中山王的世系及有关史实，是研究中山国史的重要资料。铭文记载公元前 316 年燕王哙让位于相邦子之事件，中山又于公元前 301 年亡国，故该墓年代在公元前 310 年左右。

中山王䜌墓椁室内出土最重要的为"兆域

铜升鼎

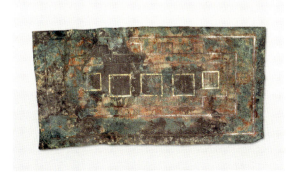

"兆域图"铜版

错银铜双翼神兽

图"铜版，正面为中山王、后陵园的平面设计
图，是迄今为止世界现存最早的铜质建筑设计
平面图。中山国王墓考古是 20 世纪我国考古工
作者对战国诸侯王墓进行的代表性考古发掘之
一，具有重大历史意义。出土的大量精美器物
充分显示了战国中期中山国手工业生产高度发
展的水平，同时也为中山国的历史提供了很多
新的实物资料。出土的铁足大鼎、方壶和圆壶
三器，外表镌刻史料价值很高的长篇铭文，共
有 1099 字，不仅确切表明墓主为中山王，而且
记明中山王的世系及有关史实，填补了两千余
年来中山国研究的空白，是研究中山国史的重
要资料，对中国战国时代的研究具有深远影响。
从这些随葬品中还可以发现，随着与中原各国
的交往，中山国在政治、经济、思想等方面与
中原各国渐趋一致，中原的王权思想与礼乐制
度深刻影响到中山国贵族的生活方式。

狩猎纹铜盖豆

中山侯铜钺

铜圆壶

镶金错银铜牺尊

中山侯铜钺铭文

山西临汾晋侯墓地及曲村-天马遗址

🦎 两周

历年主要发掘单位：山西省考古研究院、北京大学考古文博学院等
历任发掘领队及主持发掘者、主要参与发掘人员：邹衡、李伯谦、吉琨璋等

位于山西省临汾市曲沃、翼城交界的曲村-天马遗址及遗址内北赵村南晋侯墓地为西周晋国都城遗址和诸侯级墓葬遗址。遗址面积 11 平方千米，在此发现了西周时期晋国国君及贵族、平民墓葬，研究表明这里为晋国西周时期都城所在地，晋国以此为都长达三百余年，对研究晋国早期文化及西周封国文化都有意义。

曲村-天马遗址发现于 1962 年，之后经历了数次小规模调查与试掘。1980 年开始由山西省考古所与北京大学考古文博学院（原北京大学考古学系）合作，对该遗址进行了多次大规模考古发掘，到 1994 年年底，共发掘 12 次，揭露面积 2 万余平方米。发掘古文化遗存主要有仰韶文化、龙山文化、东下冯类型文化和周秦汉等时期文化，其中属于周代的晋文化遗存最为普遍，几乎见于整个遗址的各地段，不仅有居住址，而且有包括晋侯墓在内的各种级别的墓葬。如果仅就西周时期而言，该遗址晋文化遗存面积之大仅次于周都丰镐遗址。

该遗址最引人瞩目的考古工作当属晋侯墓地的发掘，晋侯墓地位于该遗址中部，从 1992～2000 年进行了 6 次大规模发掘，共发掘晋侯及夫人墓 9 组 19 座。除 M64 组是一位晋侯

曲村-天马遗址远景

2006年晋侯墓地一号车马坑发掘现场

2006年晋侯墓地一号车马坑彩绘车

1992年M7墓道、车

1992年M13发掘局部

1992年M8发掘现场

1994年M93发掘现场

和两位夫人，余均为一位晋侯和一位夫人。在各组墓葬的东侧均有一附葬的车马坑，其中一号车马坑已经发掘。在晋侯夫妇墓的近旁，多有数目不等的陪葬墓或祭祀坑。9 组 19 座晋侯及夫人墓中，有 11 座保存完好，8 座被盗，出土了许多珍贵的青铜器、玉器、原始瓷器等。该墓地的发掘，有力促进了西周墓葬制度、西周青铜器等相关领域重大学术问题研究的深入进展，引起了国内外学术界和社会的广泛关注。

多年的考古发掘工作，建立了该遗址较为详细的考古学文化分期编年体系与文化谱系。不仅为晋文化研究提供了较为完整的年代标尺，也对整个周代考古的年代学研究产生积极而又深远的影响。其中该遗址西周时期考古学文化分期共分为三期六段，居址与墓葬分期相互对应，这是西周时期考古学文化分期最为详细的一处遗址。确定了曲村-天马遗址的晋国都城的性质。西周晋国都城问题，是一个聚讼千余年的历史悬案。曲村-天马遗址的发掘，特别是晋侯墓地的发现，最终确定了该遗址乃西周晋国都城之所在。这一认识已得到学术界普遍的认同。该遗址不仅墓葬等级齐全，而且已发掘的墓葬多保存完好，这在全国同时期遗址中是极为罕见的。丰富的墓葬发掘资料，促进了对晋系墓葬，乃至西周墓葬方方面面的深入研究，全面揭示了晋国及周代社会组织结构与社会制度。推进了晋国社会经济状况、军队与武备、科学与技术、文字与艺术等社会状况的深入研究。

玉组佩

兔尊

猪尊

铜鼎铭文

晋侯稣鼎

邦父鼎

梗马盘

梗马盘

家父盘

叔夨方鼎

鸟尊

山西侯马晋国遗址

两周

历年主要发掘单位：山西省文物工作委员会、文化部文物管理局、山西省考古研究院等

历任发掘领队及主持发掘者：张颔、王克林、杨富斗、吴振禄、田建文、吉琨璋、谢尧亭、王金平、范文谦等

侯马晋国遗址又称新田遗址，位于山西省侯马市。公元前585年晋景公迁都至此，公元前403年周烈王命魏斯、赵籍、韩虔为诸侯，晋公名存实亡，但在新田一直滞留到公元前376年即晋静公二年，静公被魏武侯、韩哀侯、赵敬侯迁往屯留并三分晋地。晋都新田209年，历景、厉、悼、平、昭、顷、定、出、哀、幽、烈、孝、静十三公。

该遗址在1952年被发现，它的考古发掘工作一直是山西省及全国考古工作的重点，经过数十年的考古工作，不仅积累了比较丰富的资料，而且对晋都新田时期的文化内涵有了比较深入的了解。该遗址分布面积约45平方千米，迄今为止发现有11座古城址、11处祭祀遗址、8处墓地及铸铜、制陶、制骨、制圭等手工业作坊遗址，出土上万件精美文物。侯马地区晋国遗址范围内发现多处铸铜遗址，出土的陶范数量较多，且很精美。其中以牛村古城南和白店铸铜遗址两处发表资料最为全面。牛村古城南共计出土陶范3.8万余件，Ⅱ号地点出土陶

马庄宫殿台基

1963年5月30日晋都新田遗址发掘现场

1964年11月12日晋都新田遗址64H421号建筑遗址

范以礼乐器和车马器为主，有少量兵器和工具范；ⅩⅩⅡ号地点出土陶范以工具范为主，另有少量的空首布、兵器范等。保存完整且能辨认纹饰种类的陶范有1273块，纹饰以蟠螭纹较为常见，形式多样，另有一些几何纹作界带。白店铸铜遗址16个单位出土陶范共计3069块，可见器形有带钩、印章、镜、匕等用品，剑、镞、弩机、戈等兵器，车马器以及鼎、盖豆、壶等容器，主要纹饰有云纹、蟠螭纹、龙纹、鸟纹、凤鸟纹、叶形纹、花朵纹、几何纹、绚索纹、贝纹、鹿纹、蟠虺纹、散虺纹等十三类。

侯马晋国遗址的发掘，进一步证明了晋国晚期都城在侯马，完善了晋国历史序列，体现了晋国政治、经济、文化、制造业等方面的繁荣发展，为我们研究晋国历史提供了丰富材料。

上马墓地出土铜鼎

西高遗址出土龙形玉佩

上马墓地出土铜鉴

上马墓地出土铜罍

释文　摹本　照片

侯马盟书

侯马盟书

白店遗址出土龙模

白店遗址出土铺首范

白店遗址出土蟠螭纹模

白店遗址出土龙纹模

山东临淄齐国故城

两周

历年主要发掘单位：中国历史博物馆、山东省文物管理处、山东省博物馆、山东省文物考古研究所（院）、中国社会科学院考古研究所等

历任发掘领队及主持发掘者、主要参与发掘人员：黄景略、杨子范、俞伟超、邹衡、张学海、王恩田、蒋英炬、罗勋章、张其海、魏成敏、白云翔、郑同修、吕凯、赵益超、董文斌等

临淄齐国故城是周代至汉代的临淄城所在地，位于山东省淄博市临淄区中部的齐都镇。临淄齐国故城分为大城与小城两部分，小城嵌入大城西南角。大城南北长约4500、东西宽约3500米，周长14158米。小城规模较小，南北长约2000、东西宽约1500米，周长7275米。总面积15.5平方千米。

（一）大城及相关遗存

大体呈不规整的长方形。东墙随淄河流向形成多处曲折；西墙南与小城北墙相交，随着城外系水的弯曲城墙中部略向外鼓，北端稍内收略呈弧形；北墙西部较直，西部偏北处有一直角拐角，拐角以东墙体近直，略向东南倾斜；南墙近直，中部略外弧。大城共发现八处城门，其中北墙三门，西墙一门，南墙与东墙各二门。城内交通规划合理，主干道基本与城门对应。

城内排水系统完善，东西两侧各有自南至

齐故城3号排水涵道

北的排水河道，且有与之相连的排水涵道，当时对于排水问题十分重视，经过周密的规划，将天然的河流、城壕（护城河）和城内的河道紧密地联系在一起，构成了完整的供排水系统。大城西北部一带的三号排水涵道，经过科学发掘，全部以巨石砌筑，设计科学，不仅避免泥沙淤塞，也能兼顾防御作用，而且应是在城墙修筑之前便有规划设计的。

大城内的夯土建筑相对分散，规模相对较小，以刘家寨为中心可能存在一处汉代的官署区，而在大城西门一带分布的几处夯土基址年代可能略早。

手工业遗址以制骨和冶铸为主，制骨作坊主要分布于大城东北部的河崖头村南一带，冶铸遗址则以阚家寨和石佛堂为中心分布，阚家寨冶铸遗址是目前国内唯一明确的铸镜作坊遗址，进一步印证临淄是汉代重要的铸镜中心之一。刘家寨村北也有较小规模的手工业作坊遗址分布。

大城内存在多处墓地，以河崖头村为中心的姜齐公墓区域最为重要，其中齐故城五号墓规模较大，其殉马坑更是随葬马匹达到600具以上，是了解当时齐文化上层风貌和综合国力的重要参考。

1964年小城勘探工作照

1976年齐故城五号墓殉马坑发掘现场

2017年东古村遗址发掘现场

战国时期10号宫殿战国彩绘木门

（二）小城及相关遗存

小城平面大体呈西墙带折棱的不规则的长方形，面积约 3 平方千米。主干道路共有 3 条，其中南北 2 条、东西 1 条。城门共发现 5 处，南墙两门，其余三面各一门，除东门外，其余门道均与主干道路对应。

城内西北发现有排水系统，至桓公台北部向西、西北分流，分别经西墙与北墙与城外水系相连。城内的夯土建筑（群）的布局有一定规律，东北部的 10 号建筑为一处单体建筑基址，面积大，周围存在大致封闭的水域，或与宗庙建筑有关；西北部的桓公台是小城现存最高的一处建筑台基，以此为中心周边分布多处较大规模的夯土基址，可能是宫殿建筑区；小城中部区域，自东至西密集分布小型院落式建筑基址，可能是官署区或贵族聚居地。冶铸相关的手工业作坊遗址则主要分布在城内偏南的区域，20 世纪 70 年代发掘的安合村铸钱作坊遗址就在这一带。

（三）齐故城外考古发现

政治空间，政治功能扩展的实现主要依托近郊的高台建筑，现存比较明确的有遄台、雪宫台、梧台（又称梧宫）、朱台等，文献所载的内容也多见其发挥政治功能的论述，它们与城内桓公台相呼应，可能是通过视觉上的仰视体现某种政治权威，通过郊外甚至是遍布全国的高台建筑向民众传达统治阶级的意志和威权；政治空间扩展的另一项举措是设立稷下学宫，作为抗衡老旧政治势力的新兴政治力量的代表，与高台建筑展现威权不同，稷下学通过"高门大屋"和"康庄之衢"展现的是统治者虚怀若谷和广纳贤才的自觉与形象。目前，小城西门外侧夯土基址群展现出与稷下学宫的关联，尚需夯实证据，进一步明确其性质。

祭祀空间，"国之大事在祀与戎"，祭祀的类别则涵盖郊祭、禘祭、尝祭、烝祭、社祭、山川祭等，政治上，祭祀是向民众展现政权合法性的重要手段，因此既要有一定程度的隐秘性以满足神圣性和神秘性需求，又要有向公众展示以满足政治合法性的诉求，作为祖先祭祀的禘祭一般发生在宗庙中，对于自然神灵的祭祀则多发生在郊外，南部的牛山、稷山、天齐渊、以及淄河都属于比较固定的祭祀对象，郊外祭祀空间范围广、内容多样，且极具政治意义。

田猎与游玩场所，田猎与游玩场所多见于历史记载，西北郊的漅邑（愚山）、西南的申池、南部的猇山是常见于史籍的苑囿或游猎场所。诸如遄台、雪宫台等高台也常做统治阶层享乐之所。

经济生产场所，城内的经济空间以冶铸等"高科技"产业为主，供给城内居民的农业生产以及低端的制陶以及部分制骨作坊等大量分布于齐故城郊外，目前考古调查所见的主要为制陶作坊，以齐故城北郊和西郊最为集中。

田齐王陵及贵族墓葬，战国时期的王陵以及贵族墓葬集中分布在城南，它们都有高大的封土，以二王家、四王家等为代表的田齐王陵依托原本高耸的山脉，墓葬显得更为宏伟。王族和贵族构建大型封土墓是一种人为的造山实践，极大改变了都城南郊的景观，既体现对于先祖的尊崇，也是建造者实际地位的反映。

山东临淄齐国故城作为周、汉齐国都城遗址，是中国古代规模最大的早期城市之一，也是古代东方重要的政治、经济、文化中心，在古代都城和周代文化研究中具有重要地位。临淄齐国故城分为大城与小城两部分，小城嵌入大城西南角。城外人文景观从功能上看，主要可概括为政治空间扩展、郊外祭祀空间、田猎与游玩场所、承担生产或经济功能的手工业作坊以及王陵和贵族墓葬区等。临淄是齐国都城中唯一明确的一个，且时间最长，经历姜齐、田齐与汉代齐国，可以说是齐文化的集中展现，见证了齐文化发展、成熟与演变，是齐文化研究的核心与基础。临淄齐故城经历了城市建立、扩展、功能变迁、宫城迁移、景观重构等一系列社会实践，成为我们了解古代社会政治变迁与都邑聚落结构之间关系的重要范本。齐故城手工业考古的综合考察与研究不仅推动齐国手工业发生、发展和演进的研究，也有助于了解先秦至汉代城市手工业状况。齐国经历了"以藩屏周"到相对独立，并最终融入华夏一统的过程，而齐故城作为诸侯国都，是了解周王朝边疆政治变迁及周齐关系变化的重要观察点，是齐国最终完成区域整合、实现华夏认同并最终纳入华夏一统的重要切入点。

河崖头村西周早期贵族墓葬出土部分青铜器

齐故城大城北墙出土西周中期陶器组合

齐故城战国时期齐国刀币

齐故城战国时期树木纹瓦当拓片

山东曲阜鲁国故城

 两周

历年主要发掘单位：山东博物馆、山东省文物考古研究所（院）、曲阜文物管理委员会、曲阜市文物局等

历任发掘领队及主持发掘者、主要参与发掘人员：张学海、张其海、赵春生、刘延常、韩辉、高明奎、党浩、徐倩倩、张恒、郑商等

鲁国故城是周代和汉代鲁国的都城遗址，位于曲阜市市区及周边，1961 年被公布为第一批全国重点文物保护单位。

（一）1977～1978 年考古发现

1977～1978 年山东省博物馆对城址进行了系统勘探试掘，出版了《曲阜鲁国故城》报告，为研究鲁国故城建造年代、分期，都城结构与布局，鲁文化内涵与发展阶段等提供了宝贵资料。

勘探确定城墙、城门、壕沟。城墙周长11771 米，其中东墙 2531、南墙 3250、西墙2430、北墙 3560 米。探出城门 11 座，东西北门各 3 座，南门 2 座。在城中部偏北发现宫室建筑基址——周公庙建筑群，以及周边 8 处夯土建筑基址，其年代最早是东周时期的；未发现西周时期宫室建筑基址。

鲁国故城内，勘探查明一二十处手工业作坊和 11 处居住址，大都经过西周、春秋战国时期，延续至汉代。还在城的西部、西北部和北部的大片地区发现存在着西周早期或前期的文化堆积，城的东北部发现西周晚期遗存。鲁国故城西北部的药圃、西部的斗鸡台、西南部的县城西北角以及西部偏东的望父台等四处墓地，年代从西周初开始延续到战国中期。城西南部

2018年望父台墓地M1正摄影像

2018年曲阜望父台墓地M1内外棺及出土器物

发现汉城一座。

试掘城垣 3 处，计 14 条探沟。南东门发掘 3 条探沟（T602 ～ T604），仅解剖城墙。城墙分为五期：一、二期为西周前期，但缺乏遗物证明；三期属春秋晚期或战国初期；四期应为战国前期；五期为战国至西汉时期。东北城角西侧发掘探沟 3 条（T502、T504、T505），解剖城墙为主，内外堆积略有涉及。城墙分为六期：一期属西周晚期或略早，二期约为西周晚期，三期为春秋早期，四期属春秋后期，五期属战国时期，六期为战国至西汉。一期城墙下发现居住址文化层，说明之前更早时期已经有人类居住。西北城角试掘两次，发掘探沟 8 条（T201 ～ T208），仅解剖城墙。T205 ～ T207发现四期城墙：一、二期属西周后期到春秋早期，三期、四期为战国时期。

试掘遗址 7 处，发掘探方（沟）28 个，以西部的斗鸡台遗址、西北部的药圃遗址和中部的周公庙遗址为重点。西北部药圃遗址：制陶、冶铜和居住址，发掘探方（沟）7 个（T104 ～ T110），堆积厚 0.5 ～ 3 米，年代从周初至西汉，是鲁国故城内最早、延续最长的遗址。西部斗鸡台遗址：居住址和墓地。在东面、南面发掘 8 个探方（T301 ～ T305，T311 ～ T313），堆积厚 0.5 ～ 2 米，从西周前期延续到西汉。北部盛果寺村西遗址：居住址。遗址范围大，堆积厚，遗迹丰富，在中部偏西南发掘 1 条探沟（T901），堆积厚 3 米多，有西周早期晚段、西周晚期和春秋早中期遗存。盛果寺村北遗址：冶铜遗址。发掘 1 条探沟（T1001），文化层较浅，年代为西周晚期、春秋晚期、战国早期。中部偏东北立新联中以南遗址：冶铁遗址。在中部发掘 1 个探方（T801），窖穴、夯土等属西汉早中期。东北部五泉庄西北遗址：居住址。发掘探沟 1 条，堆积较浅，属春秋早中期、春秋晚期、战国晚期至西汉。

鲁国故城中部周公庙大型建筑群基址：应是宫殿区。沟东区发掘探方（沟）6 个，计 450平方米。堆积 2 ～ 4 米，属春秋晚期、战国晚期、西汉、东汉、唐宋时期；沟西区发掘 3 条探沟，发现奠基、墙基和排水管道。沟东沟西发现两层建筑：早期属战国时期，晚期属西汉晚期至东汉时期；下层应还有早期建筑。

发掘 4 处墓地（药圃、斗鸡台、县城西北角和望父台），计 128 座两周墓。以两周墓地发掘的墓葬的研究为基础，分为甲组墓乙组墓两种风格。

曲阜坊上村南墓地1号战国车马坑

（二）2011～2018年考古发现

重点考古勘探工作取得新突破。勘探确认位于鲁国故城中部全城最高处的周公庙台地建筑群夯筑基址区为鲁国故城宫城。呈长方形，西北角略内折，面积约12万平方米。城墙、城壕环台地周边，西门、南门、东门各有与之相配的道路。城内夯土建筑基址目前辨识81座，属东周和汉代，为基槽及地面式，呈院落式布局。还发现陶质排水管道系统、水井等。东周城墙仅余基槽，东部和北部被汉代城墙叠压，打破西周晚期灰坑。城壕宽约7～20米，主体年代为春秋晚期到战国中期，汉代对其又进行清淤。城墙底部有预埋五边形陶管道现象，管道勾通城内外。北面为一蓄水池，与管道相连。该排水系统战国始建，延续至汉代使用。西城门宽约12米，发现路土与水沟，路土时代从春秋时期延续至唐代，其中东周路土最宽，南侧分布有水沟，为城门排水设施。城内西南部全面揭露战国时期大型夯土建筑基址一座（F8）。初步判断宫城始建于春秋晚期，战国中晚期废弃，汉代重修，最终废弃于魏晋。

郭城、城门考古取得重要突破：南东门遗址规模庞大，结构特殊，应为门道及两侧高大的阙台基构成。门道两侧的夯土台基当为门阙的基础，为春秋时期、战国时期两次修建，是目前我国所发现最早的门阙实例。北东门未见早期路土及城门相关设施。东北城墙解剖确认墙宽38米，现高6米。始建春秋早期，至战国晚期6次大的扩建增筑。城墙内为一处居住址，发掘有制陶窑址、灶、墓葬、水井、窖穴等，主体时代为春秋早期至春秋晚期，与城墙、内壕沟存在叠压打破关系，另发现少量西周晚期、战国中晚期的遗存。

坊上村南墓地为城内唯一一处基本全面揭露的春秋晚期到战国早期的士一级墓地，其族属应为甲组墓。在空间布局上，墓葬以东西向分成4排排列分布，相互之间不见叠压打破关系，多呈夫妻并穴墓。北部的墓葬最早，向南、东西两侧渐晚，呈现"昭穆制度"的原始形态。南部分布6座大中型车马坑，殉牛坑、猪坑各1座。应为专门的祭祀区域，反映出墓位布局经过规划。

望父台墓地为鲁国故城面积最大、延续时间最长的墓地，属乙组墓，性质推测为姬姓周人"邦墓"。2018年，发掘西周晚期至战国中期贵族墓葬33座，东周时期大型夯土建筑基址2处。墓葬均为长方形竖穴土坑墓，南北成排，东西成列，夫妻并穴现象普遍。布局呈现多个小型墓地集中分置的特点。墓向多是北偏东向，葬具基本为一棺一椁。此次发掘材料填补了乙组墓春秋时期资料的空白，在墓葬布局、用圭制度、荒帷制度、殉牲、器物组合及置器位置、男女葬俗差异等方面均有重要突破。尤其发掘的大型战国中期M1内涵丰富，保存好，等级高，反映了鲁国战国时期高等级墓葬葬俗。

考古工作者明晰了鲁国故城基本文化内涵、年代框架和大致布局，确定了大城始建年代、城墙分期；明确了宫城的布局、年代、城墙、城壕、城门、道路、排水系统、大型建筑基址等城市要素。诸多居址和墓地的发现，促进了对城内布局的新认识。提出的甲乙组墓的分组为鲁文化研究奠定了基础，体现了当时考古学发展的前沿。近年坊上村南墓地及车马坑、望父台墓地、杏坛墓地等墓地的发掘，其棺椁制度、饰玉制度、随葬器物奇偶数列并行，偶数同型、铭文青铜器等，细化了鲁文化年代框架，深化了甲乙组墓的认识，体现了鲁文化以周文化为主体的多元一体面貌，为释读鲁文化、儒家文化提供重要材料，有利于正确理解儒家文化产生的背景与机制。

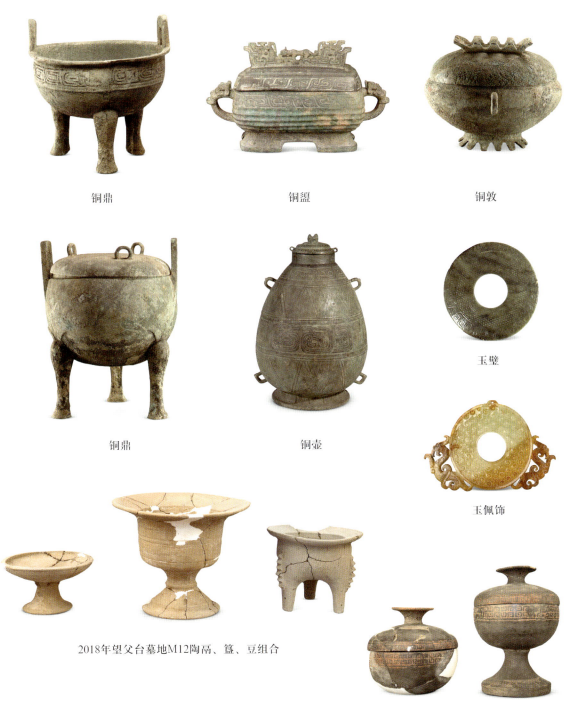

铜鼎　　　　　　　　　铜盨　　　　　　　　　铜敦

铜鼎　　　　　　　　　铜壶

玉璧

玉佩饰

2018年望父台墓地M12陶鬲、簋、豆组合

坊上村南墓地M18出土成对彩绘陶豆

河南三门峡虢国墓地

两周

历年主要发掘单位：河南省文物考古研究院、中国社会科学院考古研究所、三门峡市文物考古研究所等

历任发掘领队及主持发掘者、主要参与发掘人员：姜涛、林寿晋、贾连敏、王龙正、宁景通、杨海青等

虢国墓地是一处等级齐全、保存完好的大型邦国公共墓地，位于河南省三门峡市北部的上村岭一带，北距现黄河岸边 600 米，南距虢国都城上阳城遗址 2000 米。整个墓地南北长 590、东西宽 550 米，占地面积 32.45 万平方米。虢国墓地发现于 1956 年，先后经过四次文物钻探和两次大规模的考古发掘。

第一次大规模考古发掘在 1956 ～ 1957 年，由原黄河水库考古工作队进行，共发掘 234 座墓葬、3 座车马坑、1 座马坑。共出土工具、武器、车马器、礼器、乐器等 14000 余件。第二次大规模考古发掘在 1990 ～ 1999 年，由原河南省文物考古研究所与前三门峡市文物工作队联合发掘，共清理了各类墓葬 18 座、车马坑 4 座、马坑 2 座。共出土青铜、玉、铁、金等各类文物 23000 余件。所有的发掘单位均位于国君兆域区内，且分别属于两个不同的国君家族。

两次发掘的墓葬均为长方形土坑竖穴墓，墓底多大于墓口而呈覆斗形。墓主头多向北，

M2001发掘现场

M2001底部随葬器物

M2001七璜组玉佩出土场景

个别墓有腰坑或壁龛。棺椁已腐朽，从遗痕看，约半数为一椁一棺，其次是有棺无椁，少数重椁罩棺，个别墓无棺椁。有的椁内外有铜椁饰。人骨大部分已腐朽，能看出的葬式以直肢葬为主。随葬器物中，装饰品多放在棺内，棺椁上多放石戈，而青铜礼器及兵器、车马器等都放在棺椁之间，有的在二层台上放置陶器。其中第一次发掘中所见随葬品陶器最多。陶器器形有鬲、鼎、豆、盆、罐、壶、盘、器盖等，主要组合为鬲、豆、盆、罐。铜器器形有鼎、鬲、甗、簋、壶、罐、盉、盘、匜等。第二次发掘中所出随葬品以青铜器和玉器为主，陶器较少。

陶器主要器形有鬲、鼎、豆、盆、罐、壶、盘等，主要组合为鬲、豆、盆、罐。铜礼器主要器形有鼎、鬲、簋、尊、甗、盨、簠、豆、方壶、圆壶、方彝、盘、盉、觯、瓿、爵等。铜工具及兵器有斧、铸、刀、戈、矛、剑、镞等。铜车马器有害、辖、銮铃、軏、衔、镳、铃、节约、带扣、环等。铜杂器有鱼和饰件等。玉器造型多样，象生玉雕和组合玉佩是为典型。铁质兵器及工具有剑、戈、矛、锛、刻刀、削等。其他还出土有金、石、骨、蚌等装饰品以及木、皮革及麻织品等。

墓地的墓葬有着严格的等级区分，可分

M2009墓底清理前情况

M2009内棺玉器出土场景

M2012随葬器物情况

M2012车马坑

六等。M2001、M2009 为最高等，为国君一级。其中 M2001 墓主为虢季，此墓随葬青铜礼器有虢季列鼎 7 件、鬲 8 件、簋 6 件等，铜乐器有铜编钟 1 组、钲 1 件，还有祔葬车马坑 1 座，坑内埋有车 13 辆、马 64 匹；M2009 墓主为虢仲，墓内随葬青铜礼器有虢仲鼎 12 件、鬲 6 件、簋 9 件等，铜乐器有铜编钟 2 组、钲 1 件，墓东祔葬的车马坑未发掘。第二等有 M2011、M1052，为太子墓，M2011 随葬铜列鼎 7 件、鬲 8 件、簋 6 件等，铜乐器仅钲 1 件，陪葬的车马坑未完全清理；M1052 随葬铜列鼎 7 件、簋 6 件、编钟 1 组。第三等随葬 5 鼎 4 簋，M1706、M2012、M2010 可属此级，此等及以下无乐器。第四等随葬 3 鼎 4 簋，如 M1820、M2006 等。第五等多出土 1 鼎或 2 鼎，无车马器，如 M2016、M2017 等。第六等无铜礼器。

　　两次发掘收获巨大。第一次发掘找到并确认了虢国墓地的所在；第二次发掘不仅找到了本墓地的国君兆域区，确认了虢国墓地是一处大型邦国公墓地的性质，而且发掘了 2 座保存完整的国君墓。

　　虢国墓地的发现填补了西周考古史上的空白，尤其是两座国君墓葬的发现使对西周时期的高等级国君墓葬的丧葬制度有了新的认识，大量遗物出土为周代考古增添了许多有价值的科学研究资料。虢国墓地等级齐全、保存完好，其研究成果可树立中原乃至全国西周晚期至春秋时期考古学文化断代和研究标尺，对深入探讨两周之际考古学文化及社会的变迁具有重要意义。

西周虢国龙纹玉璧

西周虢国鸟形玉佩

西周虢国凤形玉佩

西周虢国人龙合纹玉璋　　　西周虢国六璜联珠组玉佩

金带饰

M2012出土铜方壶

M2001出土玉柄铜芯铁剑

M2001出土虢季列鼎

M2001出土虢季列簋

M2006出土兽叔盨

M2006出土丰白簋

M2012出土西周虢国梁姬铜罐

河南洛阳东周王城遗址

两周

历年主要发掘单位：中国社会科学院考古研究所、河南省第二文物工作队、洛阳博物馆、洛阳市文物工作队（现洛阳市文物考古研究院）等
历任发掘领队及主持发掘者、主要参与发掘人员：郭宝钧、苏秉琦、郭引强、叶万松、朱亮、俞良亘、徐昭峰、薛方、杨宏军、申建伟等

洛阳东周王城遗址北依邙山，南临洛河，城址的大致范围和今天洛阳的西工区相当，总面积约14平方千米。东周王城宫殿区位于王城西南部瞿家屯村一带；仓窖区位于宫殿区东部；陶窑遗址主要分布在王城北部一带，其他一些铸钱、制玉、制骨遗址各有分布；城内王陵区有两处，一处位于王城东部，一处位于汉河南县城东北部一带；中小型墓葬在东周王城内外均有分布。

（一）城墙

东周王城郭城城墙平面呈不规则的长方形，四面城墙除东南角地势低洼未发现城墙遗迹外，其他部分城墙基本上可以彼此连接。总面积约14平方千米。北墙保存较好，全长2890、宽8～10、残高0.8～1.65米。北墙外还发现一条与之平行的深约5米的护城壕。东墙只残存北段，残长已接近2000米，一般宽15、残高1.5米。南墙从兴隆寨村西边的转角

周山陵区周灵王陵

2008年洛阳唐宫路三公司东周王城东墙发掘现场

东周王城夯土城墙

2009年窑址发掘现场

瞿家屯宫殿基址内的排水设施

C1M8836

洛阳周王城广场"天子驾六"车马坑

唐宫路小学车马坑K1

处向东，由兴隆寨村北跨涧河经瞿家屯村南，残长850、宽约14米。西墙从东干沟东北的土塚向南，进入东干沟村一带，沿着涧河东岸在王城公园处跨过涧河向西，到七里河村北转南，转角处其外角夯土加宽，并向外凸出。

（二）宫殿区

东周王城的宫殿区位于城址西南部的瞿家屯村一带，已发现多处东周时期大型夯土建筑基址。1960年在瞿家屯东北发掘两组大型夯土建筑基址。推测这两组建筑的时代属于春秋时期。1999年在洛阳市西工区行署路与临涧路交叉口西南侧，西距涧河约250、北距汉河南县城南城墙150米处，发现一处战国时期大型夯土建筑基址，平面呈长方形，东西55、南北宽30米。在夯土基址北25米处有一条与基址平行、宽3.5米、东西长达数百米的墙垣，墙外有深达7米以上的沟渠，推测可能是城壕遗迹。2004～2005年在洛阳市瞿家屯村东南发现的一处大型夯土基址最具特征，规模最大，保存也最完整。它位于东周王城南城墙以南、涧河与洛河交汇处的三角地带，主要遗迹现象均发现于一个由夯土墙围护的特大型院落内。战国时期东周王城的宫殿区还包括东南部的仓窖区。位于东周王城南城墙北边，汉河南县城南城墙中段南边一带，在新发现的瞿家屯大型夯土基址的西北部，相距约800米。20世纪70年代在东周王城西南部王城大道西、九都路南北一带铲探出74座粮窖，并于1971年和1976年发掘了其中的三座。在仓窖区还探出较宽阔的道路、大量的夯土堆积和东断崖下的河道遗迹。该区域为一处规模很大的战国粮仓遗址。

（三）手工业作坊

洛阳东周王城西北部、东北部都发现有陶窑遗址，其中尤以西北部战国时期制陶窑场面积最大，既生产日用陶器，也生产砖瓦建筑材料。东周王城南部偏西发掘的62号战国粮仓中

出土铁质农具、工具100余件，以及青铜工具、兵器、车马器、少量铜容器残片、铜浇芯、铜料，同时还发现骨器残件、玉器残件和加工废料，发掘者认为这里是一处综合性的手工业遗址，含冶铁作坊、铸铜作坊、制玉及制骨作坊。此外，王城中心偏西，在金谷园路中段，曾清理一座烧造冶炼工具的窑址，推测该区域应存在冶铁作坊遗址。王城西北隅小屯北地窑址的西南方曾发现铸铜陶范，应存在铸铜作坊。小屯村东南、汉河南县城中部偏东的区域也发现了一处战国时期制玉、制石作坊，出土大量石料、石片及少量铁质工具。

（四）陵墓区

目前研究者基本将洛阳东周王陵分为三个陵区：王城陵区、成周陵区（金村陵区）、周山陵区。

王城陵区位于东周王城内，分为两处：一处位于今九都路与中州路之间的体育场路一带；另一处位于纱厂路至金谷园路之间，即洛阳西郊M1～M4战国墓。学者多认为二者分别为春秋时期王陵区和战国时期西周君陵区。

东周王城东南部的今九都路与中州路之间的体育场路一带分布着较多带墓道的大墓和车马坑。2001～2002年在洛阳市二十七中学基建工程发现了3座春秋时期墓葬以及陪葬的车坑、马坑，此区域位于东周王城外，西距东周王城城墙约30米。3座墓呈东西向排列，其中2座"中"字形墓位于"亚"字形墓的西边。其中C1M10122出土器物200多件，疑为周平王及其夫人之墓。2005年在二十七中学"亚"字形墓西北200余米处体育场路附近，发掘了98座东周墓葬和3座车马坑。在可以确定年代的54座墓葬中，春秋时期墓葬26座，战国时期墓葬28座，车马坑均为春秋时期。其中M8832和M8836均是具有列鼎性质的五鼎墓，可见该区域是一处春秋时期的重要墓区。

1995 年 M8832 南不远处清理一座春秋晚期"甲"字形大墓 C1M5239 和车马坑。1974 年在 C1M5239 以北的凯旋路与人民西路交叉口西北清理一座"甲"字形大墓 74C1M4，墓中出土 1 件铸有"繁阳之金"铭文的铜剑，发掘者认为该墓时代为战国时期，但有学者认为应为春秋晚期。2002 ～ 2003 年，在王城广场发现东周墓葬 397 座、车马坑 17 座，已发掘墓葬 194 座、车马坑 16 座。根据钻探资料，XM66 与 XM153 为 2 座"甲"字形特大型墓葬，结合同一地点发现"天子驾六"车马坑，推测这两座墓为东周时期国君墓葬。

王城东南一带分布较多春秋时期大型墓葬及车马坑，确定此处为一处春秋时期王陵区，可能是平王至敬王迁成周之前的周王陵区。自周考王十五年考王封其弟于河南地至赧王五十九年为秦所灭，王城一直为西周君所都。西周君均应葬于王城之内。洛阳西郊 M1 ～ M4 战国墓所在地可能为西周君陵区。

1957 年在今西工区汉屯路钻探发现 4 座呈"甲"字形大墓，即洛阳西郊 M1 ～ M4 战国墓。M1 墓底长 7.9、宽 7.2 米，墓口至底深 12.5 米，棺西侧出土了一件墨书"天子"二字的石圭。M4 墓底长 9.05、宽 7.43 米，出土铜礼器、铜兵器、铜工具以及车马器和装饰器等各类遗物 1600 余件。两座墓葬均为积石积炭墓，埋葬的

"王乍鼎彝"铜鼎

蟠螭纹铜鼎

浮雕蟠龙纹莲盖铜壶

简化窃曲纹镂空足铜铺

嵌玉鎏金错金铜杯

特点和金村大墓比较一致。洛阳西郊 M1 ～ M4 年代在战国中期早段至晚期早中段，规模宏大、陪葬品丰富，周围分布有高规格陪葬墓、车马坑和陪葬坑，墓主身份当为诸侯一级的贵族，与西周君地位相合。西周君历桓公、威公、惠公、武公四世，居王城，埋葬时间约略于战国早中期之际至战国晚期早中段，数目和时代均与洛阳西郊 M1 ～ M4 战国墓相合。

东周王城东部同样是东周时期中小型墓葬和车马坑、陪葬坑分布集中的地区。据 2005 年统计，洛阳地区发掘的东周墓葬总数已超过 7000 座，其中约 6000 座在东周王城遗址内。

洛阳东周时期的马坑、车马坑均作方形和长方形，圆形或不规则形极少。马坑葬马形式主要有两种，一种无规律即马骨零乱放置，另一种放置较整齐，马骨排列成行，有的马背部相对。有规律的马坑马头朝向以南向为多，北向较少。单独的车坑很少，且与马坑相隔很近，车拆散后放入坑中，一般只见车构件和车饰件。最具代表性的是王城广场"天子驾六"车马坑（ZK5）的发现与发掘。"天子驾六"车马坑长 42.6、宽 7.4、深 2.2 ～ 2.7 米，面积 316 平方米，方向 195°。坑内葬车 26 辆，分为东、西两列，车头南向，由北向南，依次放置。东列 12 辆，由北向南依次编为东 1 ～ 12 号；西列 14 辆，由北向南依次编为西 1 ～ 14 号。该车马坑为洛阳地区发现的规模最大的东周车马坑，时代约在春秋中晚期至战国中期。这些车多为二马驾一车，或四马驾一车，其中西 2 号车为六马所驾，举世罕见，与文献中的"天子之乘"相互印证，为东周王城布局及相关礼制研究具有重要价值。

成周陵区与周山陵区均位于东周王城城外区域。20 世纪 20 年代在汉魏故城北部偏西的金村墓地发现 8 座"甲"字形大墓，有的墓道两侧带有殉葬的马坑，出土许多带铭文铜器，具有诸侯王级规格，时代大体在战国早期至晚期之间，学者认为可能是周王及附葬的大臣墓。公元前 510 年敬王出居成周，子朝居于王城，自此二王并存，成周陵区应属敬王迁成周之后的周王陵区。周山陵区位于洛阳市区西南的三山村一带，现存 4 座高大的覆斗形封土堆，东西一字排开，封土之下叠压着由夯土填埋的长斜坡墓道。西边的 1 座高约 20 米，只在南侧发现有墓道，东边三座东西相连，中间一座较大，两侧二座稍小，南北两侧均有墓道，调查者推测四座大墓应是东周王陵。

东周王城的考古工作明确了宫殿区、王陵区、手工业作坊区、仓窖区等城内布局，布局充分体现着《管子·乘马篇》"因天材，就地利"、《周礼·考工记》"面朝后市"的建都原则，东周王城在中国都城发展史中具有重要的影响。而各时期墓葬分期较为明晰，为东周墓葬的断代提供了考古学标尺。尽管春秋时期诸侯称霸、王室衰微，但东周王城作为天子之都的重要意义，远非列国都城所能比拟，东周王城规模宏大、规划有序的宫殿礼仪建筑群，城市规划中"面朝后市"的布局设计，王陵区中"天子驾六马、诸侯驾四、大夫三、士二、庶人一"的车马制度，丧葬制度中的列鼎制度，埋葬制度中的公墓、邦墓制度和昭穆制度等，均涉及博大精深、影响深远的中华礼乐文化，为研究周代政治、经济、文化和整个城市发展史提供了珍贵的实物资料。长期以来，关于王城与周的关系、东周王陵的认定等历史问题存在着不同观点，通过东周王城持续六十余年的调查、发掘与研究，对这些东周史实有了历史与考古整合后的初步系统认识。

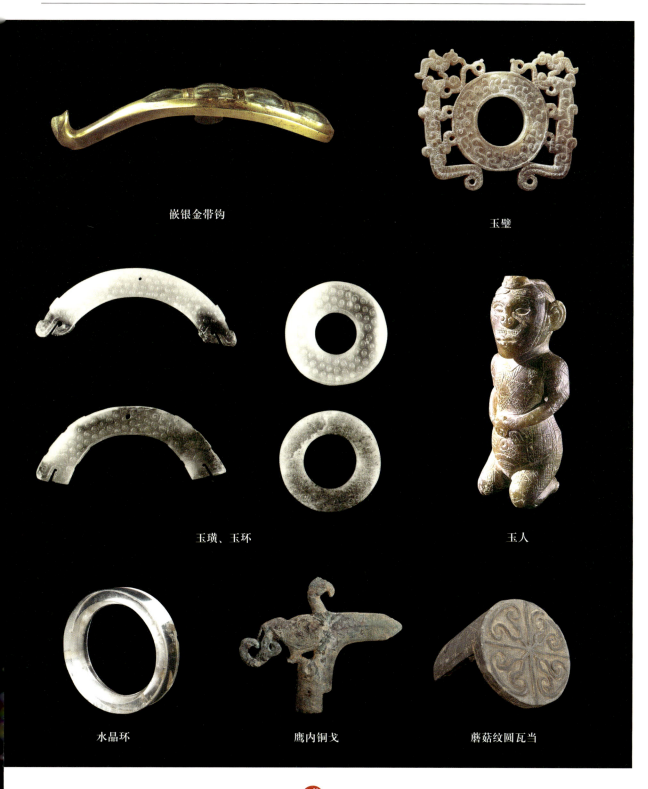

嵌银金带钩　　　　玉璧

玉璜、玉环　　　　玉人

水晶环　　　　鹰内铜戈　　　　蘑菇纹圆瓦当

湖北随州曾侯墓群

两周

历年主要发掘单位：湖北省文物考古研究所、湖北省博物馆、随州博物馆、京山市苏家垄遗址管理所、枣阳市博物馆等

历任发掘领队及主持发掘者、主要参与发掘人员：谭维四、院文清、黄凤春、方勤、郭长江等

湖北随州曾侯墓群是以随州为中心，地域涉及随州走廊一带的枣阳、京山等地，时代跨西周至战国的曾国诸侯级墓葬遗址。自 1978 年曾侯乙墓发掘以来，历时四十余年，发掘的随州叶家山墓地、枣阳郭家庙墓地、京山苏家垄墓地、义地岗墓群（含文峰塔墓地、随州汉东东路墓地、枣树林墓地），为南方东周墓葬发掘积累了宝贵的经验，为研究东周诸侯葬制提供了可靠的资料。

（一）曾侯乙墓

1978 年在随州擂鼓墩发掘曾侯乙墓，墓在红纱岩石上开凿竖穴墓圹，圹底置木质棺椁，然后回填泥土和铺石板。墓室呈不规则多边形，方向正南，墓口东西最长 21、南北最宽 16.5 米，总面积 220 平方米。椁室早期被盗，由一百七十一根巨型长条方木垒成，分为四室，底部有门洞相通。主棺为重棺，位于中室正中，21 具陪葬棺分布于四个分室内。外棺长 3.2、

2011年叶家山发掘现场

枣树林墓地

郭家庙墓区北发掘区

文峰塔墓地全景

M18

宽 2.1、高 2.19 米，由铜框架镶嵌厚木板构成。其框架分底座、棺身立柱和棺盖三部分。内棺长 2.5、宽 1.25～1.27、高 1.32 米。棺内壁遍髹朱漆，棺外漆绘动物、门窗、神人等形象。墓葬出土随葬品包括乐器、礼器、兵器、车马器、甲胄、生活用器、丧葬用品及竹简等共计15404 件（含一些器物的附件及可拆卸的构件在内），质地有青铜、铅锡、金、玉、石、骨、角、漆、木、竹、丝、麻、陶等，尤为重要的是出土了中国第一套完整的编钟组合。

（二）文峰塔墓地

2009 年曾国考古发掘工作重启，在随州东郊发现 4 座墓葬，其中 M2 为带墓道的"甲"字形大墓。M1 出土编钟铭文显示其墓主为曾侯與。M2 由墓道、祭祀坑、墓圹填土及多层积石、主墓椁室、主棺、腰坑和陪葬棺所组成。M4 为近方形土坑竖穴墓，出土一件甬钟记载了曾楚关系，一件铜戟铭文表示其为曾侯。2012 年对文峰塔墓地进行系统的勘探与发掘，发掘曾国墓葬 54 座、车马坑 2 座、马坑 1 座，其中带墓道大墓 2 座。M18 为带墓道大墓，器物铭文显示其墓主为曾侯丙。文峰塔墓地的发掘首次科学、完整的揭露了一批春秋中晚期至战国中期的曾国墓葬，是继随州叶家山墓地之后发现的又一处重要的曾国墓地。新发现的曾侯與、曾侯钺、曾侯丙等曾侯，填补了春秋晚期曾侯世系的空白，将曾国年代下限进一步确定为战国中期。首次在随州境内发现曾国车马坑，为研

M18东室器物

文峰塔中型墓M33

枣树林M168（曾侯宝）发掘现场

枣树林M190（曾公求）发掘现场

究春秋时期曾国车马殉葬制度提供了重要实物资料。大量的青铜器为研究冶铸工艺提供了材料，并首次发现失蜡法的直接证据。文峰塔墓地"随"字铭文的出土，对探讨"曾随之谜"有重大的学术价值。

（三）叶家山墓地

2010～2013 年对叶家山墓地进行系统的勘探与发掘，发现曾国墓葬 65 座、马坑 1 座，其中最重要的墓葬有 5 座，M65 与 M2 曾侯谏及夫人媿氏夫妻合葬墓、M28 与 M27 曾侯夫妻合葬墓和 M111 曾侯犺墓。M111 为"甲"字形竖穴土坑墓，出土铜簋铭文"犺作烈考南公宝尊彝"显示墓主为曾侯犺，其为姬姓。叶家山墓地是随枣走廊首次发现的西周早期曾侯墓地，确认了曾侯谏、曾侯伯生、曾侯犺三代曾侯的世系，发现的"南宫"等铭文解决了曾国始封年代和来源的问题。

（四）枣阳郭家庙墓地

2014～2015 在枣阳郭家庙墓地发掘曾国墓葬 29 座、车坑 1 座、马坑 2 座、车马坑 1 座，其中发现"甲"字形大墓 2 座。郭家庙墓地为曾国出土音乐文物最具特色，数量较多，种类最为丰富的墓地。其出土青铜器铭文显示曾国在发展过程中与楚、邓、黄、弦、旁等方国交往密切。

（五）京山苏家垄墓地及冶炼遗址

2015～2017 年对京山苏家垄墓地进行勘探和发掘，发掘墓葬 106 座、车马坑 9 座。发掘清理五鼎规格墓葬两座。M79 与 M88 为曾伯漆及其夫人芈克夫妻合葬墓，旁附葬有车坑。苏家垄墓地发掘有与之同时期或稍晚的冶炼遗存，是研究周王朝经营南方和管理南方矿产资源的重要资料。曾伯器群、冶炼遗存与传世曾伯簠"金道锡行"铭文相互印证的二重证据，展现了曾国青铜手工业的管理、生产流通环节。

（六）随州汉东东路墓地和枣树林墓地

2017～2019 年随州汉东东路墓地和枣树林墓地发掘，发掘墓葬 86 座、车坑 5 座、马坑 3 座。其中 5 座"甲"字形大墓的墓主分别为曾公求及其夫人芈渔，曾侯宝及其夫人芈加，曾侯得。墓地发掘的三组侯墓是经过科学考古发掘、棺椁结构和器物组合等保存较好的春秋中期诸侯级墓葬，填补了不见春秋中期曾侯的空白。芈加铜器铭文"楚王媵随仲芈加"等，充分证明曾即为随，从而为学术界长期争论不休的"曾随之谜"画上了句号。

随州曾侯墓群发掘出土的随葬品为东周考古断代树立了新的标尺，一些保存完好的器物为器物命名与功能研究提供了新的材料。体量宏大的青铜器为研究两周时期冶铸工艺、铜料来源等科技检测提供了样品。大量音乐文物的出土，尤其是中国第一套完整的编钟与其他乐器组合的出土，为研究两周时期礼乐制度和音乐史提供了实物资料。大量青铜器铭文记载的历史资料为研究两周时期历史、官职等提供了新的出土文献资料。出土的楚系器和楚惠王镈钟，为研究曾楚关系和楚文化提供了新一批的实物资料。曾侯乙墓与曾国考古系列发现使曾国成为商周考古中物质文化面貌揭示最为完整、全面的诸侯国，而曾国历史从传世文献记载不明，到考古揭示出清晰的国君世系、社会阶层、文化面貌，一部"曾世家"完整地展现于学术界，体现出考古写史的作用和意义。

叶家山出土西周铜鼎（M2：2）　　叶家山出土西周铜鼎（M2：2）内壁铭文　　叶家山出土西周铜簋（M28：154）

　　叶家山出土西周南公簋（M111：67）　　　　叶家山出土西周铜簋　　　　　叶家山出土西周铜甗
　　　　　　　　　　　　　　　　　　　　　　（M111：67）铭文　　　　　　（M65：43）

　叶家山出土西周铜罍（M27：1）　　　叶家山出土西周铜盉（M28：166）　　叶家山出土西周铜爵（M111：114）

文峰塔出土东周铁足铜鼎（M18：36）　　　文峰塔出土东周铜方缶（M18：2）　　　叶家山出土西周铜圆锭（M28：160）

曹M1椁室北部出土凤跗　　　叶家山出土西周铜方锭（M28：161）

文峰塔出土东周铜灯（M18：3）　　　　编磬复原示意（曹门湾M1编磬跗、筍和虡）

郭家庙M46出土鹗形佩　　　　　　曹门湾M1出土玉虎与金虎

四川成都金沙遗址

🈷 两周

📷 历年主要发掘单位：成都市文物考古工作队（成都文物考古研究院）、成都金沙遗址博物馆、四川大学历史文化学院等

历任发掘领队及主持发掘者、主要参与发掘人员：王毅、朱章义、张擎、周志清、江章华、刘骏、陈云洪、唐飞、王方、陈剑、姜铭、何锟宇、王林等

金沙遗址是长江上游成都平原青铜时代古蜀都邑遗址，位于四川省成都市区西北的金沙、黄忠等村，遗址沿摸底河自西北向东南分布，现存面积5平方千米以上。1995年发现，历经多次发掘，累积发掘面积约30万平方米。遗迹主要有祭祀遗存、建筑基址、墓地、制陶作坊四类。祭祀区居于遗址东南部，为平面形状大致呈长方形人工土台堆积，土台东西大约长125、南北宽约90米，面积11000余平方米，是一处长期使用的专用滨河祭祀场所。已发现60余处与祭祀相关的遗存。宫殿区位于祭祀区北面800米的地方。宫殿区的建筑规模宏大，现已发现的5座建筑基址组成的建筑群，面积在2000平方米以上，其中F5长达54米以上，宽8米，面积达432平方米以上，是这组建筑群中规模最大的单体房屋建筑。宫殿建筑以黄土、木料作为主要建筑材料，房基为大柱洞与小柱洞相间排列，大柱洞用以埋设大型木柱，以支撑整个房屋，小柱洞用以埋设小型木柱，编织成栅栏一样的木骨墙体，外抹草拌泥，构成木骨泥墙。屋顶覆以茅草。金沙遗址宫殿建筑布局和结构造型尽显庄重肃穆、质朴典雅，具有浓郁的中国宫殿建筑特色。金沙遗址宫殿区的发现，展现了古蜀国宫殿建筑的宏大规模，

金沙陈列馆鸟瞰图

体现了古蜀国高超的建筑技术。在金沙遗址东南面分布着十余个同时期的中小型遗址，绵延十余千米；在金沙遗址的东北面的羊子山还有一同时期的三层祭祀土台。墓葬已发现3000余座，均为小型长方形竖穴土坑墓，墓坑方向以西北—东南向多见，其次为东北—西南向，头朝西北或东南，葬式以仰身直肢葬常见，葬法流行二次葬。葬具除少量船棺外，其余均未发现葬具；墓葬约半数的墓室内有随葬品，玉石条、磨石及朱砂随葬等具有强烈的区域和时代特色。陶窑作坊发现陶窑均为馒头窑，达200余座，主要集中分布于摸底河北岸，由窑室、火塘、操作坑组成，窑室普遍遗留有大量残碎陶片和少量窑具。金沙遗址祭祀区和宫殿区及其附近同时期遗存的发现再现了古蜀国辉煌的青铜文明。

大量使用金器是古蜀文明区别于中国其他地区文明的一个重要特质。金器的制作主要采用锤揲工艺并辅之以镂刻工艺加工而成。金器不论是造型，还是在图案上均以鸟、鱼为主，金面具、金冠带、蛙形金器等作品，造型生动，刻画出的动物图案栩栩如生，动感极强，表现出了高超的工艺技术和非凡的艺术想象力。尤其是太阳神鸟金饰图案已成为中国文化遗产标志，金沙遗址出土的金器是人类艺术史上不可多得的艺术珍品。金沙遗址玉器代表了中国青铜时代玉器制作与使用的最高峰。玉器数量巨大，种类繁多，是目前中国青铜时代出土玉器最多遗址之一。玉器造型优美、器表光洁、纹饰细腻、技术先进，特别是金沙玉器的表面颜色五彩斑斓，堪称一绝。在玉器的制作过程中，使用了线割、锯割、砣具等解玉方法。其先进的琢玉技术和抛光工艺，在同时期处于领先地位。金沙遗址玉器体现出中国青铜时代高超的工艺水平和艺术创造力，同时形成了自己独特的艺术风格。金沙遗址玉器造型及其上刻画的

人或动物形象均给人以庄严、肃穆而又神秘的感觉。特别是以玉璋、玉戈、玉琮、玉钺、玉圭、玉人面等为代表的作品，工艺精湛，堪称世界玉器艺术中的精品。金沙遗址石雕像数量众多，以石跪坐人像、石虎、石蛇为代表。它以圆雕、阴线、描绘为主要技法，表现出栩栩如生的人或动物形象。石雕像群，造型生动、线条流畅，技艺娴熟是3000年前中国石雕艺术中的杰作。金沙遗址出土的漆木器保存较好，数量多，雕刻精湛，是我国同时期出土漆木器数量最多、保存最好、雕刻最精细的遗物，是我国长江上游地区商周时期漆木器的代表之作。金沙遗址出土象牙的数量之多、个体之大、保存之好，在我国乃至全世界都是仅有的。

金沙遗址先秦时期堆积年代约距今在4000～2500年，距今3500～2500年商周时期遗存是遗址堆积主体，商周时期遗存分属延续紧密的三星堆文化、十二桥文化、新一村文化，其中十二桥文化是该遗址商周时期堆积主体；商周遗存之下新石器时代遗存为宝墩文化，遗迹、遗物发现较少。2006年国务院公布此遗址为全国重点文物保护单位。金沙遗址丰富的文化遗存再现了古蜀国辉煌的青铜文明。

"太阳神鸟"金饰

祭祀遗存L8④

铜立人

铜人头

金冠带

青玉十节玉琮　　　　　　玉琮　　　　　　　　玉钺

玉璋

玉璧（有领牙璧）

陶猪首

陕西宝鸡周原遗址

 两周

历年主要发掘单位：陕西省文物管理委员会、中国社会科学院考古研究所、北京大学考古文博学院、陕西省考古研究院（所）等

历任发掘领队及主持发掘者、主要参与发掘人员：张长寿、俞伟超、徐天进、王巍、王占奎、曹玮、徐良高、雷兴山、宋江宁、孙庆伟、曹大志、种建荣、徐锡台、刘士莪、孙周勇等

周原遗址位于陕西省宝鸡市扶风县和岐山县交界处的北部，地处岐山南麓冲击洪积扇上。时代从前仰韶延续至汉代。最重要的学术价值是作为商代晚期周人崛起时的最后一个统治中心和西周建立后王朝的统治中心之一。此外，也是商王朝早中期西部边陲的一处中心遗址。

中华人民共和国成立后，从1957年开始，正式的考古工作陆续在进行中。目前已经基本建立了商周时期的陶器序列、年代、考古学文化分类等，正在深入开展多学科合作思路下的聚落结构、性质和功能的研究。以下按三个阶段对主要收获进行介绍。

商代早期面积为3平方千米左右。发现了商文化早中期最西部的京当型。遗存主要有普通居址和墓地，在京当和王家嘴出土的几批铜器和墓葬也显示其作为区域中心的地位。

商代晚期面积从3平方千米扩展到约5平方千米。这一时期在学界称为先周时期，为各支土著文化渐次进入，取代商文化的过程。刘家文化从西而来，首先进入，留下了著名的刘家墓地，目前还需寻找其居址所在。碾子坡文化或与其类似的遗存随后从北而来，在王家嘴、贺家等留下多处居址和墓葬。最晚期时郑家坡文化从东而来，与前两支文化交错杂居。近年来发现了属于该时期或稍早的空心砖，更有王家嘴地点的大型夯土建筑。以上各类文化与先周文化之间的关系尚未定论，但遗址逐渐扩大，

周原遗址鸟瞰

性质逐渐明确，显示了周原遗址已经成为关中西部，甚至关中地区最大的中心聚落，也表明了周人发展过程中的文化与社会机制。

西周早期面积突增至约 8 平方千米。大量商文化因素突然出现，这当是周灭商，迁商遗民到此的实物证明。遗址的内涵比之前大为丰富，呈现出青铜时代都城的气象。目前已在凤雏村发现一处大型建筑群，至少包括著名的凤雏甲组，F3 和 F6 等基座形制基本完整的夯土基址，在其北确认一段东西向城墙，二者结合起来当明确了城市中心区所在。在礼村北发掘的水渠 G9 全长达 4 千米，贯通聚落东侧的美阳河和西侧的王家沟，这就表明周原的城市供水已经摆脱了先周时期临水而居的状态，它的基础设施建设已经发展到与商王朝偃师商城、郑州商城和殷墟同等的水平。大量商遗民的到

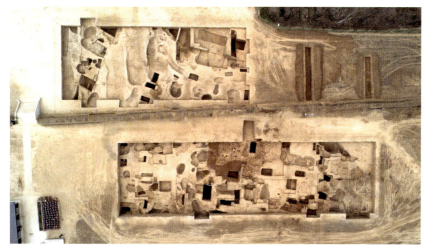

2017年周原遗址齐镇发掘区

凤雏三号建筑基址（2014ZYⅡC4F3）

2014ZYⅡC3M11　　　　　　　　　　2014ZYⅡC3T1K1

来也带动了城市经济的繁荣。在齐家、庄李、云塘等地点发现和发掘了铸铜、制骨、制石、制陶作坊等。研究显示，铸铜和制骨技术完全继承自商文化，甚至管理者和生产者就是商遗民。大量铜器和铜器窖藏也表明了商遗民服务于周王室的事实。最著名者当属出土于庄白的一号窖藏——微史家族铜器群，他们可能是商末纣王哥哥微子的族人。

中期时面积达到约20平方千米，这就显示周原遗址有了一个大发展，但目前尚无法解释其原因。凤雏建筑群继续使用并持续扩张。召陈和云塘—齐镇建筑群是先后出现的两个建筑群，其建筑形制与凤雏甲组等已经不同，建筑从用房屋封闭改为用围墙封闭。主体建筑与附属建筑从相连变为各自独立。此外还在齐家等地点发现大型建筑的迹象。城市水网系统持续兴建，逐渐扩大，支撑了城市的扩张。在房家地点新发现的水渠G6残长约2千米，全长也当在4千米左右，同样从美阳河流向王家沟。云塘制骨作坊、庄李铸铜作坊、齐家北制石作坊进入兴盛期。这个阶段发现了一批高等级墓葬。如黄堆墓地中带墓道的墓葬、车马坑，刘家、庄白一带的一批等级较高的墓葬，有丰姬

墓、伯或墓等，刘家带墓道的大墓等。墓葬和窖藏中的有铭铜器也显示了姬姓贵族与非姬姓贵族杂居的状态。

晚期的面积基本不再增加，但遗存持续增多，遗址内的空白地带减少。凤雏等三个建筑群继续使用并有新建筑出现。凤雏建筑群新增建筑与召陈、云塘—齐镇形制相同，多为单体。此外还在刘家、下务子等地点发现多处大型建筑遗存。凤雏地点还确认了晚期城墙的线索，贺家、齐家、召陈等多处有晚期城墙的线索，但还需进一步工作来确认。水网系统似仍在扩张中，礼村G9、房家G6等水渠仍继续发挥作用。此前的各个手工业作坊仍处于繁荣期，并各自向西扩张。此时期很突出的一个现象是有大量铜器窖藏，但学界关于其性质和原因尚有争议。

总体来说，周原遗址是从先周时期一直延续到整个西周时期的一处大型都邑，遗址内发现的各类遗迹、遗物对于研究周原的政治、文化、社会、经济等方面，乃至整个西周文化都有着重要的学术意义。

1982年，周原遗址被国务院公布为第二批全国重点文物保护单位。

五祀卫鼎

彧簋

昔鸡簋

㪤簋

昔鸡尊

丙卣

原始瓷豆

墙盘

墙盘铭文

柞钟

铜轮牙马车复原图

师丞钟

辔中饰

陕西西安丰镐遗址

 两周

历年主要发掘单位：前北平研究院史学会、中国社会科学院考古研究所、陕西省文物管理委员会、陕西省博物馆、西安市文物管理处、陕西省考古研究院（所）等

历任发掘领队及主持发掘者：徐旭生、石璋如、苏秉琦、王伯洪、石兴邦、张长寿、胡谦盈、梁星彭、卢连成、郑洪春、徐良高、岳连建、付仲杨、丁岩等

丰镐遗址是西周都城遗址，位于西安市西南的沣河中游东、西岸的斗门和马王街道区域。1933 年前北平研究院史学会徐旭生、苏秉琦等在沣河沿岸开展第一次考古调查中予以初步确认。中华人民共和国成立后，中国社会科学院考古研究所、陕西省文物管理委员会、陕西省博物馆、西安市文物管理处、陕西省考古研究院等单位，先后在丰镐地区进行过一系列的考古调查与发掘工作。

（一）丰京遗址

丰京遗址的北部，从客省庄、马王村至张家坡、大原村是一条平坦高地，俗称"郿坞

丰镐遗址远眺

岭"。南部，从新旺村至冯村是另一片高地。这两片高地是西周遗迹分布密集区。东有沣河，西有灵沼河，北有渭河，西南部原有一积水的水池。就现有资料看，先周遗存均分布于沣西地区，主要分布于客省庄至大原村一带的高地上。进入西周时期，丰京的人口大增，遗址范围大大扩展。西周遗存不仅密集地分布于北部高地，新旺村至冯村高地也有人口密布。灵沼河以西、新旺村以南也出现了西周中晚期遗存。

大型建筑基址主要分布于客省庄西南、马王村北一带。共发现 14 座建筑基址，发掘了其中 1～4 号建筑基址。居址区在沣西地区分布较普遍，随处可见西周的灰坑和地层。墓葬最集中的地区位于张家坡村至大原村间的一片高地上，其中包括张家坡井叔家族墓地。墓葬时间跨度从先周晚期直至西周晚期，墓葬形制有竖穴土坑墓和偏洞墓两种，以竖穴土坑墓最为常见。发现有铸铜、制骨、制陶等几种手工业作坊遗址。有大原村制陶遗址、新旺南、张家坡和冯村北制骨作坊遗址等。沣西地区历年来出土过多批西周青铜器窖藏，集中于马王村一带和新旺村周围两处地点。从其数量、规格看，仅次于周原遗址。

2015年丰京遗址大原村东古河道发掘现场

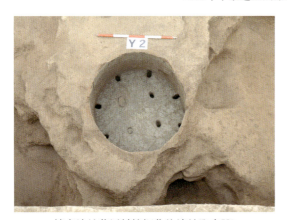

镐京遗址花园村铸铜作坊遗址陶窑Y2

镐京遗址花园村西周铸铜作坊遗址半地穴式三套间房子

2017年镐京遗址花园村西周铸铜作坊遗址出土炭化小麦

（二）镐京遗址

镐京遗址中部是沣东的郿坞岭高地，一条西南—东北走向的古河道（沣水支津）穿过遗址流向渭河。发现的14座西周大型夯土建筑基址自西向东分布在花园村、官庄村、下泉村、落水村一带的郿坞岭高地上。这些夯土基址集中于两处：一处在花园村北至官庄村南一带，发现有夯土基址4处及围绕宫殿区西部边缘的夯土护坡（墙）等，发掘了其中的5号、14号和11号建筑基址，出土大量西周板瓦、筒瓦、槽瓦片，清理出2组陶排水管道等。另一处位于官庄村东南和洛水村西北一带，有夯土基址10座，局部发掘了其中的3座，出土较多西周瓦片等。花园村东、白家庄北、普渡村、上（下）泉村一带，为西周居址分布区，有西周早中晚期遗址分布，居址内往往有陶窑相伴。制骨作坊在白家庄北地发现一处，出土有骨器、骨角料和骨器半成品等。铸铜作坊遗址位于花园村东，发现半地穴式三套间房址、陶窑、窖穴、墓葬等重要遗迹，出土较多青铜刻刀、铜锥、砺石以及少量陶模、陶范芯等与铸铜有关的文物。墓葬区集中于花园村、普渡村一带，曾发掘过多座铜器墓和车马坑，出土较多重要青铜器，如"长甶"盉、"多友"鼎等。在斗门镇东南约200米处，曾发现过一座铜器窖藏，内有鬲、鼎、簋等青铜器约20件。

通过八十多年的考古工作，丰镐遗址发现包括大型建筑基址与宫殿区，铸铜、制骨、制陶等手工业遗址，以井叔家族墓地为代表的大片墓地，多处青铜器窖藏等在内的一大批西周遗存，为全面掌握丰镐遗址地下遗存分布状况以及探索和研究丰镐遗址聚落布局及演变提供了重要资料。迄今的考古工作确定丰镐遗址为西周都城遗址，初步建立了西周考古学文化分期及年代序列，奠定了西周考古学的基础。以H18为代表的先周文化遗存的发现为探讨和研究先周文化、商周断代提供了重要资料，确定了先周文化与西周文化的划分标准。2011年以来，通过整理历年考古发现资料，利用RTK采集所有遗存的地理信息，初步建立了丰镐遗址考古地理信息系统，为研究西周都城的规划布局、功能分区及考古历史文化等提供了技术支持平台。通过全面系统的田野考古调查和勘探，初步了解了丰镐遗址西周遗存的分布情况，确定了丰镐遗址的四至范围和现存面积，为制定丰镐遗址的文物保护及展示利用规划等提供了科学依据。

2019年镐京遗址官庄村西周14号建筑基址出土带瓦钉弧形板瓦

镐京遗址官庄村西周14号建筑基址出土带瓦环及瓦钉弧形板瓦

丰京遗址张家坡墓地
M157出土玉人饰

丰京遗址张家坡墓地
M273出土玉柄形饰

丰京遗址大原村制陶
作坊遗址出土陶鬲

1961年丰京遗址张家坡
窖藏出土孟簋

1967年丰京遗址新旺
窖藏出土铜盂

丰京遗址张家坡墓地
M163出土铜牺尊

丰京遗址张家坡墓地
M163出土铜编钟

镐京遗址花园村铸铜
遗址出土铜鼎

镐京遗址花园村
西周墓出土铜方鼎

镐京遗址下泉村
出土多友鼎

镐京遗址普渡村
西周墓出土长白盉

陕西凤翔秦雍城遗址

两周

历年主要发掘单位：前北平研究院、陕西省考古研究院（所）、陕西省文物管理委员会、北京大学、中国国家博物馆、宝鸡市考古研究所、宝鸡先秦陵园博物馆、凤翔区博物馆等

历任发掘领队及主持发掘者、主要参与发掘人员：徐旭生、徐锡台、韩伟、吴梓林、吴镇烽、尚志儒、焦南峰、田亚岐、杨哲峰、杨武站等

秦雍城遗址位于陕西省宝鸡市凤翔区城南，地处黄土台塬上，北部有千山余脉环绕，西侧、南侧分别为千河河谷、渭河河谷。早在20世纪30年代，北平研究院徐旭生等先生对陕西周秦都邑遗址进行过考古调查。大规模、持续性考古工作开始于20世纪50年代，至今历时60余年，大体可以分为三个阶段。

工作奠基期（1959～1972年），对秦雍城遗址进行过多次考古调查、勘探、试掘，基本确定了城址的位置、范围、内涵。

成果辉煌期（1973～2008年），开展工作多，取得了辉煌成果。城址区确认了三大宫殿区及郊外宫殿建筑遗址，对凌阴遗址、马家庄宗庙遗址、豆腐村制陶作坊遗址进行了考古

秦雍城血池祭祀遗址远景

秦雍城秦公一号大墓发掘现场

2019年秦雍城秦公一号大墓陪葬坑发掘现场

秦雍城凌阴遗址发掘现场

秦雍城马家庄宗庙遗址发掘现场

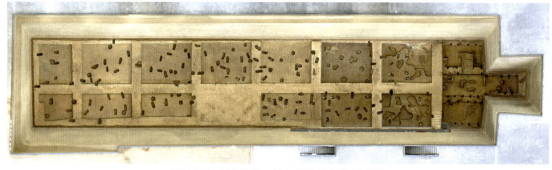

2021年秦雍城秦公一号大墓陪葬坑发掘现场

2016年秦雍城血池遗址发掘现场

发掘，在姚家岗宫殿区发现、发掘青铜建筑构件3窖64件。对南指挥秦公陵园、三岔秦公陵园进行了考古调查、勘探，共发现秦公陵园14座，对秦公一号大墓进行了考古发掘，出土各类文物3500余件。先后对城址区周边八旗屯、高庄、南指挥、邓家崖、黄家庄、上郭店、孙家南头等地的中小型秦墓进行了考古发掘。诸多重要考古成果，不但增加了对秦雍城遗址文化面貌的认识，更是极大地推动了秦文化的探索与研究。

大遗址考古期（2009年至今），对遗址进行了更为系统、全面的考古工作。工作成就主要有：调查了遗址内外的水系，对城址区进行了全面考古勘探，对遗址所处的古代环境及城市布局有了更深入地认识；对南指挥一、六号秦公陵园进行了第三次考古勘探，在陵园外发现了1100余座中小型秦墓，对秦公陵园、国人墓葬的形制、布局有了新的认识；在秦汉时期畤祭遗址考古取得重大突破，发现、发掘了雍山血池秦汉祭祀遗址；配合大遗址展示工作，对秦公一号大墓车马坑进行了考古发掘。此阶段还对秦公陵园区9座中小型秦墓、6座车马坑进行了考古发掘，配合基本建设对西白村、雷家台、翟家寺、路家村的中小型秦墓进行了考古发掘。

经过60余年的考古工作，秦雍城遗址的范围、布局、内涵已基本清晰，整个遗址由城址、秦公陵园、国人墓葬区、郊外离宫建筑遗址、祭祀遗址等部分组成，总面积约51平方千米。

城址是春秋中期至战国中期秦国都城所在地，形状不规则，南北长3300、东西宽3200米，总面积10.56平方千米。城址范围发现的主要遗迹有：城墙、壕沟、"秦穆公坟"（城内高台建筑遗址）、姚家岗宫殿区（包括一处宫殿建筑遗址、凌阴遗址、铜质建筑构件窖藏和豆腐村制陶作坊遗址等）、马家庄宫殿与宗庙区（包括秦宗庙和朝寝建筑遗址、二号和四号建筑遗址）、铁沟与高王寺宫殿区（包括凤尾村遗址、市场遗址和高王寺铜器窖藏等）、南古城建筑遗址区、雷家台建筑遗址和战国秦墓地、邓家崖国人墓地、翟家寺战国秦墓地、道路遗迹等。

秦公陵园位于遗址南部，与城址隔雍水河相望，地处凤翔区南塬，分为南指挥陵区和三岔陵区两部分。南指挥陵区由 13 座陵园组成，总面积约 13 平方千米，勘探出"中"字形、"甲"字形、"目"字形及"凸"字形大墓和车马坑共 43 座和 2 处国人墓地，陵园内外有兆沟围绕、分隔。三岔陵区距离南指挥陵区约 4 千米，位于彪角镇三岔村三组村庄附近，面积约 1.9 平方千米，发现了 1 座陵园，由 3 座"中"字形大墓和 2 座车马坑组成。

国人墓地主要分布在雍水河沿岸，主要由八旗屯、高庄、西村、南指挥、黄家庄、邓家崖和礼包务等处相对独立的墓区组成，总面积 2.3 平方千米。此外，近年还在雍城郊外以东的塔寺河沿岸的六道村、瓦窑头和城址西北部也相继发现多处国人墓地。

郊外离宫建筑遗址主要有：位于城址西南方向的孙家南头秦汉宫殿建筑遗址和马道口遗址；位于东南方向的凹里村建筑遗址；位于西北方向的塔陵村建筑遗址。其中孙家南头一带遗址、墓葬非常丰富，面积约 26.5 平方千米，蕲年宫、来谷宫、橐泉宫、竹泉宫、羽阳宫瓦当在这里相继被发现。

祭祀遗址位于城址西北方向的丘陵顶部，总面积达 4.7 平方千米，发现建筑、场地、道路、祭祀坑等遗迹 3200 余处。

秦公陵园规模宏大，布局规整，是秦国陵园体系的重要组成部分，虽然属于集中公墓制，但各个陵园中围沟的出现及三岔陵园的独立设置，表现出向独立陵园制发展的趋势，在中国古代陵墓制度史上具有重要地位。雍城秦公一号大墓的考古发掘在中国考古学中占据了多项第一，对于先秦陵墓制度、音乐史及古文字研究具有重要价值和意义。雍山血池祭祀遗址、吴山祭祀遗址、宝鸡下站祭祀遗址的考古发现，揭开了"雍畤"遗存的神秘面纱，为了解、研究秦汉畤祭文化提供了真实材料。秦雍城遗址面积大，布局清楚，内涵丰富，保存状况好，取得的考古成果不仅在秦文化研究中发挥着承上启下的作用，同时对于东周列国都城考古具有重要借鉴作用。

秦雍城国人墓葬

秦雍城国人墓葬车马陪葬坑

秦雍城秦公一号大墓陪葬坑出土金泡饰

秦雍城秦公一号大墓陪葬坑
出土金虎饰

秦雍城秦公一号大墓陪葬坑
出土金车器

国人墓葬出土金钵

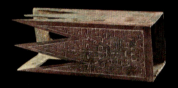

秦雍城城址出土青铜建筑构件

秦雍城国人墓葬出土玉觽

秦雍城秦公一号大墓出土石磬

秦雍城遗址出土动物纹瓦当

秦雍城遗址出土动物纹瓦当

秦雍城血池遗址祭祀坑玉器组合

秦雍城遗址出土动物纹瓦当

秦雍城遗址出土动物纹瓦当

甘肃张家川马家塬遗址

两周

历年主要发掘单位：甘肃省文物考古研究所、张家川县博物馆、北京大学考古文博学院、中国国家博物馆考古院、陕西省考古研究院、西北大学文化遗产学院、西北工业大学文化遗产研究院等

历任发掘领队及主持发掘者、主要参与发掘人员：王辉、谢焱、周广济、赵吴成、赵雪野；刘兵兵、冯维伟、邓天珍、陈建立、赵西晨、林怡娴、李悦、洪梅、谢安珍、张伟、芦敏等

马家塬墓地位于甘肃省天水市张家川县城西北约 17 千米木河乡桃园村北 200 米的马家塬上，面积 3 万余平方米，是我国目前考古发现已知的战国晚期至秦代西戎某支首领和贵族的墓地。20 世纪 70 年代兴修梯田过程中有墓葬被发现，2013 年 3 月国务院公布为第七批全国重点文物保护单位。

马家塬出土墓葬，依据竖穴与墓室的结构、布局，可分五种类型，而依墓葬竖穴开口面积又可分为大型墓（330 平方米）、中型墓（70 平方米以上）、次中型墓（30 ～ 15 平方米）、小型墓（15 平方米以下）四类。

"甲"字形竖穴土坑木椁墓仅 1 座（M6），位于整个墓地的中心，呈不规则"甲"字形，结构为开口西端突出短墓道连接中间斜坡墓道，竖穴南北两侧壁 9 级阶梯，墓道东端下挖长方形土坑，形成墓室，内置棺椁。墓葬口大底小、坑壁修整，收缩成斗状。墓口

马家塬遗址

马家塬遗址M18墓室出土随葬品

马家塬遗址M1考古清理现场

M16竖穴及洞室

高等级墓葬M16墓主人身体装饰局部

面积 330 平方米，盗扰严重，椁室结构不甚明确，大致呈长方体，长 4.12、宽 2.66、高 2 米，木板搭建而成。椁室西端的斜坡墓道上，自东向西依此有殉马 4 匹、髹漆车 3 辆。中间车舆上殉狗 1 只、舆下前端殉牛头、蹄等，随葬品绝大部分被盗。

竖穴偏洞室墓，洞室开于竖穴长边（北壁）一侧东端或东北角、垂直或与竖穴成夹角向北掏挖而成。这类墓葬共有 50 余座，占墓葬总数的六成多。中型、次中型、小型墓皆有。可分为有阶梯和无阶梯两小类，有阶梯墓葬数量略多于无阶梯墓葬。有阶梯墓葬由竖穴、竖穴西端阶梯和偏洞室三部分组成；无阶梯墓葬由竖穴和偏洞室组成。竖穴内葬车 1～4 辆不等或以车器示意葬车，中型墓除在竖穴内葬车外，墓室内还葬有装饰豪华的车 1 辆，次中型以上墓葬皆有车随葬，小型墓也有不随葬车辆的。

竖穴顺室墓，洞室位于竖穴短边的中部或偏北、与竖穴东西向中轴线成顺线式或平行式布局，即洞门位于竖穴东壁中部、或东壁偏北、或东北角三种情况，洞室延竖穴中轴线方向向东布局，从平面观察或为"凸"字形、或为"刀把"形，将其一并归为竖穴顺室墓。这类墓葬共有 20 余座，占墓葬总数的近三成。多为小型墓葬，亦有有、无阶梯之别，以无阶梯为多。

竖穴棺坑墓，在竖穴底面东北部，再下挖长方形土坑，内葬墓主。在高于棺坑的竖穴底面上埋葬车辆和动物骨骼。发现 2 座小型墓。

竖穴土坑墓，东西向长方形竖穴土坑，墓坑西侧有一级台阶，其余三壁下各有一生土二层台。墓坑内东西向置棺，葬有少量殉牲，仅发现 1 座小型墓。

洞室墓在马家塬墓地具有绝对优势，约占出土墓葬总数的 95%，其中又以竖穴偏洞室墓为多。墓葬规模与其阶梯数量、洞室面积、车的数量、随葬品多寡和精美程度成正比。中型墓皆为带阶梯墓道的竖穴偏洞室墓，有 8～9 级阶梯，洞室宽大，多为前后室，也有单室者。洞室两侧壁下掏挖柱洞，内立木柱，木柱上端平搭棚木。双室者前室葬 1 辆车，后室放置棺木及随葬品；单室者，车与棺木、随葬品同处一室。竖穴底面自东向西排列 4 辆车并整齐摆放马、牛、羊的头、蹄或殉埋 4 匹整马。次中型墓以偏洞室墓为主，有少量的顺室墓，洞室皆单室，有大小之别，大者可容一车一棺，小者仅容棺木与器物。小型墓的类型多样，第二类至第五类墓型皆有。因修整梯田对原地表的破坏，一些现在看来是小型墓葬的，其上部被削去严重，有存在阶梯的可能，但在统计时计入无阶梯墓葬中。有阶梯墓根据规模，其阶梯数量 1～9 级不等。无阶梯墓多在竖穴南壁转角的壁面上挖有脚窝，便于营建墓葬、下葬墓主时出入。洞室墓多在墓室内设置角龛或壁龛，龛内放置器物。除个别小型墓葬外，洞室门口都以竖立的木板封堵。墓葬中多有车辆随葬，规模越大随葬车辆越多，最多者可达 5 辆，小型墓仅随葬 1 辆车或无车或仅随葬车构件或车饰件以示意葬车。拆车葬占一定比例，是马家塬墓地的葬车习俗之一。墓葬内的殉牲多放置于竖穴的东端或车的四周，中型墓的阶梯上还放置附带肋骨的马的左前肢，少量小型墓的墓室中有放置殉牲头蹄的现象。

马家塬出土墓葬除因被盗、葬式不明者外，全部为单人葬，墓主多为仰身直肢，少量侧身直肢，个别仰身屈肢，头向与墓室方向一致，向东或向北，仅 1 座（M57）与墓室方向垂直。在墓主身体和身体周围随葬有料珠、绿松石珠、肉红石髓珠、煤精珠、金珠、银珠、金管、金牌饰等组成的装饰品，它们主要装饰在墓主的头、颈、腰、足四个部位。有以各类珠子和金银饰组成的帽饰或发网、耳环、项链、项圈、腰带、带钩、鞋面、鞋底等装饰，衣服下摆边缘以十字形节约铜饰、金、银泡及各种质地的珠子装饰。腰带上、双腿面悬挂有珠子和其他饰件组成的装饰品。墓主随身还佩戴有铁剑、铁削、铜刀、直銎斧和管銎啄戈等。墓主身份等级的不同，装饰品的材质有所区别，高等级的墓主多使用金银等稀有材质，低级别的墓主则使用其他材质。

祭祀坑发现 3 座，分别位于墓地的东、中、西部（西部祭祀破坏严重，仅存底面），说明墓地可能存在分区域祭祀现象。祭祀坑内殉埋牲骨的方式基本相同，即按种属对羊、牛、马三种动物的头蹄分层进行殉埋。

马家塬已发掘的未被盗掘的墓葬中约有七成以上的墓葬内随葬有数量不等的车，目前共发现 69 辆。马家塬墓地的人们对车辆的使用有一定的等级限制，随葬车辆的多寡、装饰材质的稀有程度反映了墓主人生前的社会地位和财富。

马家塬墓地出土了 3600 余件组随葬品，有金、银、铁、铜、锡、铅、陶、骨、肉红石髓、白玛瑙、绿松石、玻璃、玻璃态材料、煤精、料珠等不同材质。功能上可分为车马饰、车马器、日常生活用具、武器、工具、人体装饰和服饰等。

车马饰件是出土文物的大宗。以平面镂空剪纸造型、各类纹样为主题的金、银、铜、锡和贴金银铁质饰件为最多。镂空饰件的外廓有方形、三角形、变体鸟形、桃形、圆形、矩尺形等。花纹的母题主要是各类变体鸟纹、忍冬纹、卷云纹和几何纹。这些车饰件多装饰在车的衡、轭、轵、舆、轮、毂等部位。动物形的车饰发现较多，有大角羊、虎、鹿、狼等造型，主要装饰在车舆栏板周边。在车舆、毂、衡等表面还发现有铜、铅质的立体造型的牛、羊、马、鹿等动物俑和人形俑。各类质地的珠子也经常用于车辆装饰，多见于车舆边缘、车毂、车轮等部位，也用于制作飞铃及车軨坠饰。

马家塬战国墓地以独特的墓葬形制、华丽的车辆、复杂的人体装饰以及蕴含多种文化因素的遗物而闻名于世。出土车辆、金银器、贴金银铁器、玻璃和玻璃态制品种类丰富，使用范围广泛，是研究中西文化交流的珍贵资料。该遗址反映了战国晚期至秦代西戎文化的面貌，其兼收并蓄的多元文化融合体是研究这一时期西戎文化、秦戎关系、早期中西文化交流、中国古代车舆发展、演变以及古代工艺技术的重要实物资料。

高浮雕兽面纹金带钩　　　　鸟蛇相斗纹金腰带饰　　　　　　　　金臂钏

半月形金项饰　　　　多节形金耳环

M3-1号车车舆拦板饰

虎形金车舆饰

银张弓武士形饰

贴金银漆筒

贴金银铁矛

铜壶

铜茧形壶

铜戈

北京大葆台汉墓

秦汉

历年主要发掘单位：国家文物事业管理局、北京市文物工作队等

历任发掘领队及主持发掘者、主要参与发掘人员：马希桂、蒋忠义、鲁琪、黄秀纯、钟少林、刘震伟、韩悦、赵其昌、赵迅、朱志刚、李玮、赵光林、赵学勤、张先得、吴梦麟等

大葆台汉墓位于北京市西南四环外，丰台区郭公庄西南部，北临丰葆路，东为丰科路。1974～1975年，发掘了一号、二号汉墓。

（一）一号汉墓

一号汉墓平面呈"中"字形，方向186°。墓坑口大底小如斗状，墓口南北长26.8、东西宽21.2米；墓底南北长23.2、东西宽18、深4.7米。该墓主要由墓道、便道和墓室组成。

墓道位于墓室南部，残长34、底宽4.25米。可分为南北两段。便道位于墓坑的北部正中，与墓道相对，还有一条斜坡状便道，残长4、宽3.4米。

墓室向北依次可分为甬道、外回廊、黄肠题凑、前室、内回廊和后室等。

一号汉墓墓室清理后的场景

一号墓墓道内的三辆车马

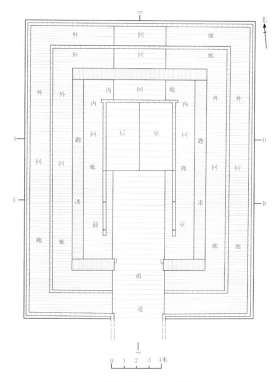

一号墓墓室平面复原图

　　甬道平面为长方形，南端与北段墓道相连、北端与前室相通，位于外回廊和黄肠题凑南面的正中部分。南北长 3.60、东西宽 4.30 米。甬道西部的南北两端，分别放置残门板两块。

　　外回廊是环绕题凑四面相连的通道，其南面正中与甬道相连通。周长 75.6、总宽 3.6、复原高度 3 米。

　　题凑位于外回廊内，平面呈长方形，是用长方木层层垒砌而成的一周木墙。南壁正中辟门，使甬道与前室相通。题凑外周南北长 15.7、东西宽 10.8 米；内周南北长 13.9、东西宽 8.9 米；保存最高处约 2.7 米。四面题凑的保存状况不同。南面西侧（门西侧）的题凑，残存黄肠木 24 层，每层 34 根，高 2.10 米。南面东侧（门东侧）的题凑，残存黄肠木 27 层，每层 34 根，高 2.52 米。北面题凑仅存黄肠木 15 层，

每层 108 根。东面题凑大部分已倒塌。西面题凑每层黄肠木 160 根，其中南段大部分倒塌，中段顶部被焚毁；北段保存 27 层，高 2.67 米。其中一根黄肠木上覆置竹简 1 枚。黄肠木一般长 90、宽、厚均 10 厘米，制作较为规整平直，表面打磨得也较为光滑。整个题凑按所用黄肠木均为 10 厘米 × 10 厘米，依现有高度推算，约 14000 块。经鉴定，题凑所用黄肠木均为柏木，且多为柏木芯。

　　前室位于题凑内，南面有门与甬道相通，北部为后室。平面呈长方形，南北长 7、东西宽 8.95、复原高度 3.95 米。其东西两侧，有南北向地栿痕迹，在其附近有倒放的残立柱，两条地栿之间，留有南北向三根纵梁。

　　后室（棺室）位于前室北侧，东、西、北三面用扁平立木围成一个棺室，平面呈方形，

长、宽各为 5.4、复原高度 3.3 米。后室铺地板上砌一方形棺床，长、宽同于后室，高 20 厘米。棺床由 10 行 20 条大扁平木拼成。后室棺床上正中放置棺椁。

题凑与前、后室之间的部分为内回廊。内回廊环绕后室（棺室）的东、西、北三面。南面两端与前室相通。三面通长约 23、宽 1.6、复原高度 2.95 米。内回廊出土器物主要有铜鐏、铜仪仗顶饰、鎏金铜钩、方形镂孔饰片、龙凤纹残漆器、残漆弓、包铅铁箭杆、漆耳杯以及大量陶壶、盘、盆的残碎陶片。

葬具为 2 椁 3 棺，居于后室棺床正中。棺椁结构严密，110 块木板全部用榫卯和扣接方式拼合。木椁分为内、外两重，结构相同。均为长方形，南北向，南侧辟门，双扇对开。外椁长 508、宽 344、复原高度 270 厘米。门宽 292、高 220 厘米。内椁长 382、宽 234、复原高度 204 厘米。门宽 192、高 162 厘米。木椁均外髹黑漆，内涂朱漆。木棺分为内、中、外三重，结构相同。均为长方形。外棺长 282、宽 140、复原高度 140 厘米。中棺长 252、宽 100、高 100 厘米。内棺长 222、宽 70、高 70 厘米。人骨一具，已被拖至棺外，在内椁底板的北部，头东脚西。经鉴定，死者为男性，年龄在 45 ～ 55 岁。

因遭严重盗扰，出土器物共约 850 件，主要为陶器、铜器、铁器、铅银器、玉石器、骨角牙器、漆木器、纺织品等。

（二）二号汉墓

二号汉墓位于一号汉墓的西侧，两墓相距 26.5 米，也是大型木椁墓。平面呈"中"字形，方向 186°。

墓道位于墓室南部正中，残长 24.5 米。可分为南北两段，北段长 15.5、宽 3.4 米，底与墓室底部齐平。南段呈斜坡状，因被金代遗址破坏，残长 19、宽 4 米。便道位于墓坑的北部

正中，与墓道相对，还有一条斜坡状便道。

墓室结构与一号汉墓基本相同，因被盗又毁于火，原本的木结构多已不存，仅有残留痕迹。墓底残留 12 根南北向垫木痕迹。垫木之上，还发现多处东西向铺地板痕迹。棺床在后室正中，仅留遗痕。

未能发现葬具痕迹。棺床上有人骨 1 具，已残碎不全。头北脚南，似为仰身直肢葬。经鉴定，死者为女性，年龄在 20 ～ 25 岁。在人骨附近出土有透雕螭虎玉饰件、玉舞人、玉觿、玉鸽、玉耳塞和铜镜残片等。

因遭严重盗扰，出土器物共约 240 件，主要为陶器、铜铁器和玉石器等。

大葆台汉墓是北京地区首次发现并进行正式考古发掘的西汉时期大型竖穴土坑木椁墓，也是北京地区首次考古发掘的西汉诸侯王及其夫人的同坟异穴合葬墓，是北京地区最为重要的考古发现之一。大葆台汉墓是北京地区迄今考古发掘的等级最高、规模最大、保存最好的汉代诸侯王及其夫人墓。大葆台汉墓首次通过考古发现证实了史料典籍中所记"黄肠题凑"，对研究汉代的丧葬制度和建筑艺术具有重要的学术价值。汉墓中出土的车马遗存，对了解与研究我国陪葬或殉葬车马制度的演变具有重要价值。

鎏金铜铺首

玉舞人（2XH50005：1正面）　　　　玉舞人（2XH50005：1背面）

六博棋子

六博棋子（青龙正面）　　　　六博棋子（青龙上表面）　　　　六博棋子（青龙侧面）

六博棋子（白虎正面）　　　　六博棋子（白虎上表面）　　　　六博棋子（白虎侧面）

河北满城汉墓

秦汉

历年主要发掘单位：中国社会科学院考古研究所、河北省文物考古研究院等

历任发掘领队及主持发掘者、主要参与发掘人员：胡寿永、王仲殊、卢兆荫、郑绍宗、孙德海、张子明、郭义孚、姜言忠、屈如忠、杜玉生、蒋忠义、王振江、戴彤心、杨锡璋、杜在忠等

满城汉墓位于河北省保定市满城县城西南1.5千米陵山主峰东坡。为西汉中期中山靖王刘胜的陵园。由建造于山体中的刘胜墓、窦绾墓及附近的18座封土墓组成。1968年5月，解放军某部在山上进行国防工程施工作业时发现，定名为1号墓。后在以北100多米的另一座山上发现了窦绾墓，定名为2号墓。1968年8月，完成1号墓和2号墓的发掘。通过出土的铜器、漆器和封泥上的文字材料和金缕玉衣等推断，1号墓和2号墓分别是西汉中山靖王刘胜及王后窦绾墓，通常称之为满城汉墓或中山靖王墓。

满城汉墓属于横穴式的"崖墓"，采用以山为陵的营建方式，墓道及墓室为凿山而成。刘胜墓和窦绾墓平面布局上大同小异，均由墓道、甬道、北耳室、南耳室、中室、后室六个部分组成。墓中还设有构思精妙的防盗和排水系统。两墓的墓室庞大，随葬品豪华奢侈，共出土金器、银器、铜器、铁器、玉器、石器、

满城汉墓远景

清理刘胜墓中室

窦绾墓墓门铁墙铸口

清理窦绾墓南耳室

刘胜墓中室排水沟

陶器、漆器、丝织品等遗物1万余件，其中包括"金缕玉衣""长信宫灯""错金铜博山炉"等器物。金缕玉衣共有2件，分别出土于刘胜墓和窦绾墓中。满城汉墓出土的两套玉衣外观与人体形状一样，分为头部、上衣、袖筒、裤筒、手套和鞋子6个部分，均由玉片组成，玉片之间以金丝加以编缀。刘胜的金缕玉衣全长1.88米，用玉片2498片，金丝约1100克。玉衣外貌和男子体型一样，体躯肥大，腹部突鼓，头枕鎏金镶玉铜枕，两手握璜形玉器。全身可分为头、上衣、裤筒、手套和鞋5个部分，包括脸盖、头罩、上衣前片、上衣后片、左袖筒、右袖筒、左手套、右手套、左裤筒、右裤筒、左鞋、右鞋等12个部件。袖筒、裤筒、手套和鞋都有开缝。脸盖上连缀出眼、鼻和嘴的形象。手作握拳状，足部呈方头平底高鞴靴状。在"玉衣"内还发现玉璧18块，以及饭含、佩戴之物等。窦绾的玉衣全长1.72米，用玉片2160片，金丝约600克。头下枕一鎏金镶玉铜枕。在玉衣内，放置玉璧15块。满城汉墓出土的金缕玉衣是我

国发现最早、最完整的金缕玉衣。

满城汉墓作为汉诸侯王、后一级的大型崖洞墓，规模宏大，结构复杂，建造精巧，揭示了西汉时期诸侯王的墓葬结构和埋葬制度，是研究汉代"因山为陵"葬制的重要材料。墓中出土的文物充分反映了西汉时期高度发达的物质文明，为研究汉代冶炼、铸造、漆器、纺织等手工业发展和医学、农业发展提供了重要的实物资料。渗碳钢、百炼钢、镀铬技术等先进科技的应用是足以改写中国科技史的重大发现，反映了当时先进的社会生产力发展水平。"医工"铭文的铜盆，是研究中国古代针灸和医学史的重要资料。铜漏壶为迄今发掘出土年代最早的一件，对研究天文学史具有重要参考价值。石磨、铜尺等文物为国内首次发现，对研究农业发展史和古代度量衡制度发展有重要价值。长信宫灯、博山炉、凤鸟纹杯等文物造型精美，制作精良，匠心独运，是技术与艺术结合的典范制作，反映了汉代辉煌的文化艺术发展成就。

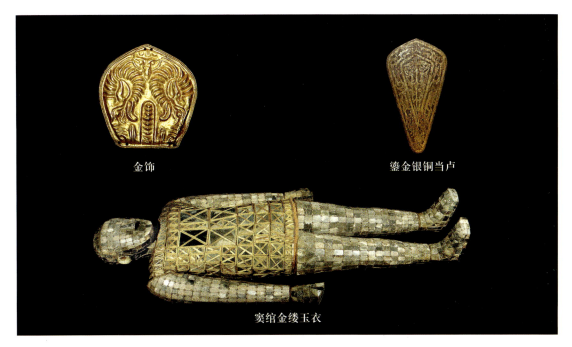

金饰　　　　　　　　　　　　鎏金银铜当卢

窦绾金缕玉衣

长信宫灯

蟠龙纹壶

乳丁纹壶

错金博山炉

朱雀衔环杯

铜钫

吉林集安高句丽王城、王陵及贵族墓葬

秦汉

历年主要发掘单位：吉林省博物馆、集安县博物馆、吉林省考古学习班、吉林省文物考古研究所等

历任发掘领队及主持发掘者、主要参与发掘人员：方起东、李殿福、柳岚、张雪岩、傅佳欣、金旭东、宋玉彬、王洪峰、安文荣、王志刚、李光日、孙仁杰、迟勇、董峰等

吉林省集安地区的高句丽王城、王陵及贵族墓葬被发现已一百四十余年，先后历经金石学家、中外历史学家和考古学家的关注，研究成果可谓汗牛充栋。都城周边的遗迹以其数量庞大、类型多样、分布密集、等级高贵、外观完整、蕴含丰富等特征，揭示了高句丽民族在崛起初期的文化面貌以及与周边族群的交流、融合的进程，体现了高句丽在中原王朝、朝鲜半岛、日本列岛文化链条上的历史地位，堪称东北亚考古遗产的宝库。遗迹群中有全国重点文物保护单位 3 处，42 处重要遗迹以"高句丽王城、王陵与贵族墓葬"之名被列入《世界遗产名录》，核心区域已被辟为国家考古遗址公园。中华人民共和国成立以来，对遗址区的科研、保护、整治工程超过百项，累计投入数亿元，已建成管理、科研、展示、利用、监测体系和多所高校教学实践基地，正在创造深远的社会效益和经济效益。

丸都山城远景

禹山M992

国内城位于吉林省集安市城区内，是高句丽政权（公元前37～公元668年）从公元3年至427年间的王都（或都邑）。自清末国内城地位被学界确认之后，人们在其周边还发现了曾作为王都的丸都山城以及大范围的古墓群，至1966年对洞沟古墓群测绘时，尚存古墓10782座，现存6974座，墓群在城区北部狭长绵延10千米，其中至少有17座王陵，已知壁画墓30余座，中大型贵族墓数千座，连同国内城中的高等级建筑遗迹和丸都山城宫殿遗址。这些古墓按照考古学方法可分积石墓与封土墓两大类，其中积石墓还可分为积石石圹墓、有坛积石石圹墓、阶坛积石石圹墓、阶坛石室墓，封土墓分为封土石室墓、有坛封土石室墓和封土洞室墓。这些丰富的类型，是研究高句丽墓葬分期、分区、葬俗、演变的重要学术依据。好太王碑重约40吨，四面环刻1775字，碑文记载了高句丽与朝鲜半岛的新罗、百济以及日本列岛倭的关系，这个重要的金石史料备受东北亚国家关注。墓群中的壁画墓则以绚丽的色彩、写实的场景、神秘的天界、丰富的图形给人以直观的震撼。

吉林集安地区的高句丽王城、王陵及贵族墓葬，展现了高句丽崛起过程中政治、文化、军事、经济、风俗的多方位的变迁轨迹，是高句丽鼎盛时期保留下来的珍贵的考古资料。考古研究从依据客观遗迹和遗物为对象的独特视角，揭示高句丽物质文化面貌，阐释其精神文化源流，展现多民族文化属性，完善其社会发展进程。

丸都山城宫殿址

角觚墓

国内城北城墙马面

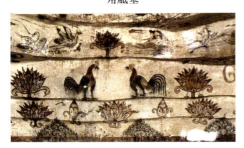

舞踊墓南藻井

角觚墓北壁

五盔坟四号墓女娲

五盔坟四号墓伏羲

太王陵出土鎏金冠

太王陵出土鎏金马镫

太王陵出土鎏金案足

太王陵出土铭文铜铃

国内城出土鎏金铜牌饰

临江墓出土人形铜车辖

国内城出土青瓷六系双口罐

千秋墓出土"千秋万岁
永固"铭文砖

国内城出土龙纹砖

太王陵出土莲花瓦当

丸都山城出土忍冬纹瓦当

丸都山城出土兽面纹瓦当

西大墓出土卷云纹瓦当

丸都山城出土"小兄"文字瓦

江苏徐州汉楚王墓群

🔴 秦汉

🔴 历年主要发掘单位：南京博物院、徐州博物馆、南京大学、徐州汉兵马俑博物馆、铜山县（铜山区）图书馆等

历任发掘领队及主持发掘者、主要参与发掘人员：邹厚本、尤振尧、蒋赞初、王恺、李银德、邱永生、耿建军等

徐州地区的汉楚王陵从汉初一直延续到汉末，是我国汉代诸侯王陵中保存最完整的一个系列，出土文物丰富精美。自1972年正式发掘第一座崖洞墓以来，累计已发现8处19座墓葬，它们分别是：楚王山4座、狮子山2座、驮篮

狮子山楚王墓发掘外景

山2座、北洞山2座、龟山2座、东洞山3座、南洞山2座、卧牛山2座。

狮子山楚王陵位于徐州市东郊狮子山主峰的南坡，斜坡墓道南向，山南一片平原。其北是羊鬼山，西北是绣球山，西北600米处是当地最大的骆驼山。西2000米处为黄河故道（古泗水），由西北向东流过。1994年12月至1995年4月由徐州汉兵马俑博物馆和南京博物院联合发掘。

楚王山汉楚王墓群现明确为墓葬的有四座，自西向东分别编为一至四号墓，目前均未发掘。一号墓位于楚王山主峰之西北山顶，面向东方，东南面与楚王山主峰相连，浑然一体。墓依山为陵，连封土高54米，其中封土高7米，呈履斗状，且从下至上可分为十分明显的三个层次，皆为土质纯净的红色黏土。封土南侧18.5米处，有一条长46、宽3.8～4.2米的人工开凿的排水沟，系为防止山洪冲刷陵墓封土。二号墓位于一号墓北侧一低矮小山上，封土堆高20、底周长200米，下圆上方，成覆斗形。三号墓位于二号墓东240米处，系平地起坟的封土墓，封土从下到上可分为三个层次，墓东部大半已被削去。四号墓位于三号墓东约1500

狮子山楚王墓前堂玉器遗迹一组

狮子山楚王墓汉兵马俑二号坑

北洞山楚王墓前室

北洞山楚王墓后室

北洞山楚王墓主室甬道门槽及封门器槽

北洞山楚王墓东1龛内彩绘陶俑

米，中隔一座山头，但与二、三号墓大致在东西向一条直线上，封土保存完好，亦呈履斗形，与三号墓构筑方式相同。

驮篮山汉墓位于徐州市东郊驮篮山南麓。1989 年 11 月至 1990 年 5 月由徐州博物馆发掘。驮篮山有东西两个并列的山头，两墓均南向，山体呈东北至西南走向。

北洞山汉墓位于徐州市东北 10 千米铜山县（铜山区）茅村乡洞山村洞山南坡。北洞山是一座海拔 54 米的石灰岩小山，其西、南临京航运河（古泗水）隔河与九里山余脉青山头相望，东与秦梁洪为邻，东南隅为恒山。1986 年 9 月至 11 月由南京大学考古专业与徐州博物馆联合发掘。该墓规模宏大，墓道南向，底部低平，总长达 45 米，总面积 430 平方米，由主体建筑和附属建筑两部分构成。

龟山汉墓位于徐州市西北 9 千米处九里区拾屯镇的龟山西脚下，坐东朝西。一号墓于 1972 年采石时发现，同年 6 月由南京博物院和徐州博物馆联合发掘。二号墓位于一号墓右侧，与一号墓平行，间距约 15 米，1981 年 11 月发现后由徐州博物馆和铜山县文化局发掘。1981 年 11 月和 1982 年 11 月，南京博物院分两次对龟山楚襄王刘注及王后墓进行发掘，清理了北侧甬道（王后墓甬道）及主墓室；1990 年春，孤山村民发现南墓甬道中的三个耳室，徐州博物馆进行了清理。1992 年夏天，铜山县（铜山区）文体局将甬道内的塞石全部取出，发现南甬道最前端的刻石文字。

狮子山楚王墓出土金带扣

东洞山汉墓位于徐州市东郊下淀乡石桥村南东洞山西北麓，共计 3 座，皆坐西朝东，三墓基本平行排列，二、三号墓分别位于一号墓北、南两侧，间距约 10 米。1982 年 12 月，开山采石发现，一号墓古代即盗空敞口，徐州博物馆清理了二号墓；1997 年徐州博物馆发掘、清理了三号墓。

南洞山汉墓位于徐州市东南 10 千米处的云龙区潘塘办事处段山村南洞山（即段山）南麓。山北为连接东南到西北的王山、曹山、拖龙山，各山及附近均有汉墓发现，南面是大片平原。南洞山汉墓开凿在山南半山腰处，墓前有大量开凿墓葬时遗留的碎石子堆积，形成一小的平台。附近还发现许多残碎的汉代绳纹板瓦、筒瓦。两墓均南向，东西并列，中间有门道相通，相距约 7 米，大致平行，两墓结构基本相同，东墓的规模较大。

卧牛山汉墓位于徐州市西 2 千米处的卧牛山东北麓，坐南朝北。卧牛山为一东西呈弧形的山丘，山体向南弧出，山北为两侧前伸、中间内凹的簸箕凹形，山东部为韩山，东北为小山子，其上均有汉墓发现，山坡南为韩山和云龙湖，隔湖群山连绵，北坡地势平坦，山北部不远即为黄河故道（古汴水）。1980 年 2 月由徐州博物馆与铜山县（铜山区）图书馆联合清理发掘。2015 年由徐州博物馆进行第二次发掘。

江苏徐州地区的汉代楚王陵为西汉时期分封在徐州的楚王及其王后的墓葬，时代延续整个西汉王朝，是我国汉代诸侯王陵中保存最完整、序列最清晰的一个系列。徐州汉代楚王陵能够排出比较明确的序列并归纳出一些基本特征，它的发展具有自身的系统性，对于汉代陵寝制度、典章制度、文物考古、社会历史等方面的研究具有重要意义。徐州地区汉代楚王陵考古历程在一定程度上也是中国考古学百年发展的缩影，对于中国考古学的发展有极其重要的经验和启示。

狮子山楚王墓出土嵌绿松石
兽形金带钩

狮子山楚王墓出土龙形勾连纹冲牙玉佩

狮子山楚王墓出土玉兽首

狮子山楚王墓出土铜釜甑

狮子山楚王墓出土铜锺壶

狮子山楚王墓出土铁胄

狮子山楚王墓从葬坑出土兵马俑

北洞山楚王墓出土彩绘仪卫俑

江西西汉海昏侯墓

秦汉

历年主要发掘单位：江西省文物考古研究院、中国社会科学院考古研究所、北京大学、国家博物馆、荆州文物保护中心、故宫博物院、中国丝绸博物馆、秦始皇帝陵博物院、江西省博物馆、中国科学院大学、中国科学技术大学、北京科技大学、中国人民大学、厦门大学、复旦大学、四川大学、中国中医科学院、西北工业大学、北京师范大学、北京联合大学、东华理工大学、江西农业大学等

历任发掘领队及主持发掘者、主要参与发掘人员：杨军、樊昌生、徐长青、柯中华等

海昏侯墓位于江西省南昌市新建区大塘坪乡观西村，至今为止勘探总面积约 400 万平方米，发掘约 1 万平方米。

2011 年对被盗墓葬周围方圆 5 平方千米的区域进行全面、系统的考古调查，发现了以紫金城城址、历代海昏侯墓园、贵族和平民墓地等为核心的海昏侯国一系列重要遗存。并对海昏侯墓及其墓园进行重点钻探。

海昏侯刘贺墓

海昏侯刘贺墓M1椁室结构示意图

2012～2013年主要进行海昏侯墓园考古发掘工作。2014～2015年进行主墓（M1）的发掘工作，2014年完成主墓封土和墓室内填土发掘，2015年进行椁室的发掘、遗物的提取和保护。2016～2017年主要是进行海昏侯刘贺墓主棺内棺、五号祔葬墓主棺的实验室考古工作，启动青铜器、玉器、金器、漆木器、简牍的文物保护和修复工作。2018～2020年进行刘贺墓东侧M2（夫人墓）的发掘。

海昏侯刘贺墓是考古发现的一座以"汉制"为代表的列侯标本墓。它有一个完整的墓园。墓园占地约4.6万平方米，垣墙周长868米，由寝、祠堂、厢房和北、东门及其门阙等墓园的相关建筑构成，墓园内有2座主墓、7座祔葬墓、1座车马坑以及道路和排水遗存。其中祔葬墓不仅祔葬侯妾等女性家族成员，还祔葬有继承权的未成年的男性家族成员，反映了西汉列侯的墓园具有家族聚葬性质。刘贺墓

由墓葬本体及车马坑构成。车马坑为真车马陪葬坑，出土高等级的安车和辎车5辆，马匹约20匹。墓葬本体上有高达7米的覆斗形封土，下有坐北朝南的甲字形墓穴，墓穴内建有面积达400平方米的木构椁室。椁室由甬道、甬道东西两侧的耳室、藏椁、徼道及主椁室构成。主椁室位于椁室中央，分成东、西室。主棺位于主椁室东室的东北部，有内、外两重棺。内棺内有墓主人遗骸痕迹，头部被镶玉璧的漆面罩"温明"覆盖，保存有牙齿，遗骸不穿玉衣，采用多重衣衾裹束的绞衾制，衣衾内有数件大小不等的玉璧，腰部发现刻有"刘贺"名字的玉印1枚，腹部发现尚未消化的"香瓜子"，遗骸下有包金的丝缕琉璃席，琉璃席下等距放置100块金饼。整个墓室的设计模仿墓主生前真实生活场景，事死如事生。它结构复杂、建筑科学、功能清晰明确，各部分既相对独立，又相互连通，墓道直通墓底，可到达椁室任何

甬道乐车库偶车马的实验室考古清理

奏章

海昏侯刘贺墓内棺

刘贺遗骸下的包金丝缕琉璃席

马蹄金、麟趾金与金饼（主椁室西室北部）

刘贺主棺琉璃席下的金饼

乐器库和编钟

地方，这就是汉武帝时期向全国推行的以"汉制"为代表的墓葬埋葬制度，其最大的特征就是墓室高度居室化和宅院化，与西汉早期湖南长沙马王堆汉墓那种墓道不及墓底的"楚制"相区别。

出土文物大部分是刘贺和他的父亲刘髆在汉武帝时期积攒下来的财富，是汉武帝时代政治、经济、思想、艺术和中西文化交流的见证，是汉代文明的物化表达。数以千计的竹简和近百版木牍，使多种古代文献 2000 年后重见天日，是我国简牍发现史上的又一次重大发现。木牍包括奏牍、诏书和属于遣策类的签牌。海昏侯墓出土的孔子屏风是汉武帝时代"罢黜百家，独尊儒术"的见证。480 件重达 120 公斤的马蹄金、麟趾金、金饼和金板的出土是我国汉墓考古史上保存最完整、数量最集中的一次发现，是西方人眼中的汉帝国"多金王朝"的体现。它和同墓出土的约 400 万枚、重达 10 余吨的五铢钱共同见证了一个国力强盛、社会富足的汉武帝时代的中国。大量工艺精湛的玉器、错金银、包金、鎏金青铜器，图案精美的漆器，均显示出西汉时期手工业高超的工艺水平，是西汉列侯"事死如事生"的典型标本。成套编钟，大量车马器，诸多带有文字铭记的漆器和铜器，反映了西汉时期的籍田、食官、乐悬、舞列、车舆、出行、"物勒工名"等制度。在海昏侯墓出土的文物中，有一批具有草原风格和异域风格的文物，比如骆驼形象的编钟笋簴、独角羊形象的银质当卢、双狼猎猪纹玉饰件、缠丝玛瑙（苏莱曼尼玛瑙）、水晶以及独角羊、骆驼玩具等，它们是汉武帝派张骞出使西域、凿通丝绸之路、中西文化交流、中西文明互鉴的物质体现。马蹄金和麟趾金上赶珠丝和巩丝等外来细金工艺，体现了地中海世界希腊艺术的强烈影响。

江西南昌海昏侯墓是目前中国考古发掘的面积最大、保存最好、内涵最丰富、出土文物最多的汉代列侯墓葬，也是中国长江以南地区发现的唯一带有真车马陪葬坑的墓葬。考古工作基本确认了紫金城城址、历代海昏侯墓园、以贵族和平民墓地为核心的海昏侯国一系列重要遗存，同时确认了第一代海昏侯刘贺之墓。考古发现的第一代海昏侯刘贺墓园是我国迄今罕见的保存较完好、结构较完整、布局较清晰、拥有较完备祭祀遗存、内涵丰富的西汉列侯墓园。考古发现的南昌汉代海昏侯国遗址，真实、完整地展现了海昏侯国国都、历代海昏侯墓园、贵族和平民墓地的空间布局，是重要的国家级历史文化遗产，具有重大的研究和展示利用价值。

马蹄金　　　　　马蹄金　　　　　麟趾金　　　　　麟趾金

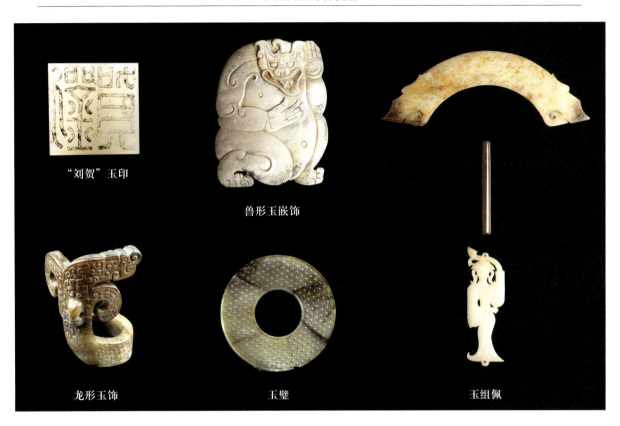

"刘贺"玉印

兽形玉嵌饰

龙形玉饰

玉璧

玉组佩

孔子屏风

孔子屏风

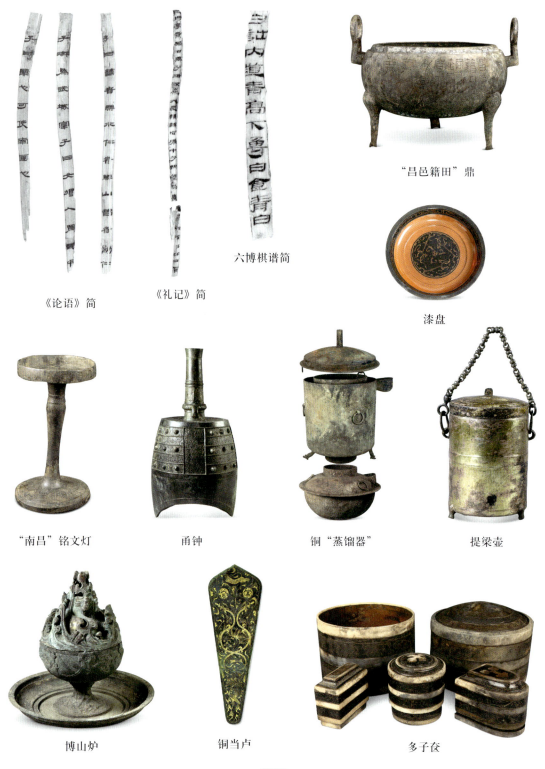

"昌邑籍田"鼎

六博棋谱简

《论语》简　　　　《礼记》简

漆盘

"南昌"铭文灯　　　　甬钟　　　　铜"蒸馏器"　　　　提梁壶

博山炉　　　　铜当卢　　　　多子奁

山东临沂银雀山汉墓

秦汉

历年主要发掘单位：山东博物馆、临沂市文物组

历任发掘领队及主持发掘者、主要参与发掘人员：吴九龙、蒋英炬、毕宝启、刘心健、杨殿旭、张鸣雪、孟季华等

银雀山汉墓位于山东省临沂市兰山区。在旧临沂城南约 1 千米，有两座隆起的小山岗，东岗为金雀山，西岗为银雀山。1972 年 4 月，在基建施工时偶然发现了古墓葬，随即进行了考古发掘。

一号和二号墓均为长方形竖穴，一号墓室南北长 3.14、东西宽 2.26 米，二号墓室南北长 2.91、东西宽 1.96 米，未见二号墓道。由地表至墓底深度，一号墓为 2～3 米，二号墓为

3.5～4 米。因年代久远，两墓墓室上部残损，并有积水，椁室完整，在墓坑与木椁之间，填入了质地细腻的灰白色黏土。

一号墓椁室东侧置棺，西侧为边箱，安放随葬器物。二号墓正相反，西侧置棺，东侧为边箱。二号墓椁内隔板中部还有两扇小门，上下有枢，可以启闭，门高 23、宽 28 厘米。一号墓棺长 2.14、宽 0.66、高 0.62 米，二号墓棺长 2.17、宽 0.66、高 0.64 米。棺身外髹黑漆，

银雀山一号墓木棺、木椁及边箱

里髹朱漆。两墓棺内各有尸骨一具，已腐朽松散，不能确定性别，但尚能辨出为仰身直肢。一号墓尸骨头向南偏西20°棺底铺草荐，厚约3厘米；二号墓尸骨头向正南，棺底无草荐。

一号墓出土竹简计有4942枚，是在边箱北端随葬的漆木器和陶器的间隙中发现的，整简每枚长27.6、宽0.5～0.9、厚0.1～0.2厘米，这批竹简大部分为兵书。二号墓出土竹简计有32枚，系《汉武帝元光元年历谱》，基本完整，每片长69、宽1、厚0.2厘米，是在二号墓边箱南端底部出土的。简上的文字全部为隶书，用毛笔蘸墨书写，字迹有的端正，有的潦草，不是出于一人之手。由于长期在泥水中浸泡，又受其他随葬器物的挤压，竹简已经散乱，表面呈深褐色，编缀竹简的绳索早已腐朽，在有的简上尚可看到一点痕迹，但用墨书写的字迹，除了个别文字漫漶难辨外，绝大部分很清晰。每简的字数多少不等，整简每枚多达40余字。在竹简之上，有2枚"半两钱"和1枚"三铢钱"，可能当时是缀在竹简的绳上作装饰用的。

在一号墓和二号墓两座墓葬中，和竹简同时出土的，还有陶器、漆木器和铜镜、钱币等，共95件。陶器中比较有代表性的是陶俑，共4件，形体相同，泥质红陶，模制。遍体饰红、粉红、白、黑色彩绘。身高18.5厘米。铜器中，钱币发现三铢钱一枚，无郭，直径2.3～2.5厘米。铜镜1件，三弦纽，旋涡纹地，上饰龙纹，八角连弧纹，直径13.5厘米。漆木器中，发现耳杯4件，木胎，2件带字，通体黑色，底部刻划有隶书"司马"二字，弦长1.75、短径12、高4.5厘米；另2件表黑里红，口沿绘有三角、弧线图案。弦长18、短径10、高4.2厘米。

一号墓的年代上限不早于建元元年（公元前140年），下限不晚于元狩五年（公元前118年）。二号墓年代上限应断定为汉武帝元光元年（公元前134年）。

经整理，临沂银雀山一、二号汉墓共出土4974枚竹简，包括《孙子兵法》《孙膑兵法》《六韬》《尉缭子》《管子》《晏子春秋》《守法守令等十三篇》等典籍文献，学术价值极高，是研究先秦及汉初的政治、经济、军事、文化、哲学、文学、音训、简册、历法等重要的文献。其中《孙子兵法》与失传已久的《孙膑兵法》同时出土，使唐宋以来孙武和孙膑其人有无、其书真伪的千古论争得以解决。二号墓出土的《汉武帝元光元年历谱》是迄今发现的我国最早、最完整的古代历谱，是研究秦汉时期历法的重要史料。竹简上的文字属于古隶，是小篆向隶书过渡的字体，对研究汉字演变与书法艺术具有重要价值。与竹简兵书同墓出土的陶器、漆器、青铜器、钱币等近百余件文物珍品，也为研究汉代的政治、经济、文化等提供了重要的实物资料。

二号墓出土铜釜

一号墓出土陶鼎

一号墓出土陶壶

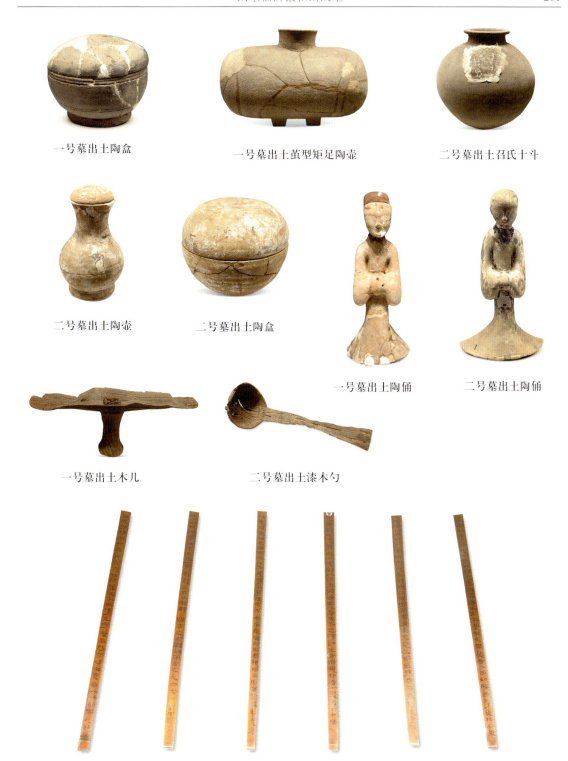

一号墓出土陶盒

一号墓出土茧型矩足陶壶

二号墓出土召氏十斗

二号墓出土陶壶

二号墓出土陶盒

一号墓出土陶俑

二号墓出土陶俑

一号墓出土木几

二号墓出土漆木勺

竹简

湖北云梦睡虎地秦墓

 秦汉

历年主要发掘单位：湖北省文物考古研究所、湖北省博物馆、孝感博物馆、云梦县博物馆等

历任发掘领队：陈振裕

睡虎地秦汉墓地位于湖北省云梦县县城西部火车站附近、汉丹铁路西侧，是一处平缓的坡地。1975 年 11 月至 1976 年年初，湖北省博物馆、孝感地区亦工亦农考古训练班、孝感地区和云梦县文化部门在云梦睡虎地发掘了 12 座战国末至秦代的墓葬。墓坑皆为土坑竖穴，葬具是一棺一椁，墓中遗物有铜、陶和漆木器，器形与器物组合具有明显的秦文化特征，有别于楚墓出土的器物。其中 11 号墓出土大量秦代竹简。竹简原藏棺内，经整理拼缀，计有 1155 枚，另有残片 80 枚，保存状况较好，字迹非常清晰，字体均为秦隶，这是我国考古史上首次发现秦简。根据简文，这批简抄写的年代当在秦始皇时期，墓主应是《编年记》中提到的喜，生于秦昭王四十五年（公元前 262 年），在秦始皇时期历任安陆御史、令史、鄢狱吏等与司法有关的职务，或卒于始皇三十年（公元前 217 年），享年 46 岁。

秦简的简文反映了战国晚期到秦始皇时期的政治、经济、文化、法律、军事等方面的情况，为研究战国晚期到秦始皇时期提供了可信的史料，对于整个古代历史文化的探讨都有重大的意义。《日书》《为吏之道》简和《黑夫、惊家书》木牍等也是十分珍贵的资料。

2006 年 11 月，汉丹铁路施工队为加固铁路路基，在云梦火车站北面铁路三孔涵洞东端北侧的铁路护坡上打井建防护桩，下掘至 5 米左右时，挖到一座古墓葬 M77。井打在墓的东南部，椁盖板被打穿，边箱中、东段大部被扰乱。湖北省文物考古研究所和云梦县博物馆立即对该墓进行了抢救性发掘，清理出土了漆木器、陶器共计 37 件，特别重要的是出土了一批内容丰富的简牍。简牍全部存放在竹笥中。竹笥残长约 50、宽约 40、残高约 8.7 厘米，呈东西向置于边箱中部偏西位置。通过质日简册和官府文书的综合分析，可以得知墓主为越人，在汉文帝十年以后的十多年间，担任安陆县官佐及该县的阳武乡乡佐，约在文帝后元七年去世。

睡虎地汉墓律典保存比较好，清理时可以清楚地看出是两卷并列，律篇呈现明晰的分类，出现《□律》《旁律》这样包含众多律篇的分类题名，这为中国法制史研究提供了一个崭新的视角，对加深认识秦汉律典体系具有重要意义。睡虎地汉简中保存了篇幅较大的质日，具体记写一年中各月大小和各日干支，还记有腊、出种、三伏等时令，是复原和研究当时历法的珍贵资料；再者质日的记事内容相当丰富，对于了解当时基层小吏的生活日常以及职官、政

区、赋敛等制度有重要作用。睡虎地汉简中的算术是目前所见保存状况最为完好的科学考古发掘的算术文献，对认识汉初以至秦汉时期的算术文本有重要作用。

睡虎地43号秦墓出土双耳长盒

睡虎地11号秦墓出土秦简——效律

睡虎地43号秦墓出土双耳长盒

睡虎地9号秦墓出土凤形勺

湖南里耶古城遗址

秦汉

历年主要发掘单位：湖南省文物考古研究所、湘西自治州州县文物部门
历任发掘领队及主持发掘者、主要参与发掘人员：柴焕波、龙京沙、张春龙等

里耶古城遗址位于湖南省湘西自治州龙山县里耶镇，"里耶"一词为土家语，有"农垦"之意。2002 年 4 月，湖南省文物考古研究所会同州、县文物部门，对里耶古城进行了大规模的抢救性考古发掘。

里耶古城地处西水河一级阶地的前缘，城址呈长方形，南、西、北三面有护城壕环绕。南城门和西城门有旱道与城外连通。城址南北长 210.4 米（从护城河外缘算起），东西残宽 103 ～ 107 米，城址东部被酉水冲毁，残存部分面积近 2 万平方米。

里耶古城遗址一号井，深 14.3 米，平面呈正方形，内空为 2.1 米，四壁以木板榫卯嵌砌。一号井井底为砂土渗水层，有一层汲水罐的残片，说明最初是作为水井使用的，地面有井亭建筑遗迹。2002 年 6 月 3 日，在一号井内发现秦代简牍，初步统计有 37000 余枚，为官署档案，内容涉及社会生活的各个方面，如户籍、开垦、田赋、徭役、奴隶、仓储、津渡、邮驿、军备、司法、刑徒、祭祀、日常事务等等，所提到的地名有洞庭郡、迁陵、临沅、西阳、阳陵、义陵、充、零阳、弋阳、沅陵等数十处，职官有司空、司马丞、守丞、令守等，时代在秦始皇统一中国称始皇帝前后的秦朝时期，纪年由秦始皇（含秦王政）二十五年（公元前 222 年）到二世二年（公元前 208 年），

里耶古城遗址

里耶古城发掘现场

北城墙、北城壕、L11卵石护坡

L11卵石护坡

一号井井台遗迹

一号井底部仰视

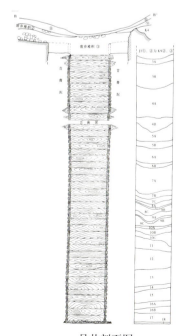

一号井剖面图

一年不少。这批简牍数量远远超出过去所出秦简的总和。秦代是中国中央集权制度奠基的时代，后代的许多制度都渊源于此。

里耶古城在战国时代为楚国黔中郡辖下的一个军事城堡，与之同时期的墓地为麦茶战国墓地，共发掘战国墓葬236座。第一期为战国中期晚段至战国晚期早段；第二期为战国晚期晚段。在里耶城址中，秦文化的因素是在秦代才进入里耶的。在秦代这十五年间，这座城被继续沿用，作为洞庭郡下辖的迁陵县城的所在地。在里耶城址秦代文化层中，发现了瓿、盘、陶量等一批代表秦文化因素的陶器，这是改朝换代的历史大变故在文物上的反映。里耶古城的建筑毁于秦末，大量秦代的官署文档也是在这一特殊的时刻，作为废弃物抛扔到古井中的。西汉时期，"里耶"一地变为武陵郡迁陵县辖下的村落。

里耶古城遗址出土简牍文字真实呈现出秦代政治、经济各方面的制度和当时的社会风貌，从根本上改变秦代学术史的面貌，里耶秦简的发现是秦代考古继兵马俑以后的又一重大发现。

南城壕出土战国时期铜镞

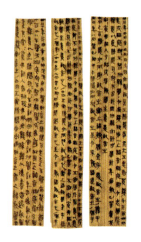

里耶秦代简牍

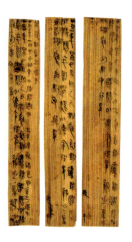

里耶秦代简牍

里耶秦代简牍

里耶秦代简牍

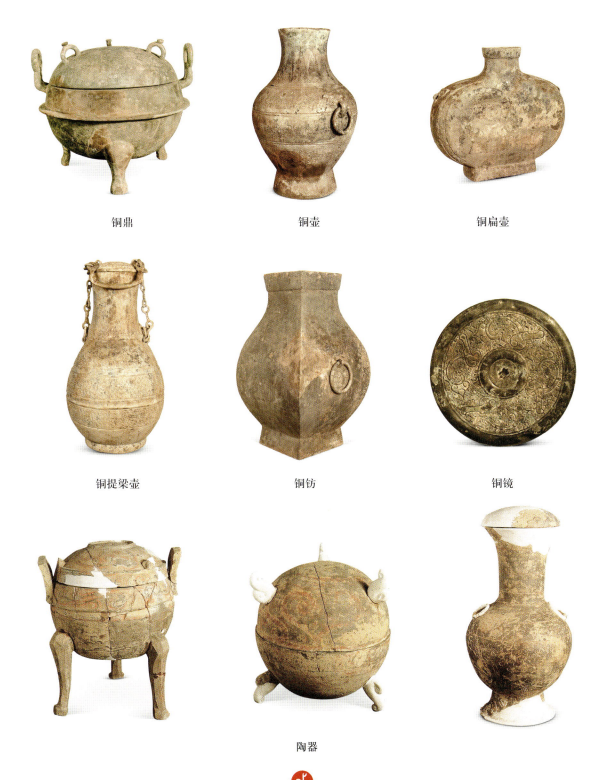

铜鼎　　　　　　　铜壶　　　　　　　铜扁壶

铜提梁壶　　　　　铜钫　　　　　　　铜镜

陶器

湖南长沙马王堆汉墓

秦汉

历年主要发掘单位：中国科学院考古研究所、湖南省文物管理委员会等

历任发掘领队及主持发掘者、主要参与发掘人员：夏鼐、白荣金、王㐨、胡继高、侯良、熊传薪、何介钧、高至喜、傅举有、周世荣、裘锡圭、李学勤、彭隆祥、罗学港等

马王堆汉墓位于湖南省长沙市五里牌古汉路89号，今湖南省人民医院马王堆院区红线内西南角上，距市中心约8千米，马王堆汉墓为西汉初期长沙国丞相利苍、利苍妻子辛追及其儿子的3座墓葬，是湖南地区迄今保存最为完整的汉代王侯墓群。1952年确认马王堆为一处大型汉墓群，1972年1月14日至1974年1月13日发掘。

二号墓主利苍，为西汉初期长沙国丞相、第一代轪侯。生于战国末年，逝于汉高后二年（公元前186年）。一号墓墓主为利苍之妻，逝于汉文帝后元一年（公元前163年）左右，享年约50岁，出土时遗体保存完好。三号墓墓主是利苍和辛追的儿子，多数学者认为他是第二代轪侯利豨（也有学者认为是利苍的另外一个儿子），下葬于汉文帝十二年（公元前168

一号墓墓坑发掘现场

马王堆发掘现场

三号墓开棺场景

三号墓工作人员取器物

年），30多岁，出土时仅存遗骸，其随葬品中有大量兵器，以及《长沙国南部地形图》《驻军图》等，墓主人或许曾参与指挥朝廷征伐南越国的战争。墓葬发掘后，一号墓、二号墓进行了回填，只保留了三号墓墓坑。

3座墓的墓坑形式基本相同，都是北侧有斜坡墓道的竖穴土坑墓。一号墓墓坑最大、最深，墓口南北长19.5、东西宽17.8米，以下有4层台阶，再下则是斗形坑壁，直达墓底，墓底长7.6、宽6.7、深16米。三号墓规模略小，墓坑较浅，从墓口至墓底，深10.3米，墓壁只有3层台阶，墓底长5.8、宽5.05米。二号墓墓坑作椭圆形，上大下小，墓底长7.25、宽5.95米。

棺椁用巨大的木板制成，置于墓底正中。椁室上下四周塞满木炭和白膏泥，上面层层填土夯实。椁室内由隔板隔成4个边箱和中间棺室。一号墓一椁四棺，四层套棺用梓属木材制作，内壁均髹朱漆，外表则各不相同。外层的黑漆素棺体积最大，长2.95、宽1.5、高1.44米，未加其他装饰。第二层为黑地彩绘棺，饰复杂多变的云气纹及形态各异的神怪和禽兽。第三层为朱地彩绘棺，饰龙、虎、朱雀和仙人等祥瑞图案。第四层为直接殓尸的锦饰内棺，盖棺后先横加两道帛束，再满贴以铺绒绣锦为边饰的羽毛贴花锦。二号墓棺椁已朽，从残存的痕迹看来，推测为二棺一椁。三号墓三棺一椁，套棺外棺和中棺的外表均髹棕黑色素漆，未加其他装饰，内棺则在加帛束之后满贴以绒圈锦为边饰的绣品。一号墓出土一具女尸，年龄约50岁，全身裹殓衣被20层。经解剖检验，外形、内脏器官均保存完整，这在世界尸体保存记录中十分罕见，当因墓室密封，形成恒温、恒湿、缺氧、无菌地下环境所致。二号墓早期被盗，骨骼已散乱。三号墓墓主仅存骨骼，经测定为30岁左右男性。3座墓随葬物品非常丰富，绝大部分放在4个边箱内，总数达3000余件，有丝织品、帛书、帛画、漆器、陶器、竹简、竹木器、木俑、农畜产品、中草药等。其中覆盖在内棺上的一幅彩绘帛画，花纹鲜艳，色彩绚丽，画面内容想象丰富，是中国现存2100多年前的丝织绘画珍品。漆器数量最多，有鼎、钫、盒、壶、盘、卮、奁、耳杯和屏风等。陶器内大多盛有食品，器口用草和泥填塞，缄封"轪侯家丞"封泥，颈部所系竹牌上隶书食品名称。木俑包括着衣俑、雕衣俑和彩绘俑，身份有别，反映出当时的社会等级制度。马王堆一号汉墓出土的丝织衣物，为家蚕丝织造，数量大，品种多，工艺高超，尤以绒圈锦最为珍贵，代表汉初纺织最高水平。竹简"遣册"、医简、帛书约有50余种、计10多万字，分为六艺类、诸子类、兵书类、数术类、方技类和地图类等，是中国考古学上古代典籍的一次重大发现。

大量丝织物的发现为我国纺织技术史的研究有极其重要的价值。丝织物是一种有机物质，易腐烂，难保存，而马王堆汉墓中出土的大量色彩绚丽的丝织物和服饰，充分地显示战国至西汉时期我国不愧为"丝绸之国"的称号。特别是在纺织技术发展水平上，证明了两千多年前我国纺织、印染技术已达到了相当高的水平。完整乐器的出土对研究我国古代音乐史具有很重要的价值。一、三号墓共出土乐器8件。其中筑、竽、琴、竽律等，都是我国第一次发现

的珍贵实物，它们对研究古代音乐的发展具有重要价值。这些乐器的出土对研究上述乐器的形制、制造工艺、调音法、演奏法以及律制方面，不仅提供了实物依据，也使人们进一步了解了西汉时期的音乐文化。大批帛画的出土对研究我国古代美术绘画史具有很重要的价值。一、三号墓出土T形帛画、车马仪仗图、"太一将行"图、游乐图等，其中两幅T形帛画，是我国目前发现保存最完整、色彩最鲜艳、内容最丰富、形象最生动的西汉帛画。保存完好的遗体是世界防腐学上的奇迹。

一号墓出土"T"形帛画

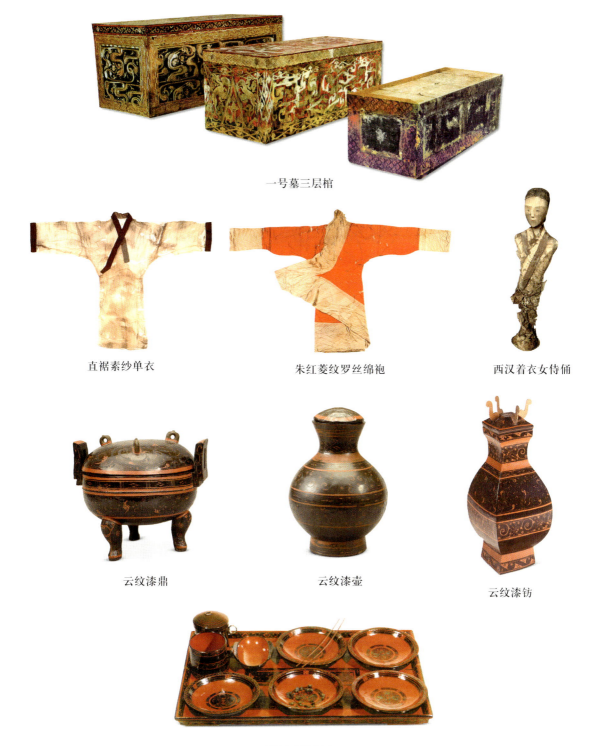

一号墓三层棺

直裾素纱单衣　　　　　朱红菱纹罗丝绵袍　　　　　西汉着衣女侍俑

云纹漆鼎　　　　　云纹漆壶　　　　　云纹漆钫

云纹漆案及杯盘

广东广州南越国宫署遗址及南越王墓

秦汉

南越国宫署遗址历年主要发掘单位：中国社会科学院考古研究所、广州市文物考古研究所（院）、南越王宫博物馆筹建处等

南越国宫署遗址历任发掘领队及主持发掘者、主要参加发掘人员：麦英豪、冯永驱、安家瑶、白云翔、刘瑞、杨勇、陈伟汉、韩维龙、全洪、李灶新、胡建、温敬伟、莫慧旋、廖明泉等

南越王墓历年主要发掘单位：中国社会科学院考古研究所、广东省博物馆、广州市文物管理委员会

南越王墓历任发掘领队及主持发掘者、主要参与发掘人员：麦英豪、黄展岳、杨式挺、白荣全、杜玉生、李季、古运泉、冼锦祥、黄淼章、陈伟汉、吕烈丹等

南越国宫署遗址位于广东省广州市越秀区中山四路西段，遗址面积约 40 万平方米，文化层堆积厚约 5～6 米。南越国宫署遗址的发现和发掘工作从 1995 年开始，至 1997 年期间是配合城市建设进行的抢救性发掘阶段，发掘面积约 4000 平方米，主要收获是发现了南越国宫苑的石构水池、砖砌食用水井和曲流石渠遗迹。

1995 年，发掘出大型石构水池的一角，水池壁的石板刻有"蕃"字等多处石刻文字，经确认该处建筑遗址和遗物属于南越国时期，为岭南地区首见。后经钻探得知，石构水池的面积约 4000 平方米。1997 年，发掘出保存基本完整的南越宫苑的曲流石渠遗迹，该石渠与1995 年发掘的石构水池通过导水木质暗槽相连，两者组成了宫苑的园林水景。是迄今发现年代最早、保存较完好的中国宫苑实例。1995、1997 两组发现分别入选了当年全国十大考古新发现。自 2002 年至 2009 年是有计划按步骤的

科学发掘阶段，通过多年的持续考古，发掘面积近 12000 平方米，主要收获有：一是发现了南越国一号和二号宫殿基址、宫殿区内科学而完善的排水体系，以及被誉为"岭南第一简"的南越木简等南越国时期的遗迹遗物；二是发现了五代十国时期南汉国的宫殿、池苑、地下排水

南越宫苑曲流石渠弯月形水池

南越王墓前室西面及北面的壁画

南越王墓主棺室"文帝行玺"龙纽金印出土场景

南越王墓东耳室后半部出土铜器

南越王墓东侧室清理前场景

南越国一号宫殿散水

南越国宫城北墙基址

"华音宫"印文陶片出土现场

暗渠等遗迹，出土了大量精美的砖瓦建筑材料和生活用器等；三是发现了自秦汉到清代两千多年间 12 个历史朝代的遗迹和遗物。

南越国宫署遗址是西汉南越国、五代十国时期南汉国的都城王宫核心区和秦统一岭南以来历代地方官署所在地。是广州作为岭南地区政治、经济、文化中心和南海海上丝绸之路形成、发展和持续繁荣的重要历史见证。

西汉南越王墓发现、发掘于 1983 年，是迄今岭南地区发现的规模最大、随葬物最丰富、唯一饰有彩绘的石室墓。墓室建筑面积约 100 平方米，墓室依"前朝后寝"的布局，分前后两部分：前部三室，前室居中，象征墓主生前的朝堂，东耳室为宴乐之所，西耳室是库藏；后部四室，象征墓主生活的后宫，放置墓主棺椁的主棺室位居正中，东侧室殉葬 4 位妃妾，西侧室殉葬 7 位仆役，后藏室放置炊具和食品。墓中出土 1000 多件（套）文物，"文帝行玺"金印和"赵眜"玉印，证实墓主为南越国第二代王赵眜，是目前我国考古所见年代最早的古代帝王玺印之一；出土我国年代较早、完整的丝缕玉衣等。展现了具有原真性、完整性和权威性的南越国社会历史画卷，集中反映了两千多年前岭南地区的政治、经济、文化等内容，是研究广州城建史、岭南开发史以及秦汉史的重要实物资料。

南越王墓出土"赵眜"玉印及印文

南越王墓出土透雕龙凤纹
重环玉佩

南越王墓出土"文帝行玺"金印及印文

南越王墓出土错金铭文铜虎节

南越王墓出土玉舞人

南越王墓出土银盒　　　　南越王墓出土角形玉杯　　　　南越王墓出土"蕃禺"铜鼎

南越国宫署遗址出土"万岁"文字瓦当

南越王墓出土鎏金人操蛇铜托座　　　南越国宫署遗址出土青釉筒瓦

南越国宫署遗址出土熊饰踏跺　　南越国宫署遗址出土"殿中"封泥　　南越王墓出土船纹铜提筒

广西合浦汉墓群

秦汉

历年主要发掘单位：广西文物保护与考古研究所、合浦县博物馆、中山大学、厦门大学、广西师范大学、北海市博物馆等

历任发掘领队及主持发掘者、主要参与发掘人员：方一中、韦仁义、蒋廷瑜、彭书琳、蓝日勇、黄启善、梁旭达、覃义生、谢日万、林强、李珍、熊昭明、韦莘、谢广维、蒙长旺等

合浦汉墓群位于广西北海市合浦县城区及北、东、南三面的丘地，环绕两汉合浦郡城所在的草鞋村遗址呈扇形分布，南北长 12.5、东西平均宽 5.5 千米，总面积近 69 平方千米，是国内保存较好、规模宏大的墓葬群。墓葬分布具有分片成群的特点，主要墓区有金鸡岭、望牛岭、凸鬼岭、文昌塔、风门岭、母猪岭、四方岭、狮子岭、浪狗岭等。

从 1957 年至今已发掘墓葬一千多座，墓葬年代主要从西汉早期到六朝时期，以汉墓居多、显著。西汉墓分为土坑墓和木椁墓，东汉从木椁墓过渡到砖木合构墓再到砖室墓，六朝主要是砖室墓。有的是家族墓地，一座封土堆覆盖多个墓穴。有的是同坟异穴合葬墓，一座封土堆下面并列两个墓穴。出土文物种类有陶瓷器、铜铁器、金银器、玉石器、漆木器、玻璃器以及琉璃、玛瑙、水晶、琥珀、玉髓、石髓、绿柱石、绿松石、石榴子石等珠饰品，其中舶来

合浦汉墓群金鸡岭保护区

望牛岭汉墓考古发掘现场

工业大道M4

寮尾M14墓室

望牛岭M20墓室随葬器物

品文物及带有海外因素的器物数量众多、种类丰富，重要文物有铜凤灯、铜牛、铜马、铜仓、胡人俑座陶灯、波斯陶壶、罗马玻璃碗、玻璃杯、水晶串珠、金串珠等。

重要墓葬有望牛岭 M1、黄泥岗 M1、寮尾 M13 等。其中，望牛岭 M1 是已发掘的规格最高、随葬品最丰富的西汉木椁墓，墓向 216°，由墓道、甬道、主室和南、北耳室组成，全长 29.5、最宽处 14.1 米，面积约 138 平方米，出土随葬品 245 套，有文字的器物包括"阮"和"大"铭金饼、"九真府"和"九真府□器"款陶提筒、"庸毋印"龟钮琥珀印章等，《后汉书·张湛传》记载："明府位尊德重"，（唐）李贤注曰："郡守所居曰府"，因此，根据墓葬规格、随葬器物及相关文献判断，M1 墓主庸毋生前曾在九真郡（郡址在越南北部）为官，死后归葬合浦望牛岭家族墓地。黄泥岗 M1 是东汉初的砖木合构墓，规模不大，随葬品却奢华珍贵，其中有两枚印章，一枚是"陈褒"铜印，另一枚是"徐闻令印"滑石印，表明墓主陈褒曾是徐闻县（县址在雷州半岛）县令。寮尾 M13 是规模较大的东汉同坟异穴合葬墓，封

土堆下面并列两个墓穴，左墓（M13b）为砖木合构墓，年代较早，右墓（M13a）为砖室墓，年代较晚，两墓相距 3.5 米，左墓出土波斯陶壶、胡人俑座陶灯、铜铍等珍贵文物。

合浦汉墓群与草鞋村遗址，是汉代合浦聚落的两个重要功能区，草鞋村遗址是两汉合浦郡故城，合浦汉墓群是与之对应的墓区。随着考古发掘工作的展开，草鞋村遗址发现的大量汉代高等级建筑遗存也逐渐找到了对应的墓葬。目前城址和墓葬的双重考古发现，不仅明确了草鞋村遗址就是两汉时期合浦郡郡城之所在，还反映出合浦在汉武帝设郡之前就已经存在未被史书记录的行政建制。

合浦是汉朝廷经略岭南及海外的支点，是汉代"海上丝绸之路"的重镇。合浦汉墓群是汉代"海上丝绸之路"文化内涵的重要载体，是我国出土汉代舶来品文物比较集中的地方，印证了《汉书》等史籍关于汉代经海路对外交往贸易的记载，也反映出合浦在汉代对外关系中的重要地位，合浦因此成为中外海丝历史研究的热点，在促进"一带一路"人文交流合作中具有特殊意义。

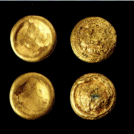

望牛岭M1出土"阮""大"铭金饼

盐堆M1出土榄形、花球形金串饰

寮尾M14出土焊珠金饰片

盐堆M1出土绿松石绵羊

风门岭M26出土铜牛

望牛岭M1出土铜仓

寮尾M13b出土波斯陶壶

寮尾M13b出土胡人俑座灯

风门岭M10出土陶仓

黄泥岗M1出土湖蓝色玻璃杯

红岭头M34出土深蓝色玻璃杯

风门岭M26出土琉璃串饰

母猪岭M4出土组合串饰

黄泥岗M1出土绿柱石、水晶混合串饰

盐堆M1出土玛瑙、红玉髓组合串饰

云南晋宁石寨山古墓群

秦汉

历年主要发掘单位：云南省博物馆、云南省文物考古研究所、晋宁区文物管理所等
历任发掘领队及主持发掘者、主要参与发掘人员：孙太初、蒋志龙、周然朝、杨
薇、杨新鹏、谢霍敏、陆永富、祁自立、杨成洪、徐振戈、毕洋、邢翔宇、张瑜、贺
钊、乔豫、周忠全

云南晋宁石寨山古墓群位于云南省昆明市晋宁区上蒜镇石寨村南的山坡上，山顶最高处海拔 1919 米，高出平原 20 米。墓群是抗日战争期间发现，1954 年 10 月，云南省博物馆等备处进行考古调查。

1955 ～ 1960 年，先后进行过四次考古发掘，清理墓葬 51 座（报告为 50 座，有 1 座未编号），出土各类文物 4000 余件。其中，在第二次发掘中，在编号为 6 号墓的漆棺底部发现一方带蛇纽的黄金质地的印章，字体为小篆体"滇王之印"。出土文物中尤以青铜器为多，在器物造型和风格上与中原地区的商周青铜器

石寨山远景

有明显的区别，具有明显的地方特色和浓郁的生活气息。1996 年，云南省文物考古研究所对该墓地进行了第五次抢救性清理发掘，清理墓葬 36 座，至此，石寨山古墓群共清理墓葬 87 座。2010 年，云南省文物考古研究所、陕西龙腾考古勘探有限公司对晋宁石寨山进行了重点勘探，基本摸清了该墓地的墓葬分布情况和埋藏情况。进入 21 世纪，云南省文物考古研究所在国家文物局、云南省文化和旅游厅、省文物局的支持下，围绕石寨山古墓群及其周边区域开展了大量的考古工作，取得了瞩目的学术成果，极大地推动了石寨山文化、古滇国的聚落和中心都邑的发现和研究的进展。

数次发掘出土了大量具有重大学术价值和历史价值的器物。出土的"滇王之印"，与司马迁《史记·西南夷列传》的记载相对应，可证《史记·西南夷列传》中关于"滇"的记载为信史，石寨山被认定为"滇王及其亲族的墓地"。大批具有地方民族特色的青铜器因有

"滇王之印"的出土，而有明确的属性。青铜器上的人物雕像，包括在青铜扣饰和贮贝器上的人物形象，为了解滇的民族构成和族群辨识，提供了重要的实物资料。青铜贮贝器上所表现的祭祀、战争、狩猎、上仓等反映社会生产、生活的方方面面，为了解古滇文化和古滇国提供了难得的形象资料，是一部埋在地下的古滇史书。河泊所遗址的发掘发现了以"滇国相印"封泥为代表的遗存，弥补了《史记·西南夷列传》等文献关于古滇国记载的阙失，是继"滇王之印"金印之后，再次从出土实物上验证了古滇国存在的史实。

石寨山和河泊所遗址是古滇国的核心分布区，现有考古材料表明这些不同的台地，有不同的功能，各种不同功能的台地和水系构成整个河泊所遗址群的一个完整体系。石寨山-河泊所遗址群为建立滇池盆地的古代文化序列和构建该地区的青铜文化谱系提供了难得的实物资料。

河泊所遗址瓮棺

滇王之印

"滇国相印"封泥

铜房屋模型

圆形铜饰牌

八人乐舞饰牌

鎏金铜动物型饰牌

铜纳贡贮贝器

铜桶形贮贝器

陕西汉长安城遗址

🕹 秦汉

历年主要发掘单位：中国社会科学院考古研究所等

历任发掘领队及主持发掘者、主要参与发掘人员：王仲殊、黄展岳、李遇春、刘庆柱、李毓芳、刘振东、徐龙国、张建锋、张连喜、汪义亮、杨灵山、古方、王晓梅等

汉长安城遗址位于陕西省西安市，是西汉都城遗址。从1956年10月起，经过66年的考古探索，考古工作者基本明确了汉长安城的平面形状、规模、城墙和城壕的结构、城门与城内大街的形制、城内外水系的分布、未央宫与长乐宫、桂宫、北宫的范围和布局、武库的位置和建筑配置、西北部手工业作坊的种类等。城外西郊的建章宫、西南郊上林苑中的昆明池、锺官铸钱作坊、南郊礼制建筑群、东南郊、东郊墓地及陶窑等遗迹，都不同程度做过考古工作，城郊的面貌逐渐清晰起来。汉长安城规模宏大，街道井然，布局规整，功能完善，达到了古代城市规划、建设的新高度。宫室和官吏宅第占据全城面积的三分之二以上，凸显出都城的政治性。未央宫北部的石渠阁、天禄阁成为文化创新的中心。礼制建筑遍布城郊，对后世都城产生重要影响。城门、宫殿、武库、凌室以及渭河、沙河古桥的发掘，丰富了汉代建筑的类型。昆明池、漕渠是水利和水路交通的重大工程。铸铁、铸钱作坊以及武库出土的铜、铁兵器代表冶金技术的最高水平。发掘出土的玉牒、骨签、木简、封泥和陶瓦戳印等文字资料是历史文献的重要补充。

未央宫1号建筑遗址（前殿）

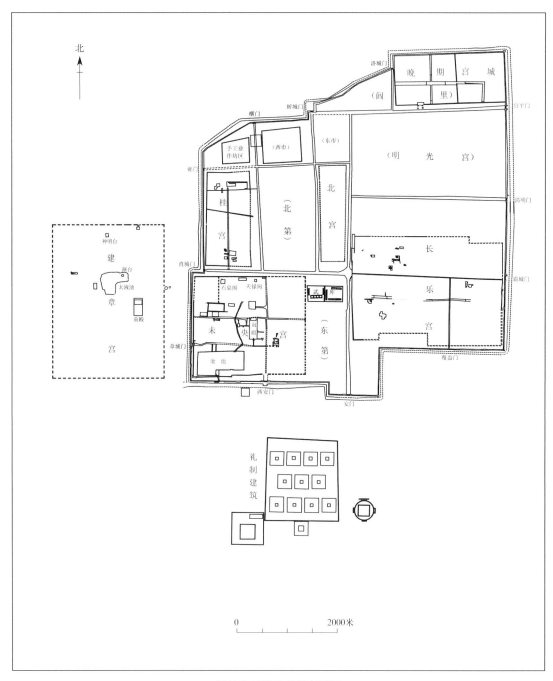

汉长安城遗址平面布局图

未央宫2号建筑遗址（椒房殿）

未央宫4号建筑遗址（少府或所辖官署）

长乐宫4号建筑遗址（临华殿）

桂宫2号建筑遗址（南院）

1977年武库7号建筑遗址发掘现场

2005年长乐宫6号建筑遗址发掘现场

南郊礼制建筑遗址出土玄武瓦当

建章宫1号建筑遗址出土"千秋万岁"瓦当

桂宫4号建筑遗址出土玉牒

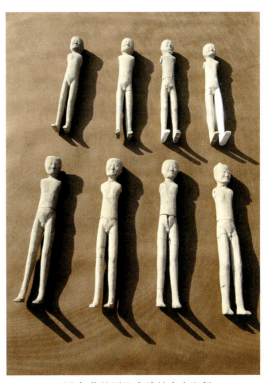

西北部作坊区陶窑遗址出土陶俑

未央宫3号建筑遗址出土骨签

未央宫3号建筑遗址出土骨签

西北部作坊区铸铁遗址出土叠铸陶范

陕西秦咸阳城遗址

秦汉

历年主要发掘单位：陕西省考古研究院（所）、中国社会科学院考古研究所、陕西省文管会、陕西省博物馆、咸阳地区文管会、咸阳市博物馆、西安市文物保护考古研究院、咸阳市文物考古研究所

历任发掘领队及主持发掘者、主要参与发掘人员：杭德洲、吴梓林、郭长江、刘庆柱、马建熙、王学理、孙德润、李毓芳、陈国英、侯宁彬、王志友、耿庆刚、许卫红、张杨力铮等

秦咸阳城遗址位于陕西省关中平原腹地，今西安市主城区以北18千米，因南临渭水、北倚九嵕，故名咸阳。其作为中国历史上第一个大一统王朝的政治、经济、军事和文化中心，是秦帝国巅峰的见证。广义的秦咸阳城包含南

北城区、多处公、王陵及数千座墓葬组成的陵墓区、上林苑为主的园囿区等部分，涉及范围横跨渭河南北，并建有多座柱梁木桥。

1959～1963年，时称陕西省社会科学院考古研究所的渭水调查队以及陕西省博物馆、

2018～2022年赛家沟6号宫殿建筑遗址发掘区

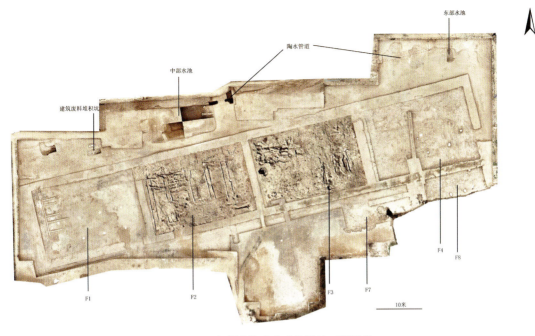

2016~2018年胡家沟府库建筑遗址正射影像

2018年坡刘墓地秦贵族墓M3

2016~2018年胡家沟府库建筑遗址石磬出土情况

文管会勘察小组在渭河北岸进行了大面积的调查工作，初步确定渭河以北的城址范围及高等级建筑分布位置，随后展开的试掘工作发现排水管道、水井、窖藏、陶窑、墓葬等，出土包括秦始皇二十六年铜诏版、秦二世元年铜诏版在内的大量重要文物。1973年由陕西省文管会、咸阳地区文管会、咸阳市博物馆共同组建"秦都咸阳考古工作队"，至1979年先后发掘牛羊沟第一、三号宫殿建筑遗址，完整清理了建筑结构，出土各类建筑材料、金属构件、大量壁画等，第一次向世人揭开秦代宫室的神秘面纱。20世纪80年代，秦都咸阳考古工作队在陈国英先生的继续主持下，发掘牛羊沟第二号宫殿建筑遗址。此外，还发掘了一批战国至汉代墓葬，系统调查了城址内的窑址分布，重新进行长陵车站区域的调查、试掘，并在泾河南岸调查发现可能是望夷宫的建筑遗址。20世纪90年代，咸阳博物馆、咸阳市文物考古研究所陆续发掘了一批城外平民墓葬。中国社会科学院考古研究所与西安市文物保护考古研究院共同组建的上林苑考古队在渭河以南开展工作，进行了阿房宫遗址、上林苑范围内建筑遗址的相关工作。2000年以后，陕西省考古研究所、西安市文物保护考古研究院在渭河以南的西安市北郊、南郊均发掘了大量与秦咸阳城同时期墓葬。

自2011年以来，陕西省考古研究院秦都咸阳城考古队在国家、省文物局支持下再次启动秦咸阳城大遗址专项考古工作，确立新的工作思路与理念，发现并确认了一系列重要遗存，推动对城址布局结构、区域内涵的认识走向深入。以壕沟、道路、水系等线性遗迹细化城市分区及内部框架，城址东北部宫殿官署区利用大型壕沟与自然台地地貌构建防卫体系，与城址西南部的内史核心区分隔。目前已确认三纵一横共4条道路，路宽均逾50米，初步搭建了城内干道路网的框架。城址东南部开展多学科合作，复原渭河北岸滩地古环境，确认了与兰池相关的水系环境。上述发现还原了咸阳城"法天则地"规划理念的真实情景，初步明确了功能区摆布的原因和防御措施的情况，为深入研究城市选址与规划设计背后的自然因素、人地关系打下基础。

在宫殿官署区内发掘高等级手工业作坊、国家库房建筑、6号宫殿建筑等一系列重要遗址。高等级手工业作坊遗址中包括帝陵陪葬物的制作地点，出土大量加工环节中的石甲片，与秦始皇陵陪葬石甲胄一致，首次发现了城址与帝王陵墓之间的内在联系。国家库房建筑内巨量带有"北宫乐府"及音律文字刻铭石编磬的出土，实证了北宫及乐府机构的存在。这些发现重新确认了宫殿官署区内涵与范围，体现出城址北区的职能演化，反映了"骊山北构而西折，直走咸阳"的场景。在城址西南部的内

史核心区，新发现的遗存分布范围大为扩展，其中有平民居址、一般性工商业遗存和高等级建筑，这不仅扩大了城址内涵，深化了秦咸阳城遗址的格局研究，也促进了对西汉渭城县的探索。近年来周边大量墓葬的发掘则直观反映出城市居民来源构成的复杂性，展现了多元一体的都市面貌。总体而言，秦咸阳城作为中国文明体制从王国向帝国转变的物质实证，其布局结构、内涵的考古阐释对深入研究中国古代都城制度的发展演变意义重大。

石磬刻铭文字

玻璃棋子

秦始皇二十六年铜诏版　　　秦二世元年铜诏版　　　　铜提梁盉

玉具铜剑

石磬　　　　　　　"博望"铭铜帽　　　"十九年蜀守斯离"铜鉴铭文

玉虎形佩　　　　　　龙纹骨带具　　　　　　骨鱼形饰

陕西秦始皇陵

秦汉

历年主要发掘单位：陕西省考古研究院（所）、秦始皇帝陵博物院、陕西省文物管理委员会、临潼县文化馆等

历任发掘领队及主持发掘者：杭德洲、石兴邦、袁仲一、程学华、王学理、段清波、张仲立、刘占成、曹玮、侯宁彬、张卫星、许卫红、申茂盛、朱思红、蒋文孝等

秦始皇帝陵位于陕西省西安市临潼区秦陵街道，东距临潼区政府所在地约 5 千米，南依骊山，北临渭水。秦始皇帝陵的考古工作可以分为四个阶段。

1962 年至 1973 年，秦陵考古工作处于探索的初期。1962 年，陕西省文物管理委员会组织考察秦始皇帝陵园，并测绘出第一张陵园平面图。之后在陵区范围内，陆续发现跽坐俑、丽山园铜钟等零星遗物。

1974 年至 1997 年，随着兵马俑的发现，考古工作者进驻秦始皇陵，正式开展科学的考古工作。这期间的重要考古发现与研究，基本上奠定了秦始皇陵考古的资料基础与学术框架。主要工作有：对于陵园内重要附属建筑遗址，

秦陵遗址公园

秦兵马俑一号坑全景

秦兵马俑一号坑局部

秦兵马俑一号坑局部

如：陵北便殿建筑遗址、园寺吏舍、飤官遗址、封土北侧建筑遗址等进行勘探与清理；伴随着兵马俑一、二、三号陪葬坑陆续发现与清理，对铜车马坑、鱼池遗址、动物坑等一系列重要陪葬坑也展开了系统、科学的发掘；此外，对姚池头墓地、上焦村秦墓、赵背户墓地、五砂厂修陵人墓地等一批有代表性的秦墓进行了清理发掘。

1998年至2008年，秦陵考古资料继续累积，进一步拓展了秦始皇陵的内涵、拓宽了学术研究的思路。以整理石甲胄坑发掘资料为契机，1998年陕西省考古所与秦俑博物馆联合组建了考古队，在秦始皇陵地区开展进一步的工作。主要包括：整理 K9801 石甲胄坑、局部发掘 K9901 陪葬坑、调查陵园内外城垣、发现了 K9902 等陪葬坑、发掘 K0006 陪葬坑、发掘

K0007 陪葬坑，并以国家"863"项目为依托对秦始皇陵进行了高科技物探试验。

2009 年至今，随着秦始皇帝陵博物院的成立，博物院加大了秦始皇陵考古工作的力度，

秦兵马俑一号坑局部

秦兵马俑一号坑早期发掘现场

秦兵马俑一号坑第三次发掘现场

铜车马坑发掘现场

秦陵K0006陪葬坑发掘现场

秦陵K9901陪葬坑发掘现场

成立了专门面向秦始皇帝陵的考古队伍，对秦始皇帝陵遗址进行了系统全面的考古工作。这一时期工作主要有：配合遗址公园建设进行了考古勘探工作、陵园暴露遗迹的调查工作、陵园城垣的复探与测绘工作，对陵园内外城间与陵园以外区域开展了系统与重点勘探，发现一批大中型墓葬及其他重要秦代遗迹。此外，还开展了兵马俑一号坑第三次发掘、兵马俑二号坑第二次发掘、K9901 陪葬坑的正式发掘、陵寝建筑遗址的局部发掘、陵西大墓（QLCM1）及陵园外城东门遗址发掘等。这一阶段，在科学的方法、整体思考的理念指导下，从大遗址角度出发，对秦始皇陵进行系统的勘探调查，取得基础、全面的考古材料，深入阐释遗存内涵价值，为大遗址保护与利用提供科学的支撑。

经过考古工作者近 60 年的考古工作，取得了丰硕成果，秦兵马俑一、二、三号坑、K9801 陪葬坑、K9901 陪葬坑、K0006 陪葬坑、陵园建筑遗址、陵园道路遗址、陵园外城东门遗址、陵园内城墓葬、陵西 M1、上焦村秦墓、赵背户刑徒墓地等系列考古工作，已经基本摸清了秦始皇帝陵园的结构、布局与内涵，发现了秦始皇帝陵以各类陪葬坑和陪葬墓为代表的丰富的陪葬体系，还发现了五岭大堤、石料加工场、击鼓坪、陶窑等陵墓修建过程中遗留的各类遗存，为秦始皇帝陵的结构、布局与内涵研究奠定了坚实基础，为秦始皇帝陵的丧葬体系、中国古代陵墓制度以及秦代社会、文化、经济、军事、科技等研究提供了丰富的资料。1982 年秦始皇兵马俑博物馆组建了专职从事保护和修复的机构，之后开展了大量的文物保护工作，积累了宝贵的经验。其中秦俑彩绘保护、

秦陵一号铜车马

土遗址保护、微生物防治、陶俑修复、秦陵铜车马修复成绩突出。

　　秦始皇陵发现的众多遗迹和出土的大量精美文物，集中反映了秦代在建筑、雕塑、装饰、书法等方面的艺术成就。秦始皇陵园整体布局气势磅礴，是中国帝王陵园发展史上与自然环境和谐一致、融为一体的典型代表之一；出土的兵马俑是中国陶俑雕塑艺术的代表、中国古代雕塑史上的重要典范；陪葬坑出土的大型彩绘青铜车马和青铜珍禽，是青铜造型艺术中的极品，是中华文明史上灿烂的杰作之一；出土的石铠甲是我国先秦时期石材加工艺术的集大成之作，在中国乃至世界考古史上都是罕见的；大量瓦当反映了中国古代建筑装饰艺术的杰出成就；秦始皇陵还发现了大量的陶文、印文、铭文等，是秦代书法艺术的典型代表。

高级铠甲军吏俑

跪射俑

立射武士俑

战袍武士俑

袖手俑

百戏俑

秦始皇帝陵是我国历史上第一个皇帝陵园，也是中国古代帝王陵墓中规模最大、埋藏最丰富的陵园之一，是秦时期中国古代文化的伟大见证，其建造时间之久、用工之众、规模之大、埋藏之丰富，均为世界历史罕见。秦始皇帝陵是我国古代帝王陵墓"独立陵园制"确立的标志，并首创了中央集权体制下的帝陵陵寝制度，对后世的中国古代帝王陵墓制度有着深远的影响。

铜鼎

"乐府"钟

金当卢

铜剑

铜铍

铜戟

铜鹤

铜弩机

铜镞

铜𫓹

新疆民丰尼雅遗址

 秦汉

历年主要发掘单位：新疆维吾尔自治区博物馆、和田地区文管所、新疆维吾尔自治区文物考古研究所、中日尼雅遗址学术考察队等

历任发掘领队及主持发掘者、主要参与发掘人员：李遇春、王炳华、于志勇、张铁男、刘玉生、艾则孜、吕恩国、吴勇、阮秋荣、佟文康、李军、李文瑛、王宗磊、尼加提

尼雅遗址地处新疆和田地区民丰县尼雅乡境内尼雅河下游尾闾地带的古三角洲上，现在已深处塔克拉玛干的沙漠腹地。

尼雅遗址系 1901 年发现。历次考古调查发掘表明，沙埋古代文明遗址——尼雅遗址由规模不等的众多房屋建筑遗址、佛教寺院、佛塔、田地、道路、手工业坊区、墓地、供水系统、城、果园等逾百处以上的各类型遗迹构成，其中已经编号的典型遗址有 N1～N6、N24、N13～14、佛塔、95MN I 号墓地、古城、葡萄园、窑址等。

在南北狭长的区域内，众多遗迹空间群组呈大分散小聚居的分布格局。以若干组房屋建筑、蓄水池、畜舍、果园、道路、林带及规模不等的防沙设施等不同类型遗迹组合构成视作一个聚落单位，可将尼雅遗址暂分为 19 个群

尼雅遗址N7遗址建筑遗迹

1995年 I 号墓地M3、M8木棺

1995年 I 号墓地M3男女墓主人

1995年 I 号墓地M3木棺揭盖

1995年 I 号墓地M5船棺揭盖

组。相对独立的内陆荒漠绿洲地理环境单元，强烈影响了整体聚落形态和住宅形式风格，各类遗迹尤其是房屋建筑的形式规划、结构、功能和整合布局，依于环境气候生态条件。主要遗迹分布及构成特点已初步反映出，中、北部地区是衙署、宗教场所和手工业坊区集中分布的区域。

根据目前综合调查发掘资料，在尼雅遗址内发现最早的文化遗存属西汉时期。1993、1997年，在N3南部墓地出土了陶器、铜器、料珠及金饰件等重要文物，墓葬的时代基本上可定为西汉前后。自东汉末期即公元二世纪末始至公元四世纪中叶，尼雅遗址存在一个流行佉卢文字的时代，绝大多数聚落遗址中出土的佉卢文简牍文书已清晰地说明，遗址区内多数遗存属于这一时期，即相当于魏晋前凉时期。这段时期的遗存，聚落呈分散式分布格局，行政官署和佛教寺院均有着宏大的规模，建筑装饰普遍见有犍陀罗佛教艺术风格的雕刻技

法。发现和出土的遗物按器用分有弓箭、弩机、箭箙、鞭、刀、短剑（鞘），有陶罐、陶钵、陶杯木盆、木杯、木几、木叉等，有佉卢文木简、汉文木简、铜镜、钱币，有毛织衣物、毡毯、履、带、丝绸衣袍、帽、手套、栉袋、食袋（盒）、被衾、裤、裙、枕、覆面、帛鱼、料珠、珊瑚、金箔饰和植物籽实等等。1993～1997年，对N2、N5佛寺、N37居址、N14窑址、古城城门、97A-1窑址、95MNⅠ号贵族墓地的清理发掘，其中墓地出土了包括"五星出东方利中国"织锦等文物，95MNⅠ号墓地的时代上限应在汉晋时期。

尼雅遗址对丝绸之路南道汉唐时期绿洲聚落遗址的综合研究有重要的促进作用，对于荒漠绿洲城邦聚落人类文化与环境变迁关系的研究有重要意义。尼雅遗址地处丝绸之路南道的交通要冲，是古代东西方文化交流融汇之地，对研究汉晋中央政府对西域的管辖和治理历史的阐发具有非常重要的学术价值，对于进一步

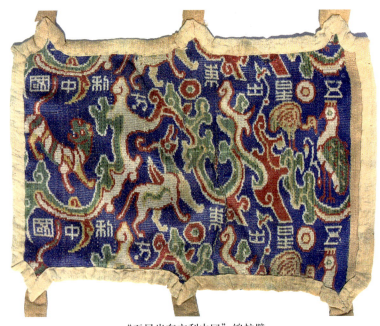

"五星出东方利中国"锦护臂

揭示中华文化向西传播和古代东西方文化交流具有极其重要意义。尼雅遗址考古研究揭示，新疆自古以来就是多民族聚居的地方，是多文化多宗教交往交流交融的地区。尼雅遗址大量有机质类珍贵文物保存良好，国内外罕见。如此数量众多、类型多样的遗迹及组合、出土文物的相对完整性（形态和结构），是西域古代绿洲城邦经济、社会文化历史研究以及由已知求未知的考古个案研究的珍贵资料。

"王侯合昏千秋万岁宜子孙"锦衾

"长乐大明光"锦裤

方格纹锦袍

"王"字带流罐

龙纹铜镜与镜套

红蓝色菱格纹丝头巾

晕裥缂毛织袋和铜镜

佛像壁画

晕裥缂毛靴

刀鞘

河北临漳邺城遗址及磁县北朝墓群

三国至隋唐

历年主要发掘单位：中国社会科学院考古研究所、河北省文物考古研究院（原河北省文物研究所）、磁县文物保管所（原磁县文化馆）

邺城遗址历任发掘领队及主持发掘者：徐光冀、朱岩石、赵永红、郭瑞海、贾金标、何利群、沈丽华

磁县北朝墓群历任发掘领队及主持发掘者：徐光冀、孙德海、朱岩石、乔登云、徐海峰、张晓铮

邺城遗址包括邺北城、邺南城和外郭城区，已探明的城市元素包括内城墙、内城门、马面、护城河、道路、宫城墙、宫城门、宫殿建筑基址和沟渠等，城市格局和脉络基本清晰。邺北城东西 2400 ～ 2620、南北 1700 米，营建于东汉晚期至曹魏时期，十六国和东魏北齐时期均有重建和修补。

邺北城平面呈不规则横长方形，其城市格局的首要特点是南北向的中阳门大道正对宫殿区的主要宫殿，形成全城中轴线，都城规划依中轴线对称而规整地分布，标志着中国古代都城发展进入一个新阶段，并对此后历代都城规划产生重要影响。另一特点是，连接建春门和金明门的东西大道将邺北城分为南北两个城区，

铜雀三台及邺北城遗址

下潜城门

赵彭城北朝佛寺塔基

湾漳北朝壁画墓门墙大朱雀图

湾漳北朝壁画墓墓道北朝人物图

以北区尤为重要。北区中央为宫殿区，宫殿区西为皇家苑囿铜爵园，东有贵族居住的戚里。南区则分布有衙署和居民里坊。邺南城平面呈不规则纵长方形，东西最宽处 2800、南北 3460 米，始建于东魏时期，都城规划先行，建造于邺北城南边，其北城墙利用了邺北城的南城墙。朱明门大道与宫城中轴线完全重合，构成全城的中轴线。唯一的宫城位于内城北半部中央；中央衙署和太庙分列于宫城南朱明门大道两侧。从三国两晋南北朝至隋唐时期，中国都城逐步发展成为完备的封闭式里坊制的城市，邺南城是这个发展环节中的重要一环。邺南城时期的外郭城区面积广阔，推测平面近方形，东西和南北各有 10 千米。近年来发现和发掘的重要遗迹分别有赵彭城北朝佛寺、核桃园北齐佛寺、

北吴庄佛教造像埋藏坑、曹村北朝窑址、京港澳高速路沿线的战国至唐代墓葬以及北朝时期的建筑遗迹、窑址、灰坑等。

东魏、北齐时期的都城设在邺城，邺城西北、磁县南部一带是当时帝王、勋贵和上层官吏的陵墓群所在，这里分布着大量巍峨的封土堆，并有不少墓葬已经发掘确认。1986 年，邺城考古队对磁县北朝墓群进行了全面调查和测绘，发现共计 123 座墓葬。1988 年，磁县北朝墓群被国务院公布为第三批全国重点文物保护单位。综合历年发现可以了解到磁县北朝墓群主要包括两大区域：以东魏孝静帝元善见西陵为中心的元魏皇宗陵区，以北齐神武帝高欢义平陵为中心的高齐皇宗陵区。勋贵和上层官吏墓葬主要分布于皇宗陵外围，目前所知多集中

于墓群东西两端。陵墓区的分布以自然河流、沟渠为界限。

邺城是中国古代都市规划史上的重要里程碑。曹魏邺城的单一宫城制度、中轴对称布局以及明确的功能分区，具有划时代的重要意义。曹魏邺城的宫城规划于全城北部中央，都城的城门、主要道路等在中轴线的东西两侧对称分布。连通金明门和建春门之间的大道是全城唯一的东西大道，将全城划分为南北两部分。北半部基本为宫城以及皇家和贵族用地，南半部以居民里坊为主，都城用地的功能区划明确。东魏北齐邺城的平面布局更加规整，其正南城门朱明门、朱明门大道、正南宫城门以及最主要宫殿共同构成全城中轴线。它既强调了中轴线在都城规划中的实际功能，又强化了中轴线上建筑的地位与威严。东魏北齐邺城继承了曹魏邺城创立的单一宫城制度，构建了由城墙、马面、城门和护城壕等组成的日臻成熟的防卫系统，具备科学合理的道路网络和给排水系统，全城对称、整齐而科学的平面布局，直接影响了隋唐长安城的都城规划。

邺城的都城文化代表了当时物质文化发展的最高水平。邺城遗址历年出土遗物生动反映出三国至北朝的文化特征，其中邺城的砖石刻铭、佛教遗物和手工业制品是研究三国两晋南北朝时期物质文化的珍稀资料。

1983 年至今，邺城考古队对邺城遗址持续、科学地开展工作，通过普遍勘探和累计近 3.5 万余平方米的发掘，了解并揭露出宫殿、城墙、城门、护城河、道路、渠道等丰富的城市元素，为研究中国古代城市规划、研究城市可持续发展提供了珍贵的实物资料。经考古发掘的遗迹和遗物，其科学性、艺术性和完整性具有无可替代的地位，是研究和展示邺城遗址的重要基础。根据邺北城和邺南城发表的考古资料进行的邺城遗址平面布局复原是迄今邺城研究的重要成果之一，被学术界普遍接受。位于邺南城的赵彭城北朝佛寺塔基的发现与发掘，入选 2003 年度全国十大考古新发现。佛塔所在的赵彭城北朝皇家寺院之规模、布局，是中国早期佛教遗迹中罕见的实例，对东亚地区寺院建设有重要影响，为国内外学术界所重视。

北吴庄出土北齐弥勒七尊像

北吴庄出土北齐覆钵塔

北吴庄出土北齐
青石立佛

湾漳北朝壁画墓
出土大门吏俑

东魏元祐墓出土胡人俑

湾漳北朝壁画墓
出土人面镇墓兽

高润墓出土青釉龙柄鸡首壶

茹茹公主墓出土东罗马金币

茹茹公主墓出土青釉六系罐

东魏北齐邺城宫城区206号大殿
出土摩尼宝珠纹白石构件

东魏北齐邺城遗址出土莲花瓦当

东魏北齐邺城宫城区206号大殿
出土青石柱础

黑龙江渤海国上京龙泉府遗址

三国至隋唐

历年主要发掘单位：中国科学院考古研究所、黑龙江省文物考古研究所等

历任发掘领队及主持发掘者、主要参与发掘人员：王仲殊、朱国忱、李陈奇、赵虹光、赵哲夫、刘晓东、赵永军等

渤海国上京龙泉府遗址在黑龙江省宁安市东京城镇西约3千米处，是唐代渤海国（698～926年）都城遗址。20世纪30年代，对渤海上京城进行过一些考古调查、发掘工作。1964年对上京城进行了全面勘探，选择各种有代表性的遗迹进行发掘，基本搞清了城墙、城门的位置和形制，街路、里坊、坊墙的规模和结构、宫城的规模、官衙的设置以及城内外佛寺的分布和佛殿的构造等，实测并绘制上京城全城平面图。

1981～1985年，黑龙江省文物考古研究所对渤海上京城周边做了专题考古调查和对宫城正南门、3号门址、第1号宫殿及其东西长廊、墙址等的发掘。1985～1991年，对皇城官衙

郭城正北门址发掘现场

第2号宫殿发掘现场

第3号宫殿发掘现场

第4号宫殿发掘现场

第5号宫殿发掘现场

址进行发掘，确认了第 1 号宫殿东、西两廊中段可能有类似含元殿的翔鸾阁、栖凤阁式的建筑单元，确认宫城正南门是一中部置殿、两侧设门的殿门结合式建筑。

1997～2016 年，黑龙江省文物考古研究所对渤海上京城中轴线上的各类遗存、"御花园"50 号建筑址和池塘假山、郭城内的土台子寺庙址进行了考古发掘，发现和发掘了郭城第 11 号门址，确认了郭城正北门为由中间下设门道的楼阁式建筑、联结墙和东、西两个单门道侧门构成的建筑群组，确认了圆壁城，确认宫城第 2 号宫殿为面阔 19 间、进深 4 间、东西各有挟门的建筑形制，同时弄清了其廊庑形制及其与正殿的关系，确认宫城第 3 号、4 号、4-1 号、4-2 号宫殿为台基相连的建筑群，确认了这些建筑的结构与功能，确认宫城第 5 号宫殿处

于单独院落且为满堂柱布局的建筑结构，确认郭城正南门为由中间有高大门楼的单门道城门、联结墙和东、西两个单门道侧门构成的建筑群组，确认皇城南门为三门道建筑，确认宫城北门为双门道建筑，确认"御花园"第 50 号建筑为由殿、廊、亭、台构成的建筑群组，发现发掘了宫城内匠作址，搞清了第 1 号街的基本形制及路两侧坊墙的形制结构，对渤海寺庙建筑的形制做出了新认识。在对渤海都城建筑形制、结构、布局形成新认识的同时，获取了大量珍贵文物，对渤海国的文化、制度、社会发展状况等都取得了重要的实证认知。

渤海国是历史文献记载中黑龙江省境域内出现的第一个政权，系中世纪我国东北地区以靺鞨族为主体建立的受唐王朝册封的地方少数民族政权。上京城是渤海国最重要的都城，也

是渤海为都时间最长的都城，见证了渤海这个"海东盛国"的盛衰荣辱，见证了肃慎族系、靺鞨民族融入中华民族的历史进程，是中华民族多元一体的历史见证。渤海上京城是当前保存最完整、城内外遗迹保存最完好的中世纪都城遗址。1961年即被国务院列为第一批全国重点文物保护单位。作为一处内涵丰富的古代都城，城内外保留下来的遗迹具有极高的科研价值。尤其在唐宋都城尽被现代城市覆盖的情况下，更显现出其独特的学术含量和地位。通过考古资料的对比研究，一方面可以看出渤海国的都城建设是以隋唐都城制度为蓝本，表现出了浓郁的汉唐文化风貌；另一方面在效仿的过程中并不完全照搬硬套，而是根据自身的具体情况加以改良，创造出具有本地区特色的建筑形制，为中国建筑史增添了新的色彩。

鎏金铜佛　　　　　　鎏金泡钉　　　　　　鎏金铜鱼饰件

砖　　　　　　　　　板瓦　　　　　　　　瓦当

三彩套兽　　　　　　三彩缸　　　　　　　三彩兽头

河南汉魏洛阳城遗址

 三国至隋唐

历年主要发掘单位：中国社会科学院考古研究所等

历任发掘领队及主持发掘者、主要参与发掘人员：阎文儒、许景元、段鹏琦、杜玉生、刘景龙、肖淮雁、钱国祥、刘涛、郭晓涛、莫阳等

汉魏洛阳城遗址位于河南省洛阳市东 15 千米，其始建于西周，其间经过了东周、秦、西汉、东汉、曹魏、西晋、北魏等朝代的修建与使用，在唐初废弃，其先后沿用长达 1600 余年。

1954 年，阎文儒先生首次对该遗址进行了调查。1961 年，汉魏洛阳故城被国务院公布为第一批全国重点文物保护单位。次年，中国科学院考古研究所即组成专门队伍，从事该城址的调查、发掘工作。这一举措，使这座名城遗址的考古发掘工作从一开始就步入了科学、系统的轨道。

20 世纪 60 年代，在前人研究的基础上对城址尤其是汉晋洛阳大城即北魏内城进行全面勘探，初步明确了城址的范围、基本布局，为以后的勘察工作奠定了坚实的基础。同时，对新发现的东汉南郊刑徒墓地进行了发掘。

20 世纪 70 ～ 80 年代初，对面临较大保护

汉魏洛阳城宫城区发掘场景

太极殿殿基东侧门址

太极殿殿基北侧遗迹

太极东堂北侧解剖早期遗迹

太极东堂北侧院落1隔墙细部

太极殿主殿台基解剖夯土

压力的凸出地面的大型建筑基址进行发掘，主要包括南郊的灵台、辟雍、明堂和太学等礼制建筑遗址和城内永宁寺塔基等。通过勘察发掘，获得了一批重要的发掘资料，深化了对城址文化内涵的认识。

20世纪80～90年代，主要是对遗址区的范围进行了确认，勘探发现了北魏外郭城，同时对受建设影响较大的北魏内城墙垣、外郭城、金镛城等遗址进行勘察发掘。其中外郭城的发现和确认、西周城址的发现，大大扩展了汉魏洛阳城的时空范围，使得汉魏洛阳城遗址的历代城址的演变和沿革、整体范围和形制最终得以确定。

进入21世纪后，主要是对汉魏洛阳城宫城部分的勘探发掘，先后发掘了北魏宫城阊阖门、二号建筑基址、三号建筑基址、太极殿等，基本明确了宫城南部的建筑布局和形制演变，填补了汉魏时期都城宫城形制布局的空白。

汉魏洛阳故城始建于西周，曾是东周、东汉、曹魏、西晋、北魏等王朝的都城，西周、西汉、后赵、北齐、北周等朝代的陪都，建都史近600年，是历代定都时间最长的遗址。作为中国古代早中期都城的典型代表，汉魏洛阳故城建都朝代众多，城市规模和形制布局也是在不断修建和增扩过程中逐渐完善和变化。遗址主要使用的汉魏时期，又处于中华文化大发展、中外文化大交流、民族文化大融合、统一多民族国家发展的重要时期。作为这一时期的主要都城遗址，汉魏洛阳城遗址不仅深刻地反映了当时的社会形态、社会制度，更是涵盖了丰富的历史文化信息，对研究中国文化发展演进、国家的形成发展具有极其重要的历史价值。

正是由于该城在中国古代所处的中心地理位置，以及长期作为都城首选之地的重要影响力，该城形制的每一次变化都融合了多元文化的文明与文化特征，成为这一时期城市布局、形制的典范，对其后中国古代都城形制乃至东亚各国都城的发展变化产生显著影响，在中国古代都城发展史上起到承前启后的作用，是中国古代最重要的都城遗址之一，对研究中国古代建筑史、城市发展史，特别是都城规划和设计思想的演变具有极其重要的科学价值。

汉魏洛阳城出土的金器、玉器、铜器、陶器、石器、铁器和传世的石刻、碑帖、造像等文物，反映了当时社会的艺术水平以及人们的审美观念，具有极高的艺术文化价值。

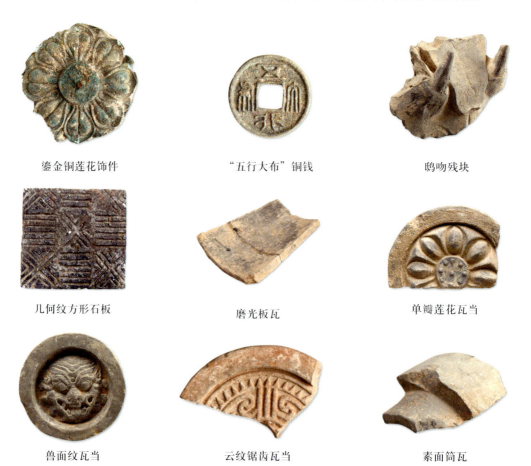

鎏金铜莲花饰件　　　　"五行大布"铜钱　　　　鸱吻残块

几何纹方形石板　　　　磨光板瓦　　　　单瓣莲花瓦当

兽面纹瓦当　　　　云纹锯齿瓦当　　　　素面筒瓦

河南隋唐洛阳城遗址

三国至隋唐

历年主要发掘单位：中央文化部社会文化事业管理局、中国科学院洛阳发掘队、中国社会科学院考古研究所、洛阳市文物考古研究院等

历任发掘领队及主持发掘者、主要参与发掘人员：阎文儒、陈久恒、冯承泽、王岩、陈良伟、石自社、包强、李春林、姜波、韩建华、王炬等

隋唐洛阳城位于洛阳盆地的西部，四周群山环抱，伊洛二河蜿蜒流淌，地势险要，水陆交通便利。位置居中，便于控御四方，为历代帝王建都的理想之地。隋唐洛阳城自隋大业元年（605年）始筑，历经隋、唐、宋三代。

1954年对隋唐洛阳城遗址进行了首次考古调查并确定了遗址的位置和范围，随之便展开了持续近七十余年的考古工作，通过详细的勘探和重点发掘，究明了城址的规模和格局。

经过多年工作确定了多数城门的具体位置，并发掘了郭城的定鼎门、长夏门、永通门，皇城的右掖门，宫城的应天门、圆璧南门、宣政门、崇庆门、重光北门以及东城的宣仁门等，还重点勘察了一些门址，诸多门址位置的确定为复原隋唐洛阳城的平面布局提供了关键性坐标点。其次，探明了街道、里坊与市场的布局及位置，并先后发掘了履道坊、温柔坊、恭安坊、宁人坊、修业坊及南市等遗址，里坊的布

宫城玄武门遗址

宫城应天门遗址西阙铺石散水

宫城明堂遗址

郭城定鼎门水涵道

天堂遗址石砌中心坑

局结构也日渐清晰。20世纪80年代以来，考古工作集中在皇城与宫城内，先后发掘了多处重要遗址，宫城的布局与结构也逐渐清晰。先后发掘了宫城的核心建筑明堂遗址、圆形建筑遗址、乾元门遗址、应天门遗址及其门内东西步廊及宫城内多处大型宫殿建筑基址。考古资料证明宫城中心区洛城内，是由多个相对独立的宫院组成，每个宫院步廊周匝，形成一组组相对独立的建筑群。其中宫城正门应天门是以城门楼为主体，两侧辅以朵楼，向外伸出阙楼，其间以廊庑相连接的巨大建筑群，该门址的建筑布局对后世都城的建设有着深远的影响。宫城正殿明堂遗址正处于宫城中心区洛城的对角线交汇点上，同时也是整个宫城的中心。该遗址中心是一个大柱坑，底部由四块大青石构成

一个巨型柱础，围绕柱础有砖砌八角形短墙一周。自基址中心而外夯土厚度不同，中心部分厚达10米左右，外圈厚仅1.2米，应与夯土承重不同有关。明堂遗址的整体布局尚不清楚，有待于进一步考古工作揭示。明堂北面还应有贞观殿和徽猷殿，其南北一线形成宫城的轴线建筑群，但其布局有待于进一步的考古发掘工作证实。

　　洛城东西两侧的隔城中，东隔城即东宫，为太子所居之地，其南垣正中有重光门，北垣正中已发掘出了重光北门遗址，与其相对的南北线上发掘出有大型宫殿建筑基址，说明东宫内的建筑亦为南北轴线布局。西隔城为王子公主所居之地，其内北部为宫城内的皇家园林九洲池遗址，发掘出了池岸、池中的岛亭以及岸

边的宫殿基址等。东西夹城即左右藏，其中西夹城中曾发掘出建筑遗迹。洛城北侧的三重小城玄武城、曜仪城和圆璧城中，多年考古发掘工作中均没有发现大型建筑基址，推测其主要功能应为军事防御性质，其内建筑基址较少。此外，位于洛河北岸的上阳宫遗址是唐高宗武则天时期的皇家宫苑，始建于上元元年（674年），是高宗和武则天处理政务和宴飨群臣的重要场所。该遗址有水池、水榭、廊房、石子路等园林遗迹，但其具体的范围与布局尚难确定。

皇城位于宫城之南，呈东西横长方形。其内五条南北向街与四条东西向街构成棋盘式格局，将皇城划分为不同的衙署区，其西部的路网结构已基本得到考古工作的验证。东城与皇城布局大致相同，由不同的衙署区组成。含嘉仓城内十字街将其分为四部分，其西北部为管理区，东南部为漕运码头，东区为仓储区。宫城皇城的水系脉络已基本清晰。宫城皇城地势西北高东南低，由北而南呈阶梯状分布。位于宫城西北部的九洲池引谷水而成为整个宫城皇城的水源，其西侧和北侧有三个进水口；南侧和东侧有三个出水口，水向东面、南面辐射而构成整个宫城皇城的水系网。其中以皇城中渠、玄武城渠、泄城渠等水道为框架，又有众多纵横交错的小支渠密匝分布。郭城里坊区南北向道路和东西向道路的探明，其纵横交错，构成棋盘式的里坊格局。里坊以里见方，整齐划一，特别是对一些里坊的发掘，使里坊的内部架构、空间分布及历史沿革也逐渐清楚。天津桥遗址与河堤的发现，为古洛河的准确定位提供了线索。

隋唐洛阳城是中国中古时期最具代表性的都城，其形制布局对后世都城产生了深远影响。隋唐洛阳城是中国古代社会发展鼎盛时期的都城，是当时的政治、经济和文化中心，是当时世界性的大城市。隋唐洛阳城的形制布局、设计理念和建筑模式在中国古代都城和城市建设史上具有承前启后的地位，为以后中国历代都城所沿袭，并对当时日本和朝鲜半岛的城市发展产生了重要的影响。隋唐洛阳城遗址的规划设计思想、形制格局和建筑模式上承汉魏南北朝下启宋元明清，正处于都城变革转折时期，具有重要的历史价值，是中国中古史、古代都城史、古代建筑史以及古代中外文化交流史等研究的珍贵实物资料。隋唐洛阳城遗址规模宏大、气势雄伟，在规划布局、建筑技术等方面均达到了极高的水平，是唐代建筑的杰出范例，堪称同时代世界建筑杰作。

宫城应天门遗址

宫城天堂遗址

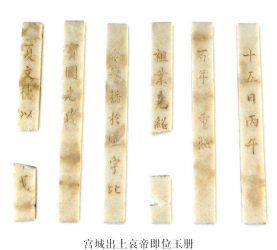

宫城出土哀帝即位玉册

宫城出土鸱尾脊饰

宫城出土"将作"印文砖

宫城出土唐代莲花纹瓦当

宫城出土唐代莲花纹瓦当

宫城出土唐代绿釉龙纹瓦当

宫城出土莲花纹方砖

宫城出土莲花纹方砖

宫城出土莲花纹方砖

宫城出土"吉"字凤鸟纹方砖

郭城履道坊白居易宅院出土经幢

郭城履道坊白居易宅院出土辟雍砚

陕西法门寺遗址

三国至隋唐

历年主要发掘单位：陕西省考古研究所、宝鸡市文化局、扶风县文化局、西北大学、法门寺文管所

历任发掘领队及主持发掘者：石兴邦、韩伟、曹玮、王占奎、任周方、淮建邦、付升岐、王仓西、罗西章、王保平、韩金科、柏明、杨绳信等

法门寺遗址位于陕西省扶风县法门镇。法门寺始建于东汉，迄于北周均称阿育王寺，隋义宁二年改称法门寺，后又经历法云寺、重真寺、崇真寺、崇正寺等多次更名，清代、民国时期，恢复法门寺之名，延用至今。

法门寺内原有于明万历七年至三十七年（1579～1609年）建造的砖塔，由于该塔多处坍塌，因保护和维修的需要，1987年文物部

塔基发掘场景

门对法门寺残塔、塔基进行考古发掘，取得了许多重要的收获。

唐代塔基以石条边围为界，大体呈方形，边长26米，下为夯土，上有白灰面。明代塔基略呈圆形，直径19～20米，位于唐代塔基之内，打破唐代塔基，但未破坏唐代塔基中心方座和地宫。塔基中心为地宫，整体用石材构筑，地宫形状略呈甲字形，总长度为21.125米，总面积32.48平方米，由踏步漫道及平台、甬道、前室、中室、后室及秘龛六部分组成，各部分之间均用石门分隔。

踏步漫道为台阶状，由地面向下深入地宫，从甬道至后室共有四道石门，石门大都饰有图案，装饰方法有线刻和浮雕等多种。图案内容主要以佛教为主，如佛像、天王、菩萨、夜叉等，另有唐代常见的对凤、团花、缠枝花卉、伎乐等内容。除石门外，地宫直壁及顶板和铺地亦均有线刻，主要为大量的供养人形象和姓名。

地宫内出土大量的遗物，多数为唐懿宗和僖宗供奉佛祖的奇珍异宝。这些异宝品类多，等级高，质量精，代表着唐代高度发展的工艺水平。地宫所出遗物计有数量众多的金银器、丝织品、琉璃器、瓷器、铜铁器、漆木器、石器、珠玉宝石等，以及还有佛骨舍利4枚、铜钱万余枚。出土遗物中，舍利是目前唯一被佛教界认定的佛祖真身舍利，意义重大；金银器则大部分有錾文，时代确切，制作地点明晰，对研究唐代皇家金银器手工业制度提供了重要的实物证据；14件秘色瓷揭开了"秘色瓷"之谜，为秘色瓷的鉴别提供了标准器；700余件丝绸堪称"唐代丝绸宝库"；20件琉璃器对伊斯兰玻璃的研究和实证"一带一路"有着重要意义；出土1套唐代宫廷茶具展示了制茶工序及饮茶的全过程，为目前发现时代最早、等级最高的宫廷茶具。此外地宫中出土的唐代物账碑为堪对遗物的名称、数量、质地、重量和供养人等提供了可靠的依据。

作为佛教建筑，法门寺遗址还出土北周、唐、金、明多个时代的碑刻，包括皇帝、官员以及僧人等各类阶层信徒的发愿文。同时在明代塔身中还出土了明清佛、菩萨造像103尊，以及存世极少的宋刻《毗卢藏》十六卷、元刻《普宁藏》五百七十余卷，元刻《秘密经》三十三残卷等各时期的珍贵经卷。

盘口细颈黄琉璃瓶

葵口秘色瓷碗

八棱秘色瓷净瓶

八重宝函

鎏金卧龟莲花纹五足朵带银熏炉

单轮十二环
纯金锡杖

银方盒

鎏金银龟盒

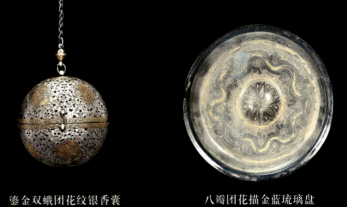

鎏金飞鸿球路纹银笼子

鎏金双蛾团花纹银香囊

八瓣团花描金蓝琉璃盘

陕西唐大明宫遗址

三国至隋唐

考古发掘单位：中国社会科学院考古研究所、西安市大明宫遗址保管所、日本独立行政法人文化财机构奈良文化财研究所

历任发掘领队及主持发掘者、主要参与发掘人员：马得志、安家瑶、冯孝堂、龚国强、何岁利、李春林、孙福喜、唐龙、高本宪、吴春、张元中、甘洪更、刘勇等

西安唐大明宫遗址位于陕西省西安市太华南路以西、自强东路以北，是中国保存最为完整的皇家宫殿遗址，总面积 3.4 平方千米，平面略呈南北长方形，北半部平面呈梯形，南半部为横长方形，宫墙周长 7.6 千米，四面共有 11 座门。南部为前朝区域，自南向北由丹凤门、含元殿、宣政殿和紫宸殿为中心组成；北部为后寝区域，以太液池皇家园林为中心。

1957 年春，中国科学院考古研究所西安唐城队开始对大明宫进行勘察和发掘，至 1959 年春，工作告一段落，基本上搞清了大明宫的城垣、城门以及主要宫殿和池、渠的范围和分布情况，并且发掘了右银台门、玄武门、重玄门、内重门、麟德殿以及西内苑的含光殿等遗址，

1996年含元殿遗址考古发掘全景

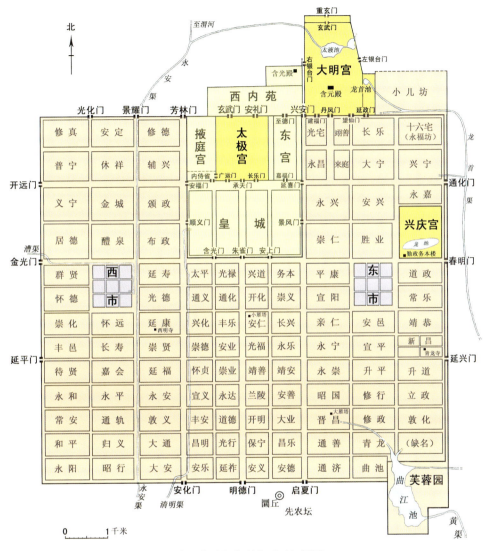

唐长安城与大明宫平面复原图

1987年大明宫清思殿遗址发掘现场

2004年皇家园林太液池遗址发掘现场

2006年唐大明宫丹凤门遗址考古发掘全景

2003年皇家园林太液池蓬莱岛南岸景石群遗迹

大明宫含元殿遗址出土石螭首

这在出版的《唐长安大明宫》报告中进行了较详细的报道。后在 1959 年冬至 1960 年夏，又对含元殿的殿址以及左右两侧的翔鸾阁、栖凤阁以及部分龙尾道进行了初步的发掘。1961 年，大明宫遗址被国务院列为第一批全国重点文物保护单位，从而从法律上开启了大明宫遗址的有效保护。

　　然而，在接下来的"文化大革命"期间，大明宫遗址的考古工作一度有所停滞。至 1980 年，考古工作有所恢复，当时改属中国社会科学院的考古研究所西安考古队对清思殿、三清殿两处豪华的宫殿建筑遗址进行了发掘。三清殿主要是宫内奉祀道教的场所，为高台建筑形制，曾出土了琉璃瓦残件和鎏金铜饰等珍贵遗物。1982 年秋，又发掘了含元殿翔鸾阁下的附属建筑东朝堂遗址，可划分出早晚两期的长条形庑殿式建筑，分别面阔 15 间、进深 2 间和面阔 13 间和进深 3 间。次年，在大明宫西夹城南部发现了翰林院遗址，清理出两座厅堂建筑和三座附属建筑的基址，可能与文献所载的学士院南厅五间、翰林院的北厅五间有关。1987 年，考古队又对含元殿东侧的内宫门址（当初认为是含耀门）进行了发掘，确定为两个门道的形制特征。

　　其后，大明宫遗址的考古进入了结合遗址保护工程而展开的新阶段。1995 年 3 月～1996 年 12 月期间，为配合我国政府与联合国教科文组织、日本政府联合开展的含元殿遗址保护项目，西安考古队对含元殿及其附属建筑进行了大规模的全面揭露，发掘面积达 27000 平方米，对含元殿的柱网布置、大台形制、龙尾道的位置、殿前广场、建殿时就地烧制砖瓦的 3 组 21 座窑址问题都有了新的认识。

2001 年春至 2005 年春的五年间，是中日合作考古发掘大明宫太液池皇家园林遗址的时期。合作考古得到了外交部、国家文物局的批准和支持，由考古研究所与日本奈良国立文化财研究所共同组成的考古联队，连续对太液池西大池的西岸、南岸、北岸、蓬莱岛等遗址进行了发掘，揭露出太液池进水渠道、岸边的长廊、干栏式殿堂、人工堆石景观、亭台楼阁等遗迹，新发现 2 座岛屿。

此后自 2005 年以后的几年中，因国家大遗址考古和保护新理念的探索和实践，在国家文物局的支持下，陕西省政府、西安市政府先后确立了大明宫御道保护项目、大明宫国家遗址公园建设工程，为此，考古人员加大力度对大明宫遗址开展了全面的勘探及考古清理发掘工作。其中 2005 年秋冬进行的大明宫正南门丹凤门遗址的全面发掘最为重要，纠正了以前三门道的说法，证明该门规制最高，为五个门道，从而纠正了以前对大明宫中轴线偏斜等问题的错误认识。2006 年，含元殿前御道遗址的考古也有重要的发现，揭示出御道路土、含元殿前龙首渠及其桥梁、上朝砖道等重要遗迹，为大明宫殿前建筑布局的研究提供了新的资料。2010 年 10 月 1 日，经过各方面的奋斗，大明宫国家考古遗址公园终于建成，向社会公众开放。

从此，大明宫遗址考古迈入了遗址公园后的新阶段，考古不但要配合遗产保护，而且还要与遗址展示利用相结合。2011 年秋冬至 2014 年冬，大明宫内衙遗址的发掘得以有条件开展，发现揭示出了为皇帝起草诏令的重要部门的中书省遗址部分，包括渠道、道路、夯土墙、院落、廊房等建筑遗迹，出土了大量的建筑构件陶瓷器、铜铁器等珍贵遗物，从而填补了大明宫内衙官署遗址考古的空白。

2012 ～ 2013 年，为配合申请世界遗产项目，考古人员补充发掘了含元殿东、玄武门南、太液池北的三处过水涵洞遗址。2014 年，大明宫遗址申遗成功，被联合国教科文组织列入"丝绸之路：长安—天山廊道的路网"的世界遗产名录。

其后，由于国家经济建设和西安市城市建设的飞速发展，城市建设与唐长安城遗址保护的矛盾日益突出，故而，考古人员只得暂且放下大明宫遗址考古，转而集中力量进行唐长安城遗址的抢救性考古工作。

总之，六十余年来持续对大明宫遗址开展的考古调查和发掘工作，取得了辉煌的成果，不仅获取了丰富而又扎实的考古资料，验证了有关的文献记载，弥补了记载不足的缺憾，而且通过系统全面的考古工作，人们对大明宫形制布局、建筑结构、建筑技术、宫内物质文化等历史内涵的认识越来越清晰、越来越深入，也为大明宫遗址的完整保护、西安市大明宫遗址周边城区的提升改造等提供了重要的学术支撑和坚实的科学基础。

大明宫三清殿遗址出土
葡萄瑞兽纹方形地砖

大明宫遗址出土
殿顶陶鸱尾

大明宫遗址出土鎏金铜铺首　　　大明宫三清殿遗址出土鎏金铁器柄　　　大明宫太液池遗址出土白瓷碗

大明宫太液池遗址出土白瓷唾壶和"官"字款白瓷碗底　　　大明宫三清殿遗址出土鎏金铜狮像

大明宫太液池遗址出土
"睦州之印"封泥

大明宫西夹城出土"云
南安抚使印"封泥

大明宫太液池遗址出土带印章和墨书的封泥　　　大明宫太液池遗址出土雕龙石栏板

甘肃敦煌莫高窟

三国至隋唐

历年主要发掘单位：敦煌研究院（敦煌文物研究所）等

历任发掘领队及主持发掘者、主要参与发掘人员：常书鸿、段文杰、樊锦诗、潘玉闪、马世长、彭金章、张小刚等

莫高窟俗称千佛洞，位于甘肃省敦煌市城区东南25千米处，鸣沙山东麓的峭壁上，洞窟密布，大小不一，上下错落，南北延续1.7千米。莫高窟的营建历时千年，始建于十六国前秦建元二年（366年），现存北凉、北魏、西魏、北周、隋、唐、五代、宋、回鹘、西夏、元等时期的编号洞窟735个。石窟以彩塑为主体，四壁及顶均彩绘壁画、地面墁铺花砖、窟外有窟檐或殿堂、栈道，是石窟建筑、彩塑和壁画三位一体的佛教文化遗存。现存壁画4.5万余平方米，彩塑2千余身，唐宋木构窟檐5座。1961年被国务院公布为第一批全国重点文物保护单位，1987年又被联合国教科文组织世界遗产委员会列入《世界文化遗产》名录。

2003年莫高窟大泉河东岸塔群（吴健摄）

莫高窟北区第461窟地段外景

1954年9月7日加固莫高窟第428～412窟

1955年8月莫高窟第196窟敦煌文物研究所
美术组在研究临摹工作

1959年1月22日莫高窟第130窟前遗址发掘前现状

1964年8月10日莫高窟南区实施崖体加固工程

2020年莫高窟大牌坊广场考古项目

1900 年，在莫高窟发现了藏经洞，内藏大量佛经、绘画、社会文书等，并由此促进了一门世界性显学——敦煌学的诞生。藏经洞发现后，外国探险家接踵而至，骗取和盗走了大量珍贵的敦煌文物。这些西方学者也开始用现代考古学的方法对莫高窟进行调查与测绘工作。20 世纪 40 年代，中国学者纷纷来到敦煌对莫高窟进行考察、测绘和研究。1944 年成立了以常书鸿为所长的敦煌艺术研究所，开始有专门的机构对莫高窟进行管理和研究，为莫高窟考古研究奠定了基础。

中华人民共和国成立以后，莫高窟考古工作蓬勃发展。1951 年夏鼐先生在《漫谈敦煌千佛洞与考古学》一文中首先谈到了如何将考古学运用于莫高窟研究的问题。1962 年宿白先生在莫高窟作了题为《敦煌七讲》的系列讲座，在理论和方法上为莫高窟考古奠定了基础。1963 ～ 1966 年和 1979 ～ 1980 年为配合莫高窟南区崖体加固工程，两次对莫高窟窟前遗址进行了清理发掘，发现了一批殿堂遗址和一些新的窟龛。1988 ～ 1995 年对莫高窟北区 243个洞窟进行了全面科学的清理发掘，发现了不同类型和功能的洞窟，出土了大量珍贵的遗物，基本弄清了北区石窟的全貌和内涵。1998 年，发掘清代建筑莫高窟下寺。1999 年，发掘莫高窟第 72 ～ 76 窟窟前殿堂遗址。1999 年，莫高窟第 96 窟窟前遗址发掘，发现了早于五代、宋的窟前殿堂遗址，清理出清、元、西夏、宋到

莫高窟第275窟洞窟形制

唐代地面，重要的是发现了开窟造像时分布在地面的 26 个架穴。2001 年，发掘莫高窟上寺中寺。2002 年，清理莫高窟第 476、365 窟。2004 年，发掘莫高窟第 161 窟崖顶土塔与第 130 窟崖顶佛堂遗址。2020 年 4～5 月，发掘莫高窟大牌坊广场佛教遗址。

敦煌文化记录了两汉、魏晋、南北朝、隋、唐、宋、元、明、清等十余个朝代近两千年的中国历史、敦煌地方史和中国与南亚、中亚、西亚等国的文明交流史，留下了羌人、乌孙、月氏、匈奴、鲜卑、粟特、回鹘、党项、蒙古等少数民族居住迁徙更替的痕迹，佛教、儒家、道教、祆教、景教、摩尼教等中外宗教文化传播融合的印记。在不同程度上提供了中国尤其是河西及敦煌地区古代宗教信仰、思想观念、政治斗争、民族关系、中外往来等各个方面的详细资料，在许多方面填补了中国历史的空白。

以莫高窟为代表的敦煌石窟文物和藏经洞出土艺术品，是自成体系的佛教艺术的代表，融汇了中国和外国、汉族和少数民族艺术风格，反映了中国古代艺术的高度水平和有关时代的绘画雕塑艺术发展的历史，代表了 4～14 世纪中国美术的重要成就。以莫高窟为代表的敦煌艺术对研究中国建筑史、雕塑史、绘画史、书法史乃至音乐舞蹈史等方面都具有重要价值。敦煌文献与石窟壁画中有大量反映古代科技等方面的资料，主要包括农业科技、建筑科技、医学、天文、造纸与印刷术等等方面，如此集中而系统地反映古代科技在世界上绝无仅有。

莫高窟代表了中华民族对外来文化的包容性、兼收并蓄、平等交流，同时又不断融会而创新的精神，代表了以华夏民族传统文化精神为主导，而又能发挥地理优势，具有多样性、独特性的文化取向。

1965年敦煌莫高窟130窟主室南壁岩孔内出土唐代开元十三年（725年）发愿铭文彩色绢幡

1965年敦煌莫高窟第125窟窟前出土北魏太和十一年（487年）刺绣残片

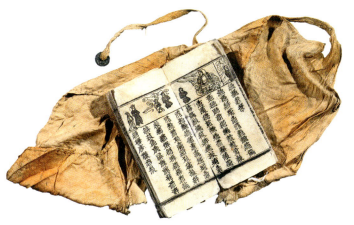

西夏文图文对照本《观音经》

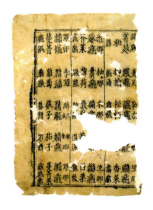

西夏文汉文双语双解字典
"番汉合时掌中珠"

西夏文"地藏菩萨本愿经"

元代莫高窟六字真言碑碣（吴健摄）

西夏钱币（吴健摄）

回鹘文木活字

青海都兰热水墓群

三国至隋唐

历年主要发掘单位：中国社会科学院考古研究所、青海省文物考古研究所、北京大学考古文博学院等

历任发掘领队及主持发掘者、主要参与发掘人员：许新国、任晓燕、林梅村、齐东方、张建林、韩建华、席琳、胡晓军、肖永明、蔡林海、白文龙、李冀源、梁官锦、甄强、郭晓涛、李云河、张呆光、石晶等

热水墓群位于青海省海西蒙古族藏族自治州都兰县热水乡境内察汗乌苏河两岸，墓葬多分布于海拔 3400～3500 米，整体沿河谷山势呈枝叉状分布。1982 年，青海省文物考古研究所许新国、苏生秀到都兰调查岩画时发现了热水墓群。热水墓群丰富的文化内涵由此开始进入人们的视野。

考古历程大致分三个阶段。1982～1996

热水墓群地形与环境

1982血渭一号墓

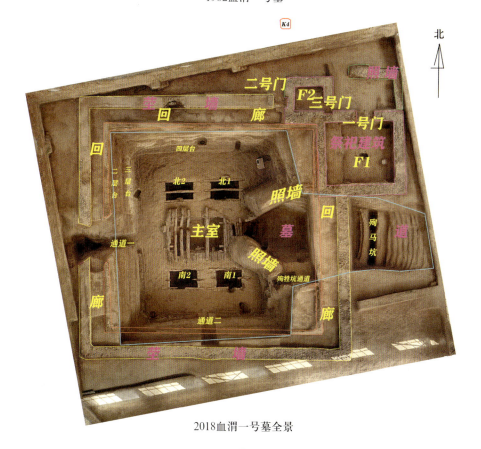

2018血渭一号墓全景

年为第一阶段。1982～1985年，青海省文物考古研究所首次对热水"血渭一号墓"的上层封土及其墓前的陪葬遗迹、陪葬的小墓进行了发掘，揭开了热水墓群考古工作的序幕。1996年热水墓群被国务院公布为第四批全国重点文物保护单位，被评为"1996年度全国十大考古新发现"之一。1997～2017年为第二阶段。1996年之后青海省文物考古研究所陆续对周边部分小型墓葬和遗迹进行了发掘。1999年北京大学考古文博学院与青海省文物考古研究所在察汗乌苏河南岸发掘了4座大中型吐蕃墓葬，并出版报告《都兰吐蕃墓》。2000～2017年，青海省文物考古研究所又对部分中小型墓葬进

行了发掘。2014年，为配合哇沿水库工程建设，青海省文物考古研究所联合陕西考古研究院对水库建设涉及区域内的25座古代墓葬和5座殉马坑进行了抢救性发掘。2017年制定热水墓群大遗址保护规划方案。2018年至今为第三阶段。2018年8月～2021年10月，中国社会科学院考古研究所及青海省文物考古研究所对被盗墓葬2018血渭一号墓进行抢救性发掘。该阶段是在新时期的考古工作理念下，由国家文物局、中国社会科学院、青海省政府三方共建热水墓群国家保护与研究基地框架协议下开展主动性考古工作，采用多学科合作的方式，对热水墓群考古进行更深入更科学的解读。2018血

2018血渭一号墓主墓室全景及出土遗物

2018血渭一号墓北2室木床架

2018血渭一号墓地下遗迹

2018血渭一号墓殉牲坑K5动物骨骼

2018血渭一号墓主墓室壁画残迹

渭一号墓被评为"2020年度全国十大考古新发现"。

早在20世纪30年代，德国冒险家Filchner就曾在都兰发现一些洞穴和佛塔，还发现银马鞍、金发饰和一尊重达25千克的石狮像，此外还有衣饰的残片，这是有关都兰考古探险的最早记载。自1982年正式发现并命名热水墓群至今，40年的考古工作成果颇丰。热水墓群出土了陶、铜、铁、金、石、漆、木、骨、琉璃、玛瑙、丝绸、皮革等各类质地文物，随着考古研究的深入，发现热水墓群不仅只有墓群，在周边还发现宗教设施、城址等生人遗迹。这些新发现为热水地区完整的聚落形态研究提供了新材料。

2018血渭一号墓简介

2018血渭一号为木石结构的多室墓，由地上和地下两部分组成。

地上为墓园，平面近方形，由茔墙、祭祀建筑、以及封土和回廊组成。墓园地势北高南低，南北高差1.6米。墓园由茔墙围合，东西长33、南北宽31米。墓园东北隅有祭祀建筑，墓园内有封土和回廊。墓园营造时有意识地进行规划设计，在砌筑茔墙时预留有排水口，目前在北茔墙和西茔墙上各发现一处石砌排水口。祭祀建筑位于墓园的东北隅，由一号房址

（F1）及其照壁和二号房址（F2）组成。一号房址北墙开门，门外有曲尺形石砌照壁，房址内有祭祀遗存：堆放在一起的五块羊肩胛骨，插入地面的方形木柱。二号房址居一号房址西北，应为守陵人的居址，东墙开门。

地下部分由墓道、殉马坑、照墙、甬道、墓门、墓圹、墓室组成。墓道朝东，呈台阶状，墓道内发现有殉马坑，殉7匹公马。甬道为石砌的平顶结构，顶上平铺有双层棚木。墓门开在甬道内。

墓圹平面梯形，墓圹与封土不完全重合，墓圹西、南二壁有通道，墓圹四壁有内收的四个生土台阶，台阶均不太规整，上铺青石碎块。墓圹填土中发现殉人和殉牲坑。殉牲坑位于墓圹东南角，有门和台阶与墓道相通。平面长方形，四壁由土坯垒砌，由立柱、横梁和棚木搭建而成。殉牲坑内殉有牦牛、黄牛、岩羊、马鹿、绵羊、山羊等。照墙平面不规则，基础砌石，其上土坯垒砌，内收三层台，每层间均铺有成排穿木。木石结构多墓室，由一个主室和南、北各两个侧室组成，平面均为长方形，平顶。顶上铺棚木。主室东西长6.8、南北宽4.25米，四壁石砌，砌石中间平铺有木梁。主墓室保存四个木质斗栱构件。主室设有棺床，用红砂岩砖平铺。棺床西边有祭台，放置漆盘、铜釜等。棺木上均有彩绘和贴金。主室内绘壁画，多已剥落，局部保存有白灰地仗和黑红彩。主墓室内发现2个个体的人骨。侧室与主室间以过道相连，过道内设有木门。侧室东西长3.4、南北宽2.4米。侧室间有隔墙。北2侧室发现有木床，出土大量的皮革、织物。各墓室内被盗洞扰乱严重。

随葬品有金、银、铜、铁、漆木、皮革、丝织物、玉石、海螺等。金器有金胡瓶、錾指杯、金链子、带饰、革带饰、马具、人形金饰片等；铜器有容器、铠甲片、各构件上的铜饰

等；铁器有铁甲胄，漆器有漆盘、甲片等，木器以马鞍、彩绘人形木牌、小型斗栱模型为主。玉石器有玛瑙、琉璃珠、水晶和大量的黑白石片等；丝织物种类多样。另外发现未炭化的葡萄籽若干。出土方形银印章一枚，由骆驼和古藏文组成，藏文大体意思是"外甥阿柴王之印"。

根据墓室出土金器、丝织物等，结合棚木树木年轮测定，该墓的年代在8世纪中期左右（树木年轮测定744年）。墓葬的规格相当高。根据印章可知墓主人是吐谷浑王，时代是吐蕃统治时期。

2018血渭一号墓的考古发掘，是多单位、多学科合作的成功典范。通过科学发掘，确认该墓为热水墓群发现的结构最完整、体系最清晰、墓室最复杂的高等级墓葬，是热水墓群墓葬考古研究的重要发现。其中发现的墓园祭祀建筑、殉牲坑、五神殿的墓室结构、壁画、彩棺，还有出土的大量精美遗物等，对研究唐（吐蕃）时期热水地区的葬制葬俗及唐帝国与少数民族关系史、丝绸之路交通史、物质文化交流史等相关问题具有重要价值。

热水墓群所在的都兰，是丝绸之路青海道的重要节点。都兰热水墓群的发掘，证明了丝绸之路青海道的重要地位和作用，同时热水墓群对研究唐（吐蕃）时期热水地区的葬制葬俗及唐帝国与少数民族关系史、丝绸之路交通史、物质文化交流史等相关问题具有重要研究价值。

双狮日月金牌饰　　　　　　镂空方形大角鹿金牌饰　　　　　　金杏叶

镶绿松石金象饰片　　　　　　錾指金杯　　　　　　立凤银牌

银印章

玛瑙串珠

琉璃珠

丝织物及皮靴

主墓室祭台上出土的葡萄籽

新疆吐鲁番阿斯塔那古墓群

三国至隋唐

历年主要发掘单位：新疆维吾尔自治区博物馆、新疆维吾尔自治区文物考古研究所、吐鲁番学研究院等

历任发掘领队及主持发掘者：沙比提、吴震、李征、穆舜英、王炳华、柳洪亮、王明哲、岑云飞、阿吉、伊弟利斯、张玉忠、伊斯拉菲尔、李肖、张永兵、鲁礼鹏等

阿斯塔那古墓群位于新疆吐鲁番东南约42千米处的火焰山南麓冲积地带，南距高昌故城约5千米。

阿斯塔那古墓群是3～8世纪高昌城官民的公共墓地。墓群发现于1898年，现存墓葬500余座，1959年以来发掘400余座，其中就有高昌郡太守沮渠封戴、高昌国一代名将张雄、唐北庭副都护高耀等显赫人物的墓葬。出土以文书、墓志、丝织品为代表的文物上万件，并获得大量干尸。墓葬按姓氏家族分区埋葬，地表以天然砾石围成茔院，每个茔院代表一个家族墓园。茔院内墓葬按祖、父、子孙辈依次排

阿斯塔那古墓群局部

列，秩序井然。墓葬基本分为斜坡墓道洞室墓和竖穴墓道偏室墓两种形制，前者为大型墓，多为夫妻合葬，亦有一男二女或三女合葬者，后者则多属单人葬。根据墓葬形制和出土文物，可将墓地分为晋至十六国（高昌郡）（3～6世纪初）、麴氏高昌（6～7世纪初）、唐西州（7世纪中叶～8世纪中叶）三个时期。总体趋势是斜坡墓道墓逐渐占据主流，唐代的斜坡墓道墓墓道中还出现了天井，墓顶也流行张挂伏羲女娲图，体现了与中原王朝文化的统一性。

阿斯塔那古墓群的墓葬材料对完善新疆地区历史时期考古学文化序列、丰富新疆地方史研究，乃至更深广的中国中古史和中西经济、文化交流研究都具有重要意义。阿斯塔那古墓群为新疆晋唐墓葬建立了年代标尺。吐鲁番控扼丝绸之路咽喉，历史文化遗产丰富，历来是新疆考古工作的重点。阿斯塔那古墓群是新疆地区发掘晋唐墓葬数量和出土文物最多的遗存，其中带有纪年的文书、墓志等地下文献资料为墓葬定年提供了绝佳参照，是以墓葬分期一经确定，即为学界共识。新疆其他墓地，如吐鲁番交河沟西、木纳尔、巴达木、乌堂等墓地和哈密拉甫却克墓地的晋唐墓葬，分期即与阿斯塔那古墓群相同。阿斯塔那古墓群是中华文化远播西域的生动展示。西晋初年，中原战乱不断，不少中原汉人通过河西走廊进入高昌，高昌及其周围地区因之繁盛。其后河西前凉政权首次将郡县制推广到西域、以汉人为主体居民的高昌国的建立，均以高昌为中心。民族大迁徙与各民族的交往交流交融促进了中华文化在西域的传播，阿斯塔那古墓群的墓葬形制、聚族而葬的丧葬方式与河西乃至中原一脉相承。尤为重要的是，古墓群除葬汉人外，也不乏车师、匈奴、昭武九姓等人群，其墓葬也采用同样的方式，说明各族人群在共同开发西域的过程中，扎根中华文化沃土，形成了对中华文化的深刻认同。阿斯塔那古墓群极大推动了吐鲁番学的发展。阿斯塔那古墓群出土丝织品种类丰富，其中又以唐时期丝织品的数量、花色品种、工艺技术为上。阿斯塔那古墓地留存了大量因迅速失水而保存完好的古代干尸，对于高昌居民的组成、族属、体格、营养等各方面研究具有重要价值，是具有特殊价值的珍贵文物。

阿斯塔那古墓群有高昌历史的活档案、吐鲁番地下博物馆之称，大批量墓葬的发掘与种类庞杂文物的出土，不仅给后人以窥见晋唐时期西域风貌的门径，更因其文书等重要文物的出土而影响到更为宽广领域的学术研究。阿斯塔那古墓群虽然位于吐鲁番，但其价值和影响远在吐鲁番之外，至今仍是一座研究的宝库。

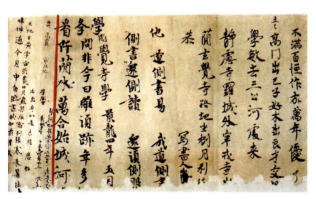

《论语（郑氏注）》抄本

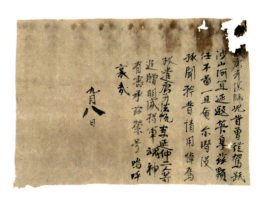

张师儿追赠令

唐彩绘天王踏鬼木俑

彩绘陶罐

舞伎绢画

仕女绢画

伏羲女娲麻布画

弈棋贵妇绢画

鹿纹锦

合蠡纹锦裤

鸟龙卷草纹绢绣

内蒙古辽上京遗址

宋辽金元

历年主要发掘单位：中国社会科学院考古研究所、内蒙古自治区文物考古研究院等

历任发掘领队及主持发掘者、主要参与发掘人员：张郁、塔拉、董新林、汪盈、肖淮雁、左利军、艾婉乔、卢亚辉、王子奇、张亚强、岳够明、李春雷、冯吉祥、郭勇、李权

辽上京遗址位于内蒙古自治区巴林左旗林东镇东南，是第一批全国重点文物保护单位。辽上京是辽朝的政治、经济和文化中心，是中国游牧民族在北方草原地区建立的第一座都城。

1962 年 6 ～ 9 月，内蒙古文物工作队对辽上京遗址进行了重点勘探。1973 年，辽宁省文物普查队（"文化大革命"期间内蒙古赤峰地区划入辽宁省管辖）再次对辽上京城址进行过勘测。1997 年 8 月，内蒙古文物考古研究所对辽上京进行了试掘，获得了具有明确地层关系的重要资料。1997 ～ 1998 年，中国历史博物馆遥感与航空摄影考古中心及内蒙古文物考古研究所合作，对辽上京城进行了航空摄影。2001 年 7 ～ 9 月，中国社会科学院考古研

辽上京遗址航拍

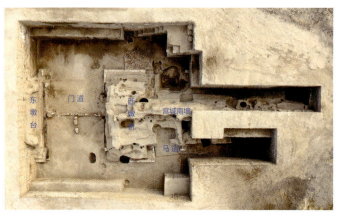

辽上京宫城南门过洞式门址

辽上京皇城西山坡佛寺遗址发掘现场全景

究所和内蒙古文物考古研究所合作对辽上京城址进行勘测、钻探和试掘。其中对辽上京城址的勘测和钻探的资料没有发表（主要绘制了辽上京的等高线地形图）。对连接皇城南门（大顺门）和宫城宫殿区的南北大街进行了试掘。2011年起，中国社会科学院考古研究所和内蒙古文物考古研究所组成辽上京考古队，开始对辽上京遗址进行有计划的考古勘探和发掘工作。2011年，发掘辽上京皇城西门（乾德门）遗址。2012年，发掘西山坡佛寺遗址。2013年，发掘皇城1号南北街及临街建筑。2014年，全面进行考古勘探，确认了宫城范围和四至，并对宫城西门进行发掘、对宫城北、西、南三面墙体进行试掘和解剖。2015年，对皇城东门、宫城东门、皇城1号东西街、宫城一号殿及院落进行发掘，确认了辽上京以东向作为主轴线方向。

2011年开始，辽上京考古队对辽上京皇城遗址进行全面的考古调查、勘探、试掘和发掘工作。重点围绕城址的布局和沿革开展考古工作。已揭露的遗址主要包括皇城城门、西山坡大型佛寺塔基、宫城城门、宫城内的宫殿和院落等重要建筑遗址，还包括对皇城城墙、宫城城墙、城内道路系统等大型线性遗迹进行了试掘和解剖，在较短时间内取得一系列重要考古

成果，极大地增进对辽上京皇城布局和沿革的认识。

通过考古勘探和重点试掘，首次确认了辽上京宫城的位置和规模，更正以往对宫城范围的错误推测。宫城位于皇城中部偏东，平面呈近方形、东、南、西各辟有一门，目前未发现北门。通过对宫城四面墙体的局部试掘和解剖，初步掌握辽上京宫城城墙的营建做法、形制结构及其年代。辽上京宫城位置和形制的确定，是辽上京遗址考古的重大成果。首次发现并确认皇城东门、宫城东门、宫城内两组东向的大型建筑院落，及贯穿其间的东西向道路遗址，呈东西向轴线布局。辽上京皇城东门和宫城东门均为一门三道格局，而皇城西门和宫城南门、西门均为单门道，可见东门规模大、等级高，体现出帝都的规制。从考古学上首次证明辽上京城曾存在东向为尊的情况，与历史文献记载相一致，极大地推进对辽上京城址布局的研究。

通过对宫城几座重要宫殿及其宫院进行考古发掘，了解到金代城市建设对辽代宫城格局造成了巨大改变。辽代营建的主要宫殿及宫院均为东向建筑。金代改建为南向的建筑及院落。建筑的朝向、形制、规模的变化，体现了辽金时期城市

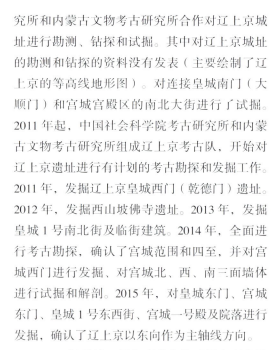

和建筑的等级、功能布局的巨大差异。

通过对皇城遗址的普探和对皇城内几处重点遗址有计划发掘，较全面地了解到皇城内原始的地形地貌和地层堆积情况。通过对重要遗迹的重点解剖，较完整地了解到辽代建筑的营建次序和沿用改建情况。同时，获得一系列地层关系清晰明确的重要遗物，可初步建立一些遗物的年代序列，为推定遗址时代建立基础，有效推进对辽上京城址营建、发展、废弃等历史演变过程的认识。

皇城内西山坡遗址的发掘是迄今规模最大的一次辽代都城遗址考古。根据出土遗迹和遗物，可以确认西山坡是一处辽代始建的佛家寺院遗址，位置重要、规模庞大，是当时辽上京城标志性建筑之一。佛寺分为南、北两组，各有院墙。其中北组西部为三座六角形佛塔基址，布局形式为一大两小、一字排开，是目前所知国内唯一的实例。位于中央的大型塔基，出土大量精美写实的泥塑佛教造像，是难得的经考古出土的辽金时期泥塑标本，引起国内外多学科学者的广泛关注。这次发掘成果明确了西山坡遗址的性质，对重新认识辽上京皇城布局和沿革将产生非常重要的影响。

通过对皇城内多处建筑遗址的发掘和解剖，了解了辽上京都城建筑的形制类型、历史沿革及其建筑技术特点。从皇城的东门、西门和宫城的东门、南门、西门遗址来看，辽上京的城门主要分为以宫城南门为代表的木构过梁式城门和以宫城东门为代表的殿堂式城门两种。通过对皇城墙、宫城墙、一号殿址、西山坡遗址、南部街道及临街建筑等多种类型遗址的揭露，对辽上京城墙、宫殿、佛寺、街道的形制做法也有了更深的认识。

2013～2015年通过传统的考古勘探技术手段，结合精细化分区作业方法及数字化信息采集和测绘技术，对皇城进行全面普探和重点复探，在可操作范围内基本探明不同时期的城墙、城门及瓮城、水系、街道、建筑群组的围墙和道路、各类建筑遗址、手工业遗址、水井等遗迹现象，对辽上京城址的布局和沿革有了新的认识，为下一步的考古发掘和大遗址保护工作提供了重要的线索和依据。

辽上京"日"字形平面布局是契丹统治者"因俗而治"治国理念的物化表现；皇城内有宫城形成"回"字形格局，突出"皇权至上"思想，是契丹统治者对汉文化认同的具体表现。辽上京开创了中国古代都城规划布局的一种新模式，对于金、元、清诸王朝都城营建产生了深远影响。

西山坡石经幢座

西山坡泥塑罗汉像

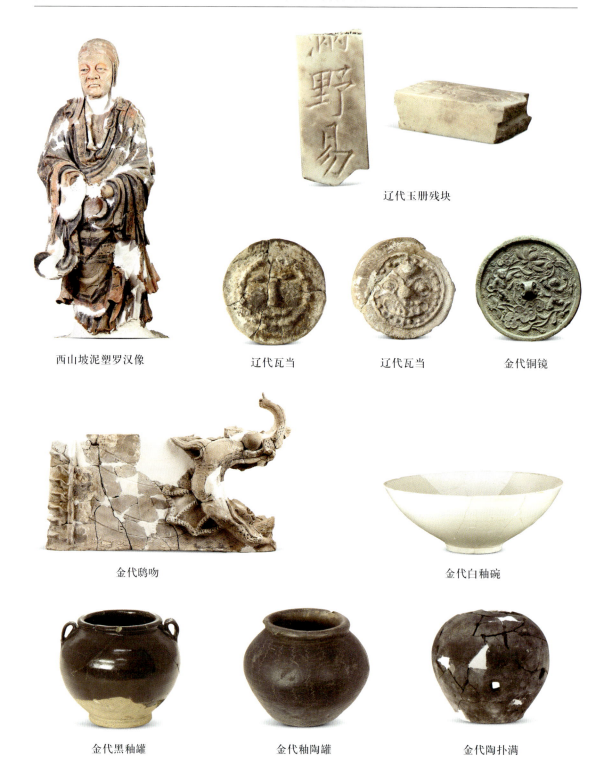

辽代玉册残块

西山坡泥塑罗汉像

辽代瓦当

辽代瓦当

金代铜镜

金代鸱吻

金代白釉碗

金代黑釉罐

金代釉陶罐

金代陶扑满

内蒙古元上都遗址

宋辽金元

主要发掘单位：内蒙古自治区文物考古研究院

历任发掘领队及主持发掘者、主要参与发掘人员：李逸友、魏坚、塔拉、杨星宇、张亚强、李权、宝力格、王仁旺、陈永志、岳够明

元上都遗址位于内蒙古自治区锡林郭勒盟正蓝旗上都镇东北约 20 千米处，地处闪电河北岸水草丰美的金莲川草原。

元上都城址由宫城、皇城、外城和关厢四大部分组成。宫城呈长方形，东西宽 570、南北长 620、现存城墙高约 5 米。宫城内的主要建筑大安阁、穆清阁、水晶殿、香殿、宣文阁、仁春阁等建筑遗迹清晰可辨。皇城呈正方形，每边长 1400 米，墙体残高约 6 米，建有高大的角楼。乾元寺、大龙光华严寺、孔庙和道观等宗教建筑分布其中。外城为正方形，每墙皆长 2220 米，现存高约 5 米。外城北部是皇家园林，称为"北苑"，当时这里有"高榆矮柳，金莲紫菊"，是皇家豢养珍禽异兽、培植奇花异草

金莲川草原

大安阁遗址

穆清阁遗址

和举行小型射猎活动场所，著名的"棕毛殿"就建在这里，也是举行大型宴会"诈马宴"的所在。西部是"西苑"，内有忽必烈汗所建的行宫，是皇帝的避暑地区。

元上都现存有 13 个城门。其中宫城分别为东、西、南"丁"字三街相对的东华门、西华门和御天门，元诗"东华西华南御天，三门相对凤池连"即指的是这三个城门。皇城南门为明德门，北门为复仁门，皇城六座城门均建有瓮城；在皇城和宫城墙体外侧，建有护城河环绕。元上都城的东、西、南、北都设有关厢区。关厢内建筑分为粮仓、大型院落、小型民居和临街店铺等几大类，建筑布局整齐划一。在西关发现的东西向主干街道两侧，有成排的临街店铺遗迹，此类建筑均连有后院及成排的住房，应是元上都的商业区。东关因靠近皇城，地势空旷，遗迹较少，为王公贵族觐见皇帝之处，也是帐幕云集之所。

1990 年 8 ~ 9 月，内蒙古自治区文物考古研究所清理发掘了元上都砧子山南区墓地，发掘墓葬 96 座；1992 年，内蒙古自治区文物考古研究所清理发掘了元上都西北约 35 千米羊群庙祭祀遗址和墓葬。1993 年 6 ~ 7 月，内蒙古文物考古研究所在内蒙古航测遥感大队的配合

下，在对元上都进行重点调查和小型试掘的基础上，又对它的三重城垣及城门、瓮城、角楼、马面、护城河、道路和建筑基址等，做了较为详细科学的测绘。此后至 1998 年，又持续对元上都四关和城北的铁幡竿渠进行了调查，并对其中的 43 处建筑基址进行了测绘和少量的试掘。1996 ~ 1997 年，清理宫城中央 I 号宫殿基址。1998 年，发掘卧牛石墓地。2000 年，清理三面井、乌兰沟墓葬等。2002 ~ 2003 年，对皇城东墙北段外侧积土和皇城明德门及瓮城进行考古清理。2008 年至 2011 年，内蒙古自治区文物考古研究所完整地测绘了元上都城址及相关建筑遗迹，并结合测绘进行大规模的考古勘探工作，同时考古发掘了明德门、御天门、大安阁、穆清阁等重要建筑基址。2016 年，发掘西关厢遗址。

元上都遗址作为元朝"两都巡幸制"的夏都，整体布局既具备了中原城市的传统模式，又明显地体现了草原游牧文化的特色，对13 ~ 14 世纪的世界历史产生了极其深远的影响。1988 年，元上都遗址被列入第三批全国重点文物保护单位。2012 年，元上都遗址被正式列入《世界遗产名录》。

砧子山墓地出土孔雀蓝釉香炉　　大安阁遗址出土龙纹角柱　　汉白玉螭首　　西关厢出土绿釉俑

羊群庙出土汉白玉石雕像　　哈登台敖包发现铁幡竿基座　　砧子山墓地出土墓碑

大安阁基址上层出土阿拉伯文石刻

元上都遗址出土筒瓦、滴水

砧子山墓地出土"颜乐"铭青白瓷勺

元上都遗址出土琉璃筒瓦

黑龙江金上京会宁府遗址

宋辽金元

历年主要发掘单位：黑龙江省文物考古研究所等

历任发掘领队及主持发掘者、主要参与发掘人员：李陈奇、赵永军、赵评春、刘阳等

金上京遗址即上京会宁府遗址，位于黑龙江省哈尔滨市阿城区南郊，东临自南流向北的阿什河，俗称"白城"。

1964 年，阿城县博物馆对金上京城址进行了调查测绘。1978 年，黑龙江省测绘局出版所测绘的金上京城垣遗迹，体现在大比例尺的地形图上，城垣为曲尺形直线线段的数据。1999 ～ 2020 年，黑龙江省文物考古研究所对金上京城皇城城址进行全面调查勘探，确定皇城城垣遗迹的纵横范围，以及皇城内主要建筑的分布与格局。2013 ～ 2020 年，黑龙江省文物考古研究所对金上京遗址进行了多次发掘。

多年的考古勘探和发掘，首次从考古层位学上确认了城址的营建使用情况。根据城墙的地层堆积和包含遗物特征，确认城址的始建年代为金代。外城城垣建筑结构和修筑方法相同。均为夯土版筑，城墙两侧均有以青砖包砌主城墙的二次构筑现象。

认识了金代都城门址的基本特征。南城南墙西门址由城门和瓮城两部分组成，门址为单

金上京遗址皇城南门址近景

门道，两侧有地栿石与排叉柱等构造。该门址的基本形制特征具有显著的唐宋时期门址的特点，其门道两侧对称竖立大圆木柱支撑顶部过梁结构的做法，墩台及相接城墙内外两侧砌筑包砖的现象，体现了金代城门建筑的新规制。

探明了皇城的布局和沿革。皇城城墙夯土筑，皇城内大致可分为中部、西部和东部三个部分，中部自南向北有五重建筑基址整齐地排列在南北中轴线上，采取门址—殿址依次排列组合的布局，东西两侧有回廊基址，殿基平面呈"工"字形。皇城内建筑址至少存在金代早、晚两个时期的遗存。

确认了皇城通往外城（南城）的街道路网体系。皇城南门至南城南墙西门址之间有一条宽约 50 米的大街，该大街与皇城内多重殿址处于一条轴线上。进一步明确了上京城宫殿—门址—御街—外城门址（瓮城）的相对应关系。

上京城是金王朝修筑和使用的第一座都城，是金代早期的政治、经济、文化中心。金上京会宁府遗址是我国古代兼具渔猎文明和农业文明特征的一处重要的大遗址，对于金上京城址的综合研究，初步揭示出宋辽金三代都城建制的联系与渊源，金上京城的规划理念承上启下、影响深远，对于探索认识中国统一多民族国家的形成与发展具有重要的学术价值和历史意义。

2014年金上京南城南垣西门址门道近景

2014年金上京南城南垣西门址发掘区

2015年金上京皇城西部1号（中心）建筑址台基

2016年金上京皇城东部1号建筑址发掘区

定窑白釉印花龙纹碗

定窑白釉印花龙纹盘

耀州窑青釉刻花盘

龙纹瓦当

兽面纹瓦当

莲花纹瓦当

龙纹滴水

三彩釉陶砖

陶套兽头

陶迦陵频伽

铜镜

龙纹砖

陶筒瓦

浙江杭州南宋临安城遗址及官窑遗址

宋辽金元

历年主要发掘单位：中国社会科学院考古研究所、浙江省文物考古研究所、杭州市园林文物局、杭州市文物考古所

历任发掘领队及主持发掘者、主要参与发掘人员：徐苹芳、朱伯谦、李德金、蒋忠义、姚桂芳、卓军、陈元甫、王海明、安家瑶、杜正贤、董新林、朱岩石、何利群、唐俊杰

绍兴八年（1138 年）正式定都临安。至此，杭州（临安）一跃成为南宋的政治、经济和文化中心，前后近 140 年。南宋临安城包括皇城和外城，是南方山水城市的典型代表。由于杭州城市南部和西部为丘陵地带，北部和东南部为平原水网，加上历史传统和南渡之初政局的动荡，形成中国古代城市制度中别具特色的南宫北城的城市布局。

南宋皇城遗址位于上城区凤凰山东麓，是宋室南渡后，在北宋杭州州治基础上修建而成的宫殿禁苑。经过考古勘探与发掘，初步探明南宋皇城四至范围及主要宫殿的位置所在。皇城东西长约 800、南北宽约 600 米，呈不规则长方形，面积近 50 万平方米。南宋皇城宫殿区主要位于今省军区后勤部仓库一带，东宫位于馒头山南麓，苑囿主要分布于西北近山处。

德寿宫在今杭州市望江路北侧的望仙桥东。绍兴三十二年（1162 年）高宗内禅，称太上皇，退居德寿宫，时称"北内"或"北宫"，内有殿院十余座，并有"小西湖""飞来峰"等园林建筑。1985 年以来，经 4 次考古发掘，发现德寿宫的宫墙、便门、水渠、水闸与水池、砖铺路面、大型宫殿基址等重要遗迹，"北内"——德寿宫遗址的轮廓日渐清晰。

发现南宋临安城的中轴线——御街。经四次发掘，基本可以确定御街的走向和范围，大部分与今天中山路重合。明确了御街道路的规格和建造工艺，发现的上下叠压的御街，表明

1995年临安城南宋太庙东围墙遗迹

2004年临安城严官巷南宋御街

2000年南宋临安府治遗址南区遗迹

2005～2006年临安城德寿宫水闸遗迹

2008年临安城钱塘门遗址

2016年临安城引水管道

1998～1999年老虎洞南宋官窑窑址素烧炉遗迹

经过由砖砌向石板铺筑的转变。

发现部分南宋临安城城墙及城门遗址。南宋京城临安的外城即罗城，平面近似长方形，南北两面城墙较短，东西两面城墙长而曲折。南北长约 7000、东西宽约 2500 米。城墙高 3 丈余，上厚 1 丈余。南宋绍兴十八年（1148 年）增筑内城及东南外城，其时外城有旱门 13 座，水门 5 座。2006 年 7 月，在今望江路与建国南路相交处（原杭州家具厂）西侧，发现临安城东城墙基础遗迹。2008 年 8 月，又在圣塘路南段发现临安城西城墙及钱塘门遗址。

发现太庙等一批重要官式建筑。陆续发现南宋时期的宗庙、中央官署、地方行政机构等重要建筑遗迹。

南宋太庙是南宋皇帝的祖庙，位于今杭州紫阳山东麓，始建于宋高宗绍兴四年（1134 年）。1995、1998 年，杭州市文物考古所发现太庙东围墙、东门门址及大型的夯土台基等遗迹。

三省六部遗址分布在都驿亭桥以西，直至青平山、宝莲山麓一带。自 1986 年以来，杭州市文物考古所在杭州卷烟厂、大马厂巷等地，多次发现三省六部的相关遗迹。

2001 年 4～7 月考古发掘发现了南宋恭圣仁烈皇后宅遗址主体建筑正房、后房、庭院、东西两庑和夹道、假山等遗迹。

临安府治遗址位于上城区河坊街荷花池头、旧仁和署路一带，2000 年至 2001 年，杭州市文物考古所先后进行了四次抢救性考古发掘，发掘面积达 1500 余平方米，发现了一组以厅堂为中心、前有庭院、后有天井、周围有厢房和迴廊环绕的南宋封闭式建筑群遗址。应是南宋临安府治中轴线上主体建筑的一部分。

发现南宋官窑遗址，乌龟山官窑窑址位于杭州闸口乌龟山南麓，发现于 20 世纪 20 年代，后经两次考古发掘，发现龙窑、素烧炉、练泥池、釉料缸、辘轳坑、堆料坑、素烧坯堆积、

房基、排水沟及道路等遗迹。窑址内出土了大量的碗、盘、壶等器物残片及鬲式炉、琮式瓶等仿古器物。其产品以深灰胎为主，胎质细腻；釉色以粉青和米黄色为正，但以灰青、黄褐、土黄色居多。按照胎、釉厚度的不同，其产品主要分为厚胎薄釉和薄胎厚釉两大类。除部分器物的外壁装饰有莲瓣纹外，大多是素面。此外，还发现了匣钵、支烧具和垫烧具等窑具。经研究考证，乌龟山窑址正是南宋两大官窑之一的郊坛下官窑。老虎洞官窑窑址位于杭州市凤凰山与九华山之间一条长约 700 米的狭长溪沟的西端，距南宋皇城北城墙不足百米。1996 年因山水冲刷而发现，经过三次较大规模的考古调查与发掘，发现龙窑、素烧炉、采矿坑、练泥池、釉料缸、辘轳坑、房基等一大批制瓷遗迹。该窑址出土了大批精美的南宋时期瓷片，目前已复原出数千件瓷器。对系统研究宋代的制瓷工艺有极高的价值，也为深入研究南宋时期官营手工业的生产、经营和管理等问题提供了翔实的资料。根据地望及产品特征，大部分学者认为老虎洞南宋窑址就是文献记载的南宋修内司官窑。

发现南宋制药作坊遗址，惠民路和白马庙巷制药遗址，在严官巷北侧清理出三个顺次叠压的南宋时期建筑地面，揭露了天井、水槽、水缸、夯土台基、道路、假山以及排水沟等丰富遗迹。水缸内发现大量具有药用价值的果核，还出土石臼、石杵、石碾船等各类制药工具。

发现紫城巷与劝业里的南宋供水系统遗迹，引西湖水入城，解决居民用水问题，是古代杭州城供水系统中的重要组成部分。

发现太学、宗学和府学遗址，2010 年冬，发现部分南宋时期太学遗址的建筑遗迹，包括路面、排水沟和天井等遗迹。2012 年 6～11 月，发现南宋宗学遗址内早晚三组建筑遗迹。2003 年 10 月，在荷花池头（新民村）发现一处与南

宋府学相关的建筑遗迹，包括夯土地面、砖砌夹道、砖墙、散水等遗迹。

　　考古工作为研究南宋临安城城市布局与沿革提供了一个重要参考点，也为探讨钱塘门始建年代、建筑技术等提供了重要实物资料，还为实证西湖遗产的真实性、完整性、价值提炼和遗产展示等提供了实物佐证和学术支撑。官窑遗址发现的南宋瓷器对系统研究宋代制瓷工艺有极高的价值，也为深入研究南宋时期官营手工业的生产、经营和管理等问题提供了翔实的资料。

修内司官窑青釉梅瓶

1999年凤凰山老虎洞窑址出土
南宋修内司官窑粉青釉出戟尊

修内司官窑粉青釉鼎式炉

1999年凤凰山老虎洞窑址出土
南宋刻"修内司窑"铭荡箍

郊坛下官窑青釉八卦纹镂空炉盖

龙泉窑青釉刻花莲瓣纹碗

2004年上严官巷南宋御街遗址
出土南宋龙泉窑青釉菊瓣盏

2004年严官巷南宋御街遗址
出土南宋龙泉窑青釉菊瓣盏

2000年上荷花池头临安府治遗址出土南宋
遇林亭窑黑釉描金"寿山福海"铭束口盏

2000年荷花池头出土南宋黑釉盏

2006年德寿宫遗址出土
南宋陶酒坛封泥残块

龙纹瓦当

陶迦陵频伽脊饰

2001年中大吴庄地块
项目出土南宋陶套兽

2000年荷花池头临安府治
遗址出土南宋花纹方砖

2004年城头巷出土南宋
景德镇窑素胎童子像

山东青州龙兴寺遗址

宋辽金元

历年主要发掘单位：潍坊市文物管理办公室、青州市博物馆、山东省文物考古研究所（院）等

历任发掘领队及主持发掘者、主要参与发掘人员：夏名采、孙敬明、王华庆、孙新生、王万里、姜建成、盛志刚、庄明军、杨华胜、刘华国等

山东青州龙兴寺创始于南朝刘宋，历北魏、东魏时期发展，唐宋时期是龙兴寺的鼎盛时期，而于明代洪武年间湮灭。1996年10月，在遗址北部发掘北宋末年或金朝早期佛教造像窖藏一处。

窖藏开挖于生土中，为一长方形坑，东西长8.70、南北宽6.80米，窖藏坑底至现地表深3.45米。窖藏内全部为佛教造像，排放有序，大致按上、中、下三层排列摆放，有少量坐姿造像呈立式排放，出土时顶部不在同一平面上。三层摆放的造像均为东西向，高70厘米左右；立式摆放的造像有高有低，方向不一，最高处为1米。造像摆放时，较完整的身躯放置于窖藏中部，各种头像存放于坑壁边缘，较残的造像上部用较大的造像碑覆盖，陶、铁、彩塑泥、木质造像置于坑底。在窖藏中，零星出土一批铜币，应为有意识撒放。在斜坡北部东侧，出土一北宋白釉瓷碗。造像顶部，发现有席纹，

青州龙兴寺佛教窖藏遗址

龙兴寺佛教窖藏遗址发掘现场　　　　　　　　龙兴寺佛教窖藏遗址发掘现场

推测造像掩埋之前曾用苇席覆盖。清理出土各类佛教造像 600 余尊，钱币 142 枚，陶瓷器 2 件。佛教造像种类有 7 种。石灰石造像为主体，约占石质造像的 95％以上，所用石材均为青州产的石灰石。这种石灰石造像刻制极精细。汉白玉造像数量较少，但刻制较精。花岗岩造像数量较少，刻制较精，为灰白色花岗岩。陶造像数量极少，且烧制火候较低，不便于揭取和保存。铁造像数量极少。从形制分析，出土的铁造像均为有坛基的坐姿像。形体较小，且锈蚀严重，保存较差。泥塑造像均为彩塑，埋藏数量不少，但因掩埋时间较长，保存太差，难于清理出土。木质造像数量极少，且木质已朽，仅保存油漆残部。油漆办法为加纴的三层麻布，一层细布，上面施漆。

从造像形制分析，造像碑、单体佛、菩萨造像、单体罗汉像、单体供养人像均有出土。造像碑大小差异较大，高的达 320、小的仅 50 厘米左右。雕刻内容繁简有别，有的雕有一佛、二菩萨、二弟子，有的雕出三尊，还有的仅雕本尊。单体造像又有立姿、坐姿之别，它们之中既有佛像，也有菩萨、罗汉、供养人像，其

中有的高近 200、小的仅 20 厘米。坐姿造像有结跏趺坐，也有倚坐。从造像的时代分析，这批造像从北魏，历经东魏、北齐、隋、唐、北宋，跨越时间长达 500 余年，其中尤以北魏、北齐时期的造像出土数量最多，形体最大。这批造像大部分还保留着原来的彩绘和贴金。彩绘的颜色有朱砂、宝蓝、赭石、孔雀绿、黑、白等天然矿物质颜料。有部分造像躯体或衣饰上甚至还有用各种颜色绘制的人物故事画面，更显珍稀可贵，应为这次清理出土的极品。贴金部分主要为佛像皮肤裸露部分。另外，菩萨像、供养人像、飞天、火焰纹、龙体、莲花等也有部分装饰件贴金，其中有几件小型造像碑的面部和胸部贴金完整地保存至今，实属少见。

青州龙兴寺佛教造像窖藏出土佛造像数量之大、雕刻之精、贴金彩绘保留之完整、时间跨度之长，前所未有。龙兴寺窖藏佛教造像的出土，弥补了中国佛教考古研究中，对北魏和隋唐之间，特别是东魏和北齐佛教考古研究实物资料之不足，为中国佛教考古和中国美术史研究提供了珍贵资料。

北魏晚期—东魏贴金
彩绘石雕佛立像

北魏晚期贴金彩绘
石雕背屏式佛立像

东魏天平三年
邢长振造释迦像

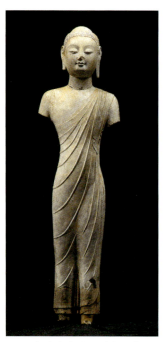

北齐贴金彩绘石雕佛立像

东魏贴金彩绘石雕菩萨立像

北齐—隋贴金彩绘石雕菩萨立像

北齐贴金彩绘石雕思惟菩萨像

东魏贴金彩绘石雕菩萨立像

东魏天平三年智明造像

北魏永安二年韩小华造像

河南许昌白沙宋墓

宋辽金元

历年主要发掘单位：中央文化部文物管理局、北京大学
历任发掘领队及主持发掘者、主要参与发掘人员：裴文中、谢元璐、宿白、郑海沅、赵俊峰、刘慧达

河南许昌禹州白沙宋墓是北宋流行于中原和北方地区的仿木结构砖雕壁画墓中保存最好、结构最为复杂、内容最为丰富的一处墓葬遗址，1951 年 12 月 18 日至 1952 年 1 月 18 日进行发掘。

白沙宋墓是北宋元符二年（1099 年）创建的赵大翁家族墓葬，共 3 座。一号墓墓主赵大翁，为前、后双室墓。前室平面扁方形，后室平面六角形。前室东西壁绘制墓主夫妇对坐宴饮和散乐内容壁画，是典型的开芳宴题材。二、三号墓位于一号墓以北，均为平面六角形单室墓，墓内壁画题材与一号墓相近。白沙宋墓这组北宋晚期仿木结构砖雕壁画墓，不论在墓葬的形制上，还是仿木结构和彩画制作上，以及壁画的题材和内容上，都是空前的发现。多年以来，此种类型的宋墓再未发现可以超过它的实例。

《白沙宋墓》考古报告于 1957 年出版，是考古学家宿白的第一部学术专著。作者将 3 座北宋砖雕壁画墓的发掘资料和研究成果编撰成《白沙宋墓》书稿，除详细介绍了这 3 座墓葬的墓葬形制、墓葬装饰及随葬品外，还利用大量历史文献、传世绘画及其他文物考古资料，在书中做出了大量说明性注释，阐释历史背景，比对同类资料，从建筑、绘画、服饰、器用、民情、风俗等方面，多角度再现了宋代的日常生活图景。该书成为中国历史考古学田野报告的经典之作。这部具有重要学术价值的著作也在研究方法和治学理念方面影响了几代考古学者。

第一号墓外部写生

第一号墓前室西壁壁画

第二号墓墓室西南壁壁画

广东"南海 I 号"沉船

 宋辽金元

历年主要发掘单位：广东省文物考古研究院（所）、国家文物局考古研究中心（国家文物局水下文化遗产保护中心）、原中国历史博物馆、广东海上丝绸之路博物馆、中国文化遗产研究院、广东省博物馆

历任发掘领队及主持发掘者：俞伟超、张威、孙键、魏峻、刘成基、崔勇

"南海 I 号"沉船位于广东省台山、阳江交界海域，于 20 世纪 80 年代末发现。2007 年 12 月 22 日，"南海 I 号"通过整体打捞方式移入广东海上丝绸之路博物馆水晶宫内进行异地发掘。

"南海 I 号"船体结构基本保存于海泥之下，是一条满载货物的南宋时期的外贸商船。2015 年已完成沉船本体及船货以上的堆积清理，其中：第 1 层为 2007 年整体打捞沉船作业期间灌沙形成的回填黄沙土层，遍布全沉箱，不同区域厚度不同。第 2、3 层为沉船沉没后的晚期黄褐和灰黑色黏质海泥自然淤积，第 2 层以下开始暴露沉船凝结物较高区域的上表面。第 4 层为早期海泥淤积层，主要为沉船沉没过程中及之后被扰动而形成的海泥淤积，该层出土大量被扰乱的残碎瓷片、碎木块、凝结物残块等。其中，4a 层为晚期散落漂移原位的大量瓷片层，4b 层为散落的铁钉、铁锅、瓷片、木块及大量海生物分泌物和残骸腐烂钙化凝结而成，其下的灰褐色黏质淤泥夹杂散木和瓷片、细小海贝层为 4c 层。第 4 层以下已暴露的船货堆积主要为原位保存的突起较高的铁钉铁锅类

2015 年底暴露的沉船基本轮廓及各船舱货物

凝结物和摆放整齐的瓷器及木船体。

2015 年清除上部淤泥和部分凝结物后，沉船表面轮廓基本暴露，船体结构较为完整，船型扁肥，船艏平头微起翘，两侧船舷略弧曲，艏艉部弧收，具有一定的型深，但艏艉部分受损残缺，舵楼等上部建筑、日用生活物品和舵杆、桅杆等断裂散落，右后部微倾斜下沉。残长约 21.91、最大船宽约 9.87 米，分布轮廓面积约 179.15 平方米。左右两舷侧板为多重板搭接结构，主要为三重板结构，左船舷强力甲板或称舱面甲板结构保存较好，船内各隔舱板也有不同程度暴露，已发现 14 道木质隔舱板，舱壁板上部残损，下部保存较好，已发现 13 道横向隔舱。隔舱最宽的是艏舱 1.93 米，最窄的是第十三舱 0.83 米。在隔舱间还存在以舵、桅为中心左右对称的两道首尾纵向小隔舱和货物隔板。沉船表层舯板绝大多数无存，部分隔舱间保留有舯板痕迹，如第十舱左半部残存一片约 2×1.68 平方米的疑似舯板。第六舱右半部暴露厚重的可倒桅托梁，第十三隔舱与尾舱间的隔舱板中部发现舵孔一处，残存部分呈半月形，较厚重，外孔径 0.66、内孔径 0.26～0.36 米，两侧尾封板为倾斜结构。尾部左右两端发现装载瓷器船货的小舱室各一处，以舵孔为中心呈对称布局，分别距离舵孔 1.5 米，整体呈燕尾状结构。

发掘提取的文物种类丰富，至今出土文物已逾 18 万件，主要有陶瓷器、铜铁器、金银器、漆木器、钱币、朱砂、动植物残骸、植物果核等。其中瓷器达 16 万件套，金器 200 余件近 3 公斤，银器 198 件套约 300 公斤，铁质凝结物逾 124 吨。同时还包括反映埋藏环境与沉船关联的大量海洋生物残骸以及不同历史时期的遗留物。其中既有船货，有船上的生活用具及旅客所携带的物品。船艏至船艉各船舱表面显露的船货主体状况较为清晰，除甲板以上主要装载铁锅和铁钉外，舱室内主要为码放整齐的各类瓷器，部分舱室上部码放铁锅和铁钉。清理发现的金银器、铜环、钱币、锡器、漆木器、朱砂和部分瓷器等散落于各舱室上表面及四周，原有装载位置和方式不明。根据出土金页、银铤和大部分瓷器的时代风格，以及 "淳熙" "癸卯" 等纪年材料推测，该沉船应属南宋中晚期，不早于南宋淳熙十年（1183 年）。

"南海 I 号" 的发现及发掘打捞工作前后历经近三十余年，是我国水下文化遗产保护发展的一个缩影，见证了我国从无到有，再到成熟、壮大、创新的中国水下考古专门领域的发展历程，也是中国考古学研究从大陆向海洋延伸的重要标志，是中国考古学研究中外物质文化交流的直接桥梁和宝库。该沉船是迄今为止中国水下考古最为重要的发现，亦是海上丝绸之路上非常重要的遗迹。沉船的船体结构基本较好地保存于海泥之下，船载货物非常丰富，发现时即出水大量精美瓷器和金银器等遗物。同时作为一个相对独立而又结构完整的水下遗存，在相关的文物船体、社会关系、生态环境等诸多方面蕴藏的极其丰富的古代信息，对于开展我国古代造船技术、海外航运、对外贸易中的物质文化交流以及不同文明之间的交流碰撞研究等都有着极为重要的意义。

2019年船货清理完成再后期处理去掉支护沉箱和船体的钢梁、钢管后场景

桅座

桅面梁

舵孔

金手镯

"韩四郎"金叶子

金缨络胸佩

淳熙元宝铜钱

漆盘

银铤

"丙子年"款酱釉四系罐

"酒瓫"款酱釉四系罐

青白釉婴戏纹碗　　　　青釉菊瓣碟　　　　绿釉印花碟

白釉印花仰莲纹军持　　　　白釉印花罐及内装喇叭口瓶

刻花螺壳

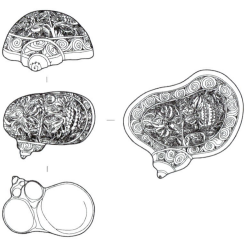

刻花螺壳

贵州遵义海龙屯城址及播州杨氏土司墓群

宋辽金元

历年主要发掘单位：贵州省博物馆筹备委员会、贵州省博物馆考古组、贵州省文物考古研究所、遵义县文管所、重庆市文化遗产研究院、杨粲墓博物馆、红花岗区文管所等

历任发掘领队及主持发掘者：周必素、李飞等

遵义地区播州杨氏土司遗存的考古工作始于 20 世纪 50 年代，而杨氏土司遗存大规模的考古工作始于 2012 年。

2012～2015 年，贵州省文物考古研究所联合遵义市汇川区文管所对海龙屯遗址进行系统调查、勘测和大规模发掘，取得了重要收获。理清了全屯格局及其与周边诸屯的关系。理清了城池轮廓从宋到明的历时性变迁。理清了"新王宫"遗址的格局、年代和性质。

海龙屯地势险要，四面陡绝，仅东西各有仄径可上下。遗址由关隘、城墙和城内新王宫等各遗存点构成。屯上现存关隘九道，屯前（东）六道，屯后（西）三道。全屯现存城垣总长 5773 米（含"新王宫"院墙 477 米），所围合的面积近 38 万平方米。"新王宫"遗址位于屯顶中央偏西处，是一组四周有封闭城墙、以中央踏道为中轴线的宏大建筑群，总面积达 1.8 万平方米。中路建筑自前而后逐级抬升，依

赵家坝墓地

海龙屯新王宫发掘区

皇坟嘴墓地

海龙屯飞龙关（正面）

2014年雷水堰墓地杨辉墓M11近景照

次为中央踏道、大门、左右转角楼、仪门及左右两厢、庭院及中央甬道、月台、大堂、两厢及庭院，末端为二堂，形成三进院落的空间格局。除"新王宫"外，囤内尚有"老王宫"、窑址、采石场、道路、兵营、校场坝等其他遗迹。海龙屯遗址可分两期，一期为南宋时期遗存，为分布于囤顶的城垣部分；二期为明代遗存，包括囤前、后关隘城垣和新王宫遗址及窑址等。

2015年，贵州省文物考古研究所联合重庆市文化遗产研究院对养马城遗址进行了详细勘察与局部清理。遗址位于海龙屯东面2.5千米处，平面呈不规则形，城墙周长约3500米，城内面积约35万平方米。有城门6座，分叠涩顶和拱券顶两类。城内建筑遗址主要分布在豪高

坡南部的衙门、张家城门内的观音殿及东门内侧三个区域。为宋明时期遗存。

海龙屯系播州杨氏的军事防御指挥中枢，系其关屯防御体系中的"母屯"。以海龙屯为核心的防御圈，外围防御由铁柱关、铜柱关、飞虎关、飞龙关、朝天关以及万安关、城墙等设施构成，是主力决战地，也是播州杨氏的最后一道屏障。海龙屯的"子屯"，主要分布在以海龙屯为核心区域的周边山巅，包括养马城、养鸡城、养鹅池、望军屯、海云屯、龙爪囤等，与海龙屯互相拱卫，是海龙屯的中层防御圈。除养马城建于南宋晚期，其余均系明万历年间由末代土司杨应龙修建或扩建，扼守进出海龙屯的要津。在进入播州的各交通要道，于要险处，亦建有军事设施，有娄山关、三渡关、上

渡关、老君关、乌江关、河渡关、黄滩关、崖门关、落濛关、青蛇囤、保子囤等，构成海龙屯的最外围军事防御圈。海龙屯母囤、周边子囤以及扼守进入播州的最外围军事防御圈，共同构成播州整个的由关隘、寨堡、关囤等组成的三道军事防线。

播州杨氏 30 位土司中已经找到 15 位土司墓葬，时代从南宋晚期至明代晚期。分属于五个墓地：深溪皇坟嘴墓地（包括杨粲墓、杨嘉贞墓、杨炯墓、杨斌墓）、赵家坝墓地（包括杨忠彦墓、杨元鼎墓和一座权殡厝葬土司夫人墓）、新蒲墓地（包括杨价墓、杨铿墓、杨烈墓）、高坪墓地（包括杨文墓、杨升墓、杨纲墓、杨爱墓、杨相墓）、雷水堰墓地（包括杨辉墓及疑似土司墓两座）。大多数土司的墓葬已被发现或清理发掘，这为全面探讨播州杨氏土司的丧葬观念和埋葬制度等提供了相对完整的资料。

2014 年 10 ~ 12 月，贵州省文物考古研究所联合四川大学对播州核心区域展开调查，发现墓葬、庄田、营盘、堰塘等宋明时期遗存100 余处。2019 ~ 2020 年，贵州省文物考古研究所联合红花岗区文管所对茅衙遗址进行了发掘。茅衙又名仙岩庄，位于遵义市红花岗区海龙镇温泉村天桥组，东南距遵义市 10 千米，北距海龙屯遗址 7.6 千米。遗址按功能可分生活区和庄田区两部分。生活区基本以陡峭的石山外沿与一道由人工砌筑的石墙围合而成，其外四周即为庄田区。生活区又分为庄宅区和休闲区。庄宅区主体建筑为一组中轴对称逐级抬升的分散式三进院落，由山门、前殿、后殿和左右两侧廊庑组成，分布在依次抬高的三级台基上。休闲区主要是园林景观，分自然景观和人造景观两类。自然景观由庄宅北侧和东侧的三座秀丽的石山及山下的两处溶洞组成。2020年 3 ~ 5 月，对播州庄田进行系统调查，发现大量庄田。目前通过考古调查确认与庄田相关的遗址包括庄宅、堰塘等，庄宅多毁于明万历二十八年（1600 年）平播，堰塘则沿用至今。这些遗址分布在今遵义市汇川区、播州区、红花岗区、新蒲新区等广大区域。

多年的考古工作摸清了播州杨氏土司司治、关囤、墓葬、田庄四套遗存体系共存的格局，特别是海龙屯、养马城遗址和其司治的两套城池体系，均兼具军事和行政功能，但又各有侧重，墓葬和田庄又关联并存，揭示出播州杨氏土司政治架构、军事理念、文化面貌、经济制度的独有特征。

土司衙署遗址中轴线对称分布的整体格局，均反映了土司在意识形态上的国家认同，这种一致性在一定的历史时期有效维护了我国多民族国家的统一。土司墓地的墓园格局、墓葬形制、类型以及出土器物，均反映出典型汉文化的特征，是深入认识宋元明时期土司的丧葬制度、礼仪和文化艺术及交流的重要材料，体现了土司制度分布区域的文化面貌和特征以及互相的影响和文化的交流。

土司遗存年代从宋代延续至元明时期，是我国羁縻·土司制度的实物遗存，它完整见证了我国少数民族地区政策由唐宋时期的羁縻之治到元明时期土司制度再到明代开始的"改土归流"的变迁，它的发掘为从考古学的角度深化中国土司制度和文化的研究，探讨中央与地方的互动关系提供了新的材料和视角，提供了推行羁縻之治以来，中央如何开发、经营与管理西南疆，边地又是如何逐步汉化而与华夏渐趋一体等问题的实证。播州在杨氏的经营下，版图不断扩展，是中央对边疆地区实行"羁縻·土司制度"这一"因俗而治"管理智慧和制度文明的成果和结晶，促进了多民族的交流与融合，推进了中国多元一体格局和统一多民族国家的进程。

杨价墓出土金杯盘一副

杨价墓出土螭首金杯

杨辉墓M11出土金青龙

杨辉墓M11出土银白虎

杨粲墓男室后壁龛墓主人坐像

杨元鼎墓后壁龛拓片

杨铿墓志盖拓片

高坪五室墓出土玉下颌托

海龙屯新王宫出土斗笠碗

宁夏西夏陵

🖋 宋辽金元

🀄 历年主要发掘单位：宁夏博物馆、宁夏回族自治区文物考古研究所、银川西夏陵区管理处

历任发掘领队及主持发掘者、主要参与发掘人员：钟侃、许成、杜玉冰、孙昌盛、余军、王昌丰、马晓玲、马强、王晓阳、陈晓华等

自 1971 年对西夏陵调查确认伊始，先后对西夏 8 号陵（现编 6 号陵）地宫、2 号陵（现编 7 号陵）碑亭、108 号陪葬墓（现编 M Ⅲ-107 号）、101 号陪葬墓（现编 M Ⅳ-001 号）、3 号陵东西碑亭、北端建筑遗址进行了调查试掘，逐渐厘清了陵区布局和分布特点。

西夏陵位于宁夏回族自治区银川市西部贺兰山下，是留存至今规模最大、等级最高、保存最完整的西夏时期文化遗存。自 20 世纪 70 年代至今，西夏陵共进行了 5 次田野调查、10 余次考古发掘。截至 2015 年，西夏陵保护范围内重要遗存数由最初的几十座墓葬确定为 9 座帝陵、271 座陪葬墓、32 处防洪设施遗迹以及 1 处大型建筑遗址。考古发掘面积共计约 5 万平方米，涉及 1 座帝陵地面地上遗迹全面揭露、4 座陪葬墓墓室、1 座帝陵地面遗迹全面揭露、十余座陪葬墓和帝陵的碑亭及献殿遗址的发掘、1 处大型建筑遗址发掘，不仅基本搞清了西夏陵的分布范围、陵园布局结构、建筑形制和工艺技术等，出土的大量残碑及建筑构件等对研究西夏的历史文化提供了充足的实物资料。

西夏陵遗址在近半个世纪的考古调查与深

西夏1、2号陵全景（齐鸿灿摄）

西夏3号陵全景

入研究下，取得了以下突出成就。确定了遗址的性质为西夏王朝的皇家陵园，将民间传说厘定为事实。对帝陵和陪葬墓形制和布局的认识逐步加深，对研究西夏与中原地区陵寝制度的关系提供了佐证。大量珍贵实物的出土，为文献资料留世极少、研究领域受限的西夏学研究注入了新鲜血液。这些成就，对确立西夏陵在西夏历史及中国陵寝发展史中的地位有着重要意义。

西夏陵作为西夏王朝（1038～1227年）的帝王陵寝，是留存至今规模最大、等级最高、保存最完整的西夏时期考古遗存，它以完整留存至今的分布于38.99平方千米陵区内的与雄伟的贺兰山及其东麓广袤的洪积扇戈壁滩景观，共同为业已消失的西夏王朝及其君主世系的存在提供了特殊的见证；并经由这些遗存呈现的独特的空间布局、陵寝形制、陵墓造型、建造技术与出土文物，揭示出西夏王朝在社会制度、宗教信仰、丧葬习俗以及诸多文化与技术方面的种种特征；揭示出这一文明因位于农牧交替地带而形成的农、牧、畜等多种生业综合模式；揭示出西夏文明曾在11～13世纪与相邻的汉族以及吐蕃、回鹘、契丹、鞑靼、女真等诸多游牧或农牧民族统治下的周边国家与政权在亚洲内陆产生过长达200年的各种技术、思想、制度和物品的巨大的、持续的相互交流与影响，包括征战与冲突；并因此历练出杰出的学习能力和融汇创新能力，形成党项统治下的多民族兼容并存的文化特征，以及这一地区所特有的跨区域的多种文明与文化的多边交流特征，是中国统一多民族国家形成发展过程在这一时期的重要见证，在亚洲文明史上具有不可替代的地位。

进入21世纪以来，对3号陵和6号陵地面遗迹的清理，更清晰地呈现了西夏陵独特的文化面貌。西夏文化作为中华民族古代文化中较为独特的一支，西夏陵是业已消失的西夏文明最有力的见证，陵区遗址及出土文物揭示了西夏王朝在社会制度、宗教信仰、丧葬习俗以及诸多文化与技术方面的特征。是西夏文明与周边政权和民族在长期交流与影响的见证，西夏陵所展示的西夏文化的兼收并蓄和独特创新，体现了中华民族多元一体的进程。

2007年西夏6号陵陵城南门南侧踏步发掘现场

2007年西夏6号陵陵城西门发掘现场

2008年西夏6号陵陵塔发掘现场

2008年西夏6号陵陵塔基部清理出的红墙皮

2007年西夏6号陵陵城西墙发掘现场

2008年西夏6号陵西碑亭发掘现场

西夏6号陵出土汉文残碑

西夏6号陵出土西夏文残碑

西夏MⅢ-107陪葬墓（原编号M101）出土鎏金铜牛

西夏6号陵出土灰砂岩石经幢

西夏6号陵出土石象生头部

西夏6号陵出土琉璃兽

1

2

3　　　西夏3号陵出土海狮

4

西夏6号陵出土灰陶鸱吻

北京明定陵

 明清

历年主要发掘单位：定陵考古工作队、北京市文化局文物调查研究组、中国科学院考古研究所

历任发掘领队及主持发掘者、主要参与发掘人员：夏鼐、赵其昌、白万玉、于树功、刘精义、冼自强、曹国鉴、庞中威、李树兴、王杰等

定陵是明神宗万历皇帝朱翊钧及孝端皇后王氏、孝靖皇后王氏的陵墓，位于北京十三陵区中部偏西大峪山下，始建于万历十二年（1584年），历时6年建成。1956年5月至1958年7月对定陵进行了考古发掘，是迄今唯一一座经过发掘的明代帝王陵。

定陵宝城平面略作圆形，城墙内径216米，城中用黄土填实，中部宝顶以白灰掺黄土夯筑而成。玄宫（地下宫殿）建于宝城的宝顶之下。玄宫入口从前往后，分别建砖隧道和石隧道，隧道末端是金刚墙，墙面设进入玄宫的通道。金刚墙顶部出檐，檐饰黄琉璃瓦。定陵玄宫共有五殿，中轴线上为前、中、后三殿，中室横轴线上有左、右配殿。万历皇帝和两皇后各用木质朱漆棺、椁各一重，三椁椁盖上放有木制小型仪仗用明器、小袋稻谷等，仪仗有矛、戟、钺、立瓜、卧瓜、剑、朝天镫等。

明定陵是中华人民共和国成立后第一座国家按计划进行考古发掘的帝王陵墓，在中国考古史上占有重要地位。1956年5月考古发掘队

定陵小石桥

定陵地宫

玄宫中殿

定陵第一条探沟发掘现场

定陵地宫中殿原状

定陵第三条探沟发掘现场

进驻定陵，1958 年 7 月，地宫内器物清理工作基本结束，着手出土器物的整理。定陵的试掘工作整整进行了两年零两个月，用工两万余个。定陵的发掘，为考古发掘积累了宝贵的经验，揭开了定陵玄宫的秘密，为人们研究明陵的玄宫制度提供了可靠的根据。定陵出土文物达 2654 件套（4998 件）（2016 年第一次全国可移动文物普查数据），有不少种类的文物系首次出土。其中，有 52 件套拨中国历史博物馆收藏，10 件套拨故宫博物院收藏，一级文物 197 件套，二级文物 294 件套，三级文物 566 件套（定级文物不含拨中国历史博物馆和故宫博物院的藏品）。种类多样，既有帝后生前的生活日用品，也有专为陪葬而制作的丧葬用品。这些文物制作精美，装饰华丽，反映了明代晚期的宫廷生活和精湛的工艺水平，为这一时期政治、经济、文化、丧葬礼制、工艺等历史研究提供了珍贵的实物资料，对于研究明代陵寝制度和工艺美术史具有重要的意义。

1961 年，国务院公布十三陵为"第一批全国重点文物保护单位"。2003 年 7 月 3 日明十三陵作为世界文化遗产"明清皇家陵寝"的扩展项目，列入《世界遗产名录》。

金翼善冠

镂空金盖金托盘玉碗

嵌宝石金托雕万寿龙纹白玉爵杯

金爵

六龙三凤冠

江西景德镇御窑厂窑址

 明清

历年主要发掘单位：江西省文物考古研究所、景德镇市陶瓷历史博物馆、景德镇市陶瓷考古研究所、北京大学考古文博学院、故宫博物院文物考古研究所

历任发掘领队及主持发掘者、主要参与发掘人员：余家栋、刘新园、权奎山、江建新、秦大树、饶华松、肖发标等

御窑厂遗址位于景德镇市珠山区，面积约54300平方米。御窑厂是明、清两代专为宫廷烧造和供奉瓷器的皇家瓷厂，是我国烧造时间最长、规模最大、工艺极为精湛的官办窑厂。

1973～1999年间，景德镇市陶瓷考古研究所为配合市政道路和管网建设及少量房屋建设工程，先后对御窑厂遗址进行了十多次的抢救性考古发掘，获得了大量宝贵的资料。

1983年7～9月、1984年12月～1985年1月底，江西省文物工作队与景德镇市陶瓷历史博物馆联合对龙珠阁遗址进行了两次考古发掘，发掘面积627.34平方米。两次考古发掘揭示出龙珠阁阁基遗迹1座，碑亭基遗迹1座等重要遗迹。出土各类瓷器和窑具23000余件。

珠山南麓连排马蹄形窑炉遗迹（明宣德至万历时期）

御窑厂遗址清理成化时期堆积现场

落选贡品埋藏坑

葫芦形窑

制瓷拉坯的轮车基座

2003年珠山北麓清理明永乐红釉落选瓷器掩埋坑
（小坑为宣德时期，瓷器为永乐时期）

2003年珠山北麓清理明永乐红釉落选瓷器掩埋坑
（小坑为宣德时期，瓷器为永乐时期）

这是有发掘资质的考古机构首次对御窑厂开展的正式考古发掘。

2002～2004 年北京大学考古文博学院、江西省文物考古研究所和景德镇市陶瓷考古研究所联合组成考古队，对珠山北麓和珠山南麓的两个地点进行了主动性的考古发掘，发掘面积共计 1578 平方米，发现了 10 道墙、25 座窑炉、辘轳坑以及掩埋落选御用瓷器的小坑和堆积等重要遗迹，出土了大量青花、青花釉里红、白釉、黑釉、蓝釉等瓷器以及板瓦、滴水等建筑材料和大量的匣钵、套钵和垫饼等窑具。

2014 年 10 月～2015 年 1 月，景德镇市陶瓷考古研究所等单位组成联合考古队，对御窑厂龙珠阁南侧，西围墙以内的区域进行了发掘，发掘面积 363 平方米，发现了房基 11 座、墙基 10 道、灰坑 29 个、沟 2 条以及天井、路面、澄泥池等遗迹，出土了大量的元代、明代、清代到民国时期的瓷器。2015 年对御窑龙珠阁南侧西围墙内进行发掘。

2017 年 4 月～2018 年 1 月，江西省文物考古研究院联合故宫博物院、景德镇陶瓷考古研究所、景德镇御窑厂遗址管理处，对御窑厂龙珠阁西侧地块（现御窑厂国家考古遗址公园围墙外）进行了主动性考古发掘，发掘面积 400 平方米。发掘揭露了一条保存完好的东西向晚清民国时期砖砌道路，出土了大量明清以来各时期瓷器标本，尤其是不乏书写"江西瓷业公司""瓷业公司""公司"款的瓷器标本。

2021 年 5 月～2022 年 1 月，江西省文物考古研究院联合景德镇市陶瓷考古研究所对御窑遗址公园西北角（原景德镇市铁路局宿舍基址）进行了主动性考古发掘，发掘面积 442 平方米。发掘揭露围墙 4 道、房基 8 座、窑炉 11 座、辘轳坑 23 座、釉缸 4 个、灰坑 10 个、池子 10 个、路面 7 条，共计 77 个各类遗迹单位。这些遗迹包含了从制瓷到烧成全过程的各类作

坊与窑炉生产体系。其中，御窑厂北段西围墙（Q1）与明代中晚期护窑墙（Q4）之间的砖铺路面（L4）的发掘，基本厘清了北段西围墙的修建年代和改扩建情况。

历次御窑厂遗址考古发掘揭露出了大量制瓷遗迹，出土元明清各时期瓷器残片多达数十吨，近 1000 万片，修复瓷器 2000 余件。这些发现，对于研究御窑的范围、布局、产品种类、产品特征、制作工艺、管理制度等具有重要的学术价值。丰富了对明清御窑制度的认识，御窑遗址考古发现在很大程度上填补了文献记载的缺失或印证、补充了文献记载，丰富了对明清御窑制度的认识。

通过考古发掘，基本明确了明清御窑的分布范围和功能布局。先后揭露了明代御器厂东北角院墙、西院墙遗迹，为研究明代御器厂设立年代及四至范围提供了重要的资料，大致明确明代御窑厂范围，遗址平面呈南宽北窄的长梯形，周长约 1145 米，总面积约 54300 平方米。御窑厂遗址揭露的具有明确地层关系的丰富遗迹以及出土的海量遗物，建立了明代御窑连续发展序列，尤其是填补了对无款官窑瓷器（如洪武、永乐、正统至天顺时期瓷器）特征、生产情况和生产体制的认识。基本摸清了御器厂的生产布局和功能分区，窑炉及作坊（原料、淘洗、成型、上彩等）分布在相对集中的区域。珠山北麓在明代初期是御窑烧造和活动的主要区域，至宣德时期这里的设施（窑炉）、建筑（院落）等废弃，开始成为堆放窑业废弃物和掩埋落选御用瓷器的场所。御器厂中部在明代中期是低温釉及釉上彩装饰作坊区（色作）。珠山西南部从明代早期至晚期，一直是御窑生产的烧造区。

通过考古发掘，丰富了对明清御窑瓷器种类、纹样及工艺特征的认识。御窑厂遗址出土各时期瓷器残片非常丰富，尤以明代瓷器最多，

具有全面性、完整性的特点。其中一些瓷器为传世未见或少见，如洪武釉里红地白缠枝莲纹碗、永乐青花地刻云龙纹梅瓶、永乐青花釉里红云龙纹梅瓶、正统青花镂空方胜纹绣墩等均为孤品。基于出土的海量御窑遗物，得以建立了生产端与使用端之间的联系、官窑与民窑之间的联系，为进行对比研究提供了充分的原始资料。基于历年发掘揭露的遗迹及出土遗物，揭示了御窑生产技术与制瓷工艺的变化，获得了对御窑瓷器生产技术与变化方面的一系列重要认识。如 2002～2004 年发掘清理的 7 座葫芦形窑炉和 15 座馒头形窑炉遗迹，表明御器厂在洪武、永乐时期主要使用葫芦窑，宣德时期以后，御窑窑炉改用馒头形窑炉。如此数量众多的窑炉既反映了御窑生产规模，也一定程度

上表明了御器厂分工严密的流水线作业方式。又如窑具方面，发现了御窑特有的瓷质套钵，使用时置于匣钵内，套钵内底置粗砂，砂上放置垫饼，垫饼之上再放置器物，起到了对瓷器的双层保护，反映了御窑独特的装烧技术。

明清御窑厂是中国古代制瓷手工业的集大成者，代表了当时世界制瓷业的最高水平，在中国及世界手工业史上具有特殊的地位。御窑厂遗址是研究官作历史沿革、管理制度、烧造工艺的重要依据，是景德镇瓷文化的核心载体，是陶瓷文化的"活化石"，在世界范围内具有不可替代的历史、科学和艺术价值。御窑厂遗址 2006 年被国务院公布为第六批全国重点文物保护单位。

永乐红釉刻花梅瓶

永乐青花釉里红梅瓶

永乐红釉靶盏

永乐红釉僧帽壶

明永乐青花海水江崖纹鼎式炉

明永乐青花地刻白云龙纹梅瓶

明宣德青花白鹭黄鹂纹蟋蟀罐

明成化素三彩鸭形香熏

明正统青花龙纹大缸

明正统至天顺青花钱币式镂空秀墩

清道光青花御窑厂图瓷板

四川江口明末战场遗址

明清

历年主要发掘单位：四川省文物考古研究院、国家文物局水下文化遗产保护中心、眉山市文物保护研究所、眉山市彭山区文物保护研究所

历任发掘领队及主持发掘者、主要参与发掘人员：刘志岩、周春水、李飞、梁国庆、周羿杨、李会、刘真珍、王冲、鲁海子、任俊锋、李瑞佳、黄琳、杨帆、罗元香、郑喆轩等

江口明末战场遗址位于四川省眉山市彭山区的岷江河道内，2005 年被发现，2017 ~ 2021 年，四川省文物考古研究院、国家文物局考古研究中心（原国家文物局水下文化遗产保护中心）、眉山市彭山区文物保护研究所对江口明末战场遗址进行了四次考古发掘。四期发掘总计完成发掘面积 26000 平方米，出水各类文物 60000 余件。根据文献记载并结合出水实物，确认遗址的性质是张献忠大西军与杨展南明军于 1646 年发生江口之战的古代战场遗址。

江口明末战场遗址全景

出水文物可分为三类：第一类来自张献忠的大西政权，包括金封册、西王赏功金、银币和五十两税银，均为国内首次考古发现。第二类来自明代藩王府和各布政司府衙，包括金印、金、银封册和库银。第三类主要包括三眼火铳、刀、剑、矛、箭镞等兵器以及船篙、船钩、船钉等船具，这类文物是发生江口之战的佐证。从出水文物的来源地看，覆盖了明代的大半个中国；从出水文物的所有者看，上至皇室，下至普通百姓，涵盖了明代社会的各个阶层。

江口明末战场遗址是百年来最为重要的明清时期考古发现。江口明末战场遗址出水了迄今数量最多的明代金银文物和大西政权文物，并且首次发现了张献忠册封妃嫔所用金册和明代藩王世子所用金印。这批文物来源地域广泛，内涵非常丰富，涉及明代社会的政治、经济、历史、文化和军事等多个方面，是考古资料对明代社会最为全面的一次反映，对研究明末清初的历史格局具有重要意义。江口明末战场遗址埋藏环境特殊，考古工作者在国内首次使用围堰技术对该遗址进行了考古发掘，丰富和完善了不同类型中国古代遗址的发掘技术，是中国考古工作方法的一项创新，为今后同类型遗址的发掘提供了经验借鉴和工作模式。

江口明末战场遗址全景

2017年江口明末战场遗址发掘现场

2017年江口明末战场遗址发掘现场

2017年江口明末战场遗址发掘现场

金册、银锭出土现场

金器出土现场

木鞘出土现场

金册

"蜀世子宝"金印

金锭

金锁

金手镯

金顶银脚发簪

金耳环

金戒指

金纽扣

西王赏功金币

西王赏功银币

大顺通宝铜钱

银手镯

银锭

编后记

2021 年是中国现代考古学诞生 100 周年。为系统回顾中国考古百年发展历程和取得的辉煌成就，在国家文物局的指导和支持下，中国考古学会和中国文物报社联合主办了"百年百大考古发现"遴选推介活动。

"百年百大考古发现"遴选推介活动得到了各省、自治区、直辖市文物部门和各地考古机构的积极响应。各地推荐了 321 个项目参评，经过初评，有 160 个项目入围终评。由白云翔、柴晓明、陈洪海、陈星灿、戴向明、方辉、高大伦、高星、顾玉才、郭伟民、霍巍、焦南峰、李伯谦、李让、李水城、刘斌、刘庆柱、宋建忠、宋新潮、孙华、孙庆伟、孙英民、王光尧、王巍、闫亚林、张弛、张凌、赵宾福、赵辉、赵志军、朱泓、朱岩石（按姓氏拼音排序）等组成的终评委员会，从 160 项入围终评项目中选出 100 项入选项目。2021 年 10 月 18 日，第三届中国考古学大会在河南省三门峡市开幕，"百年百大考古发现"隆重发布。

为贯彻落实习近平总书记致仰韶文化发现和中国现代考古学诞生 100 周年贺信精神，鼓舞广大考古工作者努力建设中国特色、中国风格、中国气派的考古学，更好认识源远流长、博大精深的中华文明，推动中国考古事业在新的起点上继往开来、再创辉煌，中国文物报社和中国考古学会在遴选"百年百大考古发现"的基础上，联合编辑大型学术画册《中国百年百大考古发现》，向党的二十大献礼。

本书的编辑出版，得到了国家文物局的亲切关怀，文化和旅游部副部长、国家文物局局长李群写来序言，给予勉励和鞭策。河南是华夏文明主要发祥地之一，中国现代考古学从河南起步，河南省文物局对本书的出版给予大力支持。各省、自治区、直辖市考古机构也积极参与、审核文稿，提供图片。

中国文物报社和中国考古学会精心谋划本书的编写，多次沟通研究编纂体例、整体框架、入编内容和出版事宜。中国考古学会理事长王巍、中国社会科学院考古研究所党委书记张国春、所长陈星灿、原副所长、中国考古学会秘书长朱岩石、副所长施劲松、科研处处长刘国祥、中国文物报社社长柳士发、总编辑李让、副总编辑李学良、原副社长杨晓波等都给予了关心和指导。

中国文物报社遗产编辑中心原主任李政在遴选推介阶段做了相关工作。冯朝晖、郭晓蓉、张怡、张宸、杨亚鹏、栗媛秋、刘清尘、郭苏惠、吴尘吴、韩慧玉、王海燕、孙凯等参与了本书的编辑工作。全书内容由陈星灿所长、刘国祥处长终审。李让总编辑负责统筹组织编辑出版工作。文物出版社为本书出版提供了帮助，在此一并致谢。

中国文物报社

2022 年 11 月